SOUVENIRS
ATLANTIQUES.

Cet Ouvrage se trouve aussi

A ANGERS, CHEZ PAVIE, IMPRIMEUR-LIBRAIRE.

Imprimerie et Fonderie de Rignoux et C⁰, rue des Francs-Bourgeois-S.-Michel, 8.

SOUVENIRS ATLANTIQUES.

VOYAGE
AUX ÉTATS-UNIS ET AU CANADA,

Par Théodore Pavie.

TOME PREMIER.

PARIS.
RORET, RUE HAUTEFEUILLE. — RENOUARD. — HECTOR BOSSANGE.
ARTHUS-BERTRAND. — TREUTTEL ET WURTZ.

M DCCC XXXIII.

L'Amérique! lorsque j'eus une pensée, c'est là qu'elle se tourna, parce que tout enfant aime ce qui est lointain, et dont il entend parler sans y rien comprendre; parce que ce mot lui apparaît encore avec ses primitives idées de nature sauvage, de costumes, de mœurs insolites, et résume en un seul point ce que lui souffle son vague instinct de voir. Puis la mer me plaisait par-dessus tout : un homme qui avait navigué, un marin à la petite veste, au chapeau ciré, me faisait une impression extraordinaire; tout ce qui me rappelait l'Océan me faisait rêver, et plus d'une fois, assis seul au pied d'un rocher, pendant les heureux jours de vacances que j'allais passer sur les bords de la mer, je m'appuyais la tête sur les mains, et une voile venait-elle à passer, je pleurais.

Ce caprice se fortifia, et je n'avais pas dix-huit ans quand j'entrepris, je ne sais pourquoi, de parcourir les États-Unis; peu à peu mes idées grandirent, et je m'aperçus alors que c'était une déplorable chose de voyager sans but, de voir sans connaître, et de faire des lieues au hasard. J'avoue que je fus effrayé de tout ce que fit naître en moi d'idées nouvelles la vue de ces villes d'Amérique, puis les transitions subites de la civilisation et du luxe aux lacs imposans, aux forêts vierges du Canada et de l'Ohio. Quand on est jeune, abandonné à sa propre expérience, sans appui au milieu de peuples étrangers, le cœur encore si frêle s'empreint d'une mélancolie profonde dont je ressentis l'influence d'autant plus fortement que la nature des lieux y porte d'elle-même. Alors on aime à songer, à se repaître d'illusions; heureux si elles pouvaient durer toujours: c'est là la vie! Et si l'Amérique m'a paru si belle, si je lui ai voué un si ardent amour, c'est que, comme sur l'Océan, au milieu de l'infini, je pouvais, sans me heurter aux choses de ce monde, me livrer corps et âme à cette douce rêverie qui veut la paix et le repos; c'est que j'ai passé au désert des nuits suaves d'harmonie et d'impressions neuves, après quoi tout est fade; c'est que j'ai comparé la solitude, son silence et sa puissance, avec le tumulte de nos villes; c'est, en un mot, que j'y ai passé les plus beaux jours de ma jeunesse, au milieu de tout ce que demande en soupirant une jeune tête malade de désirs.

Puis, quand mon pèlerinage fut achevé, il se trouva un indulgent ami, au moins j'ose donner ce titre à celui dont l'amitié me serait si précieuse, qui m'engagea à rassembler mes souvenirs épars dans ma mémoire, et à leur donner une forme. C'était peu dans mon caractère indécis et timide d'écrire, avec une orgueilleuse prétention, ce qui n'intéresse que moi, et tout au plus quelques personnes qui me sont chères. Enfin j'ai cédé, et j'offre au public ces pages incohérentes, ce désordre d'un cerveau mélancolique et souffrant. Je les livre à regret, car je sens ce qu'il y a d'incomplet dans cette œuvre, parce que moi je ne trouve rien en le lisant de ce que j'ai senti si fortement au fond des forêts; et ensuite il m'a fallu taire ce qui ne s'adresse à personne et n'a de charmes que pour moi.

Prenez donc ce livre, je l'ai fait de mon mieux, et pourtant j'ai l'âme aussi pleine qu'avant de l'avoir entrepris; il résultera de là un malheur, c'est que je n'aurai pu faire passer dans l'esprit d'aucun de vous la moindre parcelle de cette originale localité qui fait le seul ornement d'une narration. Avant tout j'ai dit la vérité, sauf quelques récits, sinon exacts, du moins probables, et dans le caractère des lieux et des habitans. Je me suis astreint à ne rien avancer qui ne s'appuyât sur des faits.

Que si par hasard ces Souvenirs tombent entre les mains de ceux qui ont pris quelque part à mon voyage, m'ont aidé, appuyé de leurs conseils, accompagné dans mes courses; ils peuvent être certains que plus d'une fois, emporté par ce que me dicte la reconnaissance envers eux, j'avais renoncé à me mettre en scène, intimement convaincu qu'à eux seuls je dois tout ce que j'ai vu et appris. Je ne regretterai jamais le temps que j'ai passé sur une terre étrangère, si j'ai pu y laisser quelques amis; et je me saurai quelque gré de ces lignes, si elles peuvent mériter de la part de ceux à qui je les adresse, la peine qu'ils auront prise de les lire.

SOUVENIRS

ATLANTIQUES.

LES LACS.

I.

La Traversée.

Je ne chercherai point à peindre ce qui se passa en moi, lorsque, debout sur le pont de mon navire, je sentis le souffle de la brise me pousser loin de la terre. Non : celui qui l'a connu se le rappellera avec émotion, et jamais celui qui l'ignore ne pourra s'en faire une idée.

Il y avait dans ce premier pas sur l'Océan comme la vibration d'une corde qui se rompt ; il semblait que les liens de toutes mes affections se brisaient à un même point. Puis, ce coup-d'œil autour de moi avait quelque chose de si neuf, de si imposant ; il y avait tant d'enivrement à se dire : me voilà parti pour un autre monde, je les tiens enfin ces illusions si souvent effacées ; la voilà cette mer infinie, immense, qui me faisait rêver tout enfant, où il me tarde de régénérer des sensations étouffées sous l'atmosphère appesantie des villes ! — Cependant des larmes se mêlaient à ces pensées..... Et mon père, me disais-je, comme il tremblera quand l'ouragan fera courber la cime des peupliers, semera la terre de feuilles sèches, et que la pluie battante ébranlera ses vitres la nuit! Quel vide à ses côtés ! son jeune fils ne l'accompagnera plus dans ses promenades du soir !.... Chacun de nous se disperse ; — serons-nous tous là à l'heure du retour? Et moi-même, ma place n'est-elle pas marquée peut-être sur quelque plage déserte, ou dans le flanc écumeux d'une vague? — Me retournant alors vers le rivage, je vis les rochers blancs qui environnent le Hâvre briller d'un long reflet de soleil ; je ne distinguais plus le port, mais vous y étiez encore, vos mains me faisaient un dernier signe d'adieu. — Oh! adieu, soyez heureux, Dieu vous protège !.... Et tout disparut.

Dès la première nuit nous doublâmes le cap de la Hogue. Le vent changea tout-à-coup : les nuages s'amoncelèrent, le ciel s'obscurcit, et au milieu des brouillards épais qui couvraient l'horizon on apercevait à peine les voiles éloignées des navires partis en même temps que nous ; la mer grossissait de minute en minute, les flots pressés de la Manche nous frappaient avec impétuosité, et, brisés par la proue, jaillissaient en pluie fine sur le pont. Le lendemain nous reconnûmes encore les côtes de l'Angleterre, et nous en approchâmes assez pour découvrir des collines ombragées, des cabanes, des moissons, et, au fond d'une large baie, les clochers et l'immense cathédrale d'Exeter. Les vents contraires nous retinrent quelques jours dans le détroit; la violence de l'ouragan nous forçait à diminuer de voiles; le capitaine avait pris son chapeau ciré, sa jaquette de marin et son porte-voix ; ses ordres se répétaient sur les divers points du navire; des côtes hérissées nous menaçaient de toutes parts : mais nous fûmes assez heureux pour doubler le cap Lézard et les Sorlingues, et nous gagnâmes la haute mer. Un vaisseau nous avait constamment suivis, imitant toutes nos manœuvres; il disparut à son tour dans une direction opposée..... Nous étions donc seuls enfin, ne voyant rien, n'entendant rien que des vagues et des bruits de vagues.

Ce fut alors que pour la première fois je sentis ce vague de l'âme, cette insouciance de la vie, ce désir infini d'errer en liberté, devant l'image de ce qui est sans bornes. Il y a quelque chose de si poétique, de si favorable à la mélancolie, à se sentir bercer sans efforts sur cet Océan, dont l'imagination seule peut percer les profondeurs et contempler les rives où se groupent des pays et des mondes; il y a quelque chose de si aérien dans les ailes blanches du navire qui sillonne les flots comme un cygne, se courbe sous la tempête comme un roseau, se redressant au milieu du calme comme une fleur sur sa tige. Puis, lorsque, penché sur le bord, les yeux fixés sur les vagues qui se succèdent, on vient à se rappeler les plaisirs de l'enfance, les rêves de bonheur, les illusions qui changent et se renouvellent comme ces mêmes flots; il semble que, libre de toute entrave, le navigateur se trouve dans une situation mixte entre le ciel et la terre, et que, sous une influence inconnue, commencent pour lui de nouvelles sensations, une nouvelle vie. Pendant que je me livrais à ces idées, je découvris un point blanc qui se montrait de temps en temps à l'horizon : c'était une barque de pilote ballottée par les flots, dans laquelle voguaient tranquilles deux de ces intrépides marins qui vont à la rencontre des navires à plus de cent lieues des côtes. Ils roulaient avec la légèreté de la plume que le vent emporte, et la nuit leur lumière, qui brillait par intervalles, semblait une étoile devant laquelle passent les nuages.

Nous continuâmes à marcher en bonne route pendant plusieurs jours, poussés par un vent violent qui nous avait favorisés depuis que nous avions quitté la Manche. Un soir, qu'une brume épaisse nous enveloppait entièrement, nous vîmes apparaître tout-à-coup un brick anglais toutes bonnettes dehors, qui fuyait vent arrière ; il se rapprocha de nous, hissa son pavillon et échangea les mots d'usage. Rien ne me parut plus étrange que cette conversation interrompue par une vague qui, s'interposant entre les deux navires comme une montagne, dérobait ainsi jusqu'à la moitié des mâts du brick, pour le relancer ensuite sur le sommet d'une autre vague, tandis que nous disparaissions à notre tour.

Il arriva aussi que deux hirondelles égarées vinrent se poser sur nos mâts ; les matelots les regardèrent avec un intérêt superstitieux errer de cordage en cordage. Je les chargeai intérieurement d'un message pour la patrie absente ; je leur disais d'aller placer leur nid à ma fenêtre ; et, comme si elles eussent compris mes vœux, elles s'arrêtèrent pendant quelques instants, puis s'envolèrent vers les rives de France.

Huit jours environ après notre départ du Hâvre, le temps changea, le ciel ne fut plus obscurci de ces énormes nuages que le vent chassait des montagnes de l'Irlande ; des oiseaux aquatiques semblaient se plaire à voltiger autour de nous : c'était le beau climat des Açores par une belle journée de printemps. Involontairement nos yeux erraient sur les flots, cherchant quelque rive ombragée que les rayons du soleil de mai pussent couvrir de fleurs. Quand par hazard, la brise légère soulevait nos grandes voiles abattues sur les mâts, des dauphins nous suivaient en traçant un sillon de lumière sur l'écume ; au lever du jour, les marsouins galopaient autour de nous comme une troupe de chevaux marins. Les paille-en-cul tournoyaient à perte de vue et se précitaient au milieu d'un banc de poissons, pour remonter en battant de l'aile à la hauteur des nuages.

Le soir, au moment où le soleil colorait d'un reflet de pourpre l'extrémité des vergues, chacun de nous suivait de l'œil son orbe échancré par ces longues vagues sourdes, seul mouvement de la mer pendant un calme. Plus tard, lorsque la lune montait silencieuse à l'autre bord de l'horizon, promenant ses rayons argentés sur ce miroir immuable, on voyait les ombres des matelots de quart passer et repasser au milieu des cordages. Quelquefois un *Highlander* répétait sur son violon les airs de ses montagnes, et tout l'équipage dansait, oubliant les dangers de la veille, insouciant des dangers du lendemain. Chacun de nous jouissait à son gré, jusqu'à ce qu'il ne restât plus sur le pont que les matelots de service, et que dans la cabine où nous reposions tous, une même vague endormît dans un même sommeil toutes ces têtes où s'agitaient tant de souvenirs et tant d'espérances diverses.

Telles étaient mes pensées, et je marchais à grands pas sur le pont. Un soir, la mer était belle, admirable ; quel spectacle, quel sujet de méditations ! sous nos pieds un abîme incommensurable, de toutes parts des flots qui s'élèvent et s'abaissent, murmurent et se taisent, depuis des siècles et jusqu'à la fin des siècles ; au-dessus de moi, le ciel nébuleux, des myriades d'étoiles qui scintillent, des nuages qui voyagent et dans leurs formes bizarres dessinent des châteaux, des montagnes, des cavaliers qui galopent, des armées, des paysages rians, de fantastiques figures qui s'allongent, diaphanes et flottantes, pour s'évanouir. — Les voiles à peine gonflées font étinceler sous la quille des feux qui se croisent, à la poupe un sillon de lumière marque la trace de nos pas, et la vague l'efface.

Notre existence à nous tous, enfermés dans les flancs du navire, dépendait d'un caprice du vent, d'une voix d'eau faite à la cale par la dent d'un rat, d'une planche trouée par un vers.

Et les matelots dormaient paisibles. Dans la cabine, tout se passait comme dans un salon, un café! un Allemand qui fume et boit la bière, des Anglais qui jouent et parient pour passer le temps, des Français qui bâillent, se disputent, causent spectacle, bal, plaisirs de la terre absente.

A travers l'écoutille s'élevait un bruit confus, comme une plainte de misère. Là étaient entassés cent émigrans, Irlandais et Suisses, allant chercher des terres, du pain. Oh! c'est une triste chose de quitter par la force du besoin sa patrie, son chalet et son champ, quand on n'avait jamais rêvé autre chose que sa terre natale, quand le monde n'était qu'une idée confuse, ténébreuse, abstraite, l'Océan un mal auquel on ne comprend rien et qui fait peur. Quand tous ces étrangers s'entassent dans l'entre-pont, et que le port fuit devant leurs yeux ébahis et mouillés de pleurs; quand debout, accrochés aux manœuvres, rudoyés par les matelots empressés, hommes, femmes, enfans (car pour les vieillards il a fallu les laisser seuls au village désert), tous muets d'abattement, mornes de désespoir, la mer les emporte d'une seule vague, c'est un déchirant spectacle ! Et le canon de départ, et les chants joyeux des marins, l'insouciance d'un capitaine, vrai loup de mer qui veut des tempêtes et toujours des tempêtes, le luxe d'une cabine pour les riches, de fraîches provisions, des punchs aux flammes bleues : que de choses viennent à la fois les heurter, froisser ces cœurs qui soupirent, et narguer leur misère !

Ce soir-là, et c'était la trentième fois que nous voyions le soleil se lever et se coucher sur des flots, comme le temps était doux, les émigrans dormaient, couchés sur les planches de l'entre-pont : ici de vigoureux fermiers à l'œil hébété, que l'ennui de la mer a abrutis, là de jeunes femmes et de petits enfans qui roulent, frappent leurs fronts aux parois du navire et crient ; — et moi je m'appuyais sur les porte-haubans, pour voir bondir autour de nous des marsouins.

La nuit s'avançait, j'étais seul sur le pont, seul, si ce n'est l'officier de quart retiré au pied du cabestan, et fredonnant une chanson américaine, et un petit enfant qui se balançait à un cordage, gai comme on l'est à cinq ans : il se balançait joyeux, et me demandait pourquoi, cette fois-ci, il fallait tant de jours pour arriver à Yverdun !

Sa mère, jeune et jolie femme des montagnes de Suisse, se tenait à genoux auprès de la lampe, lisant la Bible et priant.

Il y avait plusieurs années que son mari était émigré; et elle, il avait bien fallu qu'elle se décidât enfin à quitter ses jeunes sœurs, sa vieille mère ! Comme elle avait pleuré, en posant son pied timide sur le pont du navire ! Son enfant dans ses bras, elle regardait tour-à-tour d'un œil mélancolique ses traits rians et naïfs, et les blancs rochers du Hâvre, qui disparaissaient à l'horizon. Pauvre mère ! souvent d'un pas vacillant, elle errait pâle et défaillante sur le gaillard d'arrière, et le *steward* brutal la repoussait; elle n'avait pas droit là, elle qui ne payait que tiers de passage. Alors elle s'éloignait confuse, allait se mêler au groupe d'émigrans *arimés* comme des balles de coton sous la voûte étroite, et sanglotait; puis elle partageait avec son Amédée un morceau de pain durci par le temps, des miettes de biscuit imprégné d'eau de mer, et parfois un reste du repas de la chambre, tandis que passait devant elle, fier et dédaigneux, le *cook*, les mains pleines de mets délicats, de superfluités, réservées à la *gentlemen cabin*.

Quand le temps était mauvais, la mer grosse, quand le vent déchaîné sifflait sur la crête argentée des vagues, plus abattue encore, elle s'appuyait au pied d'un mât, et contemplait l'Océan immense, infini, couvert d'écume, sillonné de lames furieuses; comme un être abandonné au milieu d'un désert sans fin, et qui n'a plus d'espoir dans ce monde. Le soir seulement, elle était plus calme. Quand le soleil se cachait derrière un réseau de vapeurs enflammées, quand cette vaste étendue de flots mouvans se colorait de rose et de pourpre, alors résignée et espérant en Dieu, les yeux levés au ciel, elle priait avec ferveur, — et appliquait un baiser de mère sur le front de son Amédée.

Son fils était sa vie, elle en était fière comme on l'est d'un premier-né.

Son père l'avait laissé petit enfant au berceau, et il allait le revoir grandi, frais et galopant à travers les forêts, les plantations de la Pensylvanie; pour Amédée, insouciant, il aurait bientôt oublié ses montagnes, et jamais il n'avait compris tout ce qu'il y avait dans ce mot de patrie.

Il se balançait donc, joyeux de sa liberté, pendu au cordage qui flottait à l'extrémité d'une vergue : le mouvement du navire l'y berçait comme sur une escarpolette.

Dans la cabine, les passagers s'endormaient. Il ne restait que les deux joueurs, les coudes sur la table, les yeux sur cet or qui eût fait vivre dix de ces familles émigrantes, qui leur eût rendu leurs chaumières!

Le capitaine était remonté sur le pont, et d'un coup-d'œil il semblait percer les nuages noirs amoncelés à l'est. La brise était de plus en plus faible; bientôt il ne venta plus, le navire s'arrêta, puis il ne fit plus que rouler lentement sur les vagues calmées : les voiles frappaient flasques et descendues sur les mâts et les haubans.

Les étoiles étaient cachées, les masses effrayantes qui cernaient l'horizon s'étaient amassées sur nos têtes, et elles nous enveloppaient d'une obscurité impénétrable au milieu de laquelle brillaient par intervalle les étincelles que fait jaillir le souffleur, quand il vient bondir à la surface des flots, à l'approche d'un orage : le silence était si complet qu'on pouvait entendre les nageoires du monstre battre l'onde, et distinguer chacune de ses évolutions. Je ne sais pourquoi cette immobilité subite, cette suspension de brise, comme si la mer ne respirait plus, et que les cieux eussent voilé leur front ; je ne sais pourquoi ce calme si lourd m'oppressait.

Peu à peu le pont se couvrit de matelots, les ancres, les pompes furent cachés sous des lambeaux de toile ; à la barre on plaça quatre vigoureux marins. Le capitaine était toujours au couronnement de poupe, silencieux, les bras croisés. Il y avait dans tous ses traits contractés, une inquiétude muette, une horrible anxiété : deux cents vies dépendaient de son regard. — Et Amédée que la vague ne berçait plus, me tirait par mon habit : Monsieur, disait-il, se dépitant, faites-moi donc aller.

Tout-à-coup le porte-voix retentit d'un son si éclatant, si distinctif et si imposant, que j'en fus effrayé. Les poulies, les espars, crièrent tous à la fois, et en moins d'une seconde, les mâts dépouillés de leurs voiles se dressèrent sombres et nus comme des sapins morts sur une colline. Alors il semble que le navire ferme ses ailes, et tremble comme un oiseau. Un mugissement lointain s'élance du sud-est, d'abord sourd et confus, puis grossissant avec impétuosité, amoncelant les flots aussi pressés dans leur course que les vagues mouvantes du désert. Les goëlands effrayés poussaient des cris lamentables, et tourbillonnaient comme des flocons de neige à la pointe des mâts. Les matelots étaient à leurs postes, immobiles, les mains sur les manœuvres.

La nuit sera terrible, murmuraient ceux de la barre; le ciel est plus noir que la gueule d'un canon. — Et avec cela, reprit un autre, à 60 milles de la côte, et puis un vendredi, les vents du large ! les nuages sont si bas qu'on serait mouillé à carguer les perroquets. — Ici, je ne vis qu'une ombre; et le pied du capitaine bondissant sur l'épaule du pilote, d'un saut il fut sur la dunette, au pied de l'artimon, un flambeau à la main. Les matelots étaient muets comme les planches du pont.

L'orage, rugissant toujours avec une violence croissante, ne s'annonçait pas encore par la plus faible brise; et la flamme s'élevait droite dans l'air. Le capitaine, nu-tête, le bras tendu, respirait à peine.

L'enfant ne comprenait rien à tout cela; on avait pris sa corde, et lui, était allé vers l'écoutille, mais elle était fermée; il allait et venait sur le pont, un peu effrayé, et s'était blotti au pied du grand mât, du côté de la chaloupe.

Un souffle, plus léger que l'haleine d'une jeune fille quand elle dort, effleura le visage du capitaine, et sa lumière vacilla : — c'était le moment de crise. Le flambeau lancé à la mer, s'éteignit dans la première vague, au premier rang de ces cohortes de flots pressés. Au cri de ouest-nord-ouest répété par les quatre voix du gouvernail, l'ouragan assaillit le navire avec rage ; on eût dit que sa furie avait redoublé, de balayer ainsi les flots vides. Les marins se précipitèrent à leurs postes, on orienta la voile de tempête à grande peine; les amarres flottantes battaient le bas-bord et les visages des matelots ; le vent sifflait, hurlait au milieu des cordages ; les mâts dépouillés frémissaient, et les vergues avec leurs voiles serrées s'inclinaient, en gémissant, jusque dans la vague. La mer était furieuse, les lames se brisaient à la poupe, et, relancées par le choc, s'abattaient en montagnes écumantes jusqu'au milieu du pont ; les matelots inondés s'accrochaient aux manœuvres raidies, et tout ce qui n'était pas fixe à bord était entraîné au fond de l'Océan.

Dans la cabine, on restait au lit par crainte, par apathie, par paresse; les joueurs avaient trouvé le moyen d'empêcher la lampe de remuer, et ne voyaient, n'entendaient rien ; il y avait sur la table des fiches pour remplacer l'or ; l'Allemand se plaignait de son pot de bière qui avait été brisé par la lame; il avait pris sa robe de chambre, et chargeait une cinquième pipe. A l'entre-pont, les émigrans ballottés se cramponnaient à tout hasard, aux malles, aux paquets, puis tout cela roulait à la fois; des cris aigus, des gémissemens, des plaintes d'enfant se mêlaient aux mugissemens de la tempête; la mère d'Amédée cherchait en tâtonnant, et trébuchait, renversée par le tangage précipité du navire.

Un éclair déchira le voile de nuages tendu sur toute la largeur du ciel, et la foudre éclata, tournoyant autour du bâtiment, comme quand un aigle plane en spirale autour de sa proie; nous fuyions aussi vite que la vague, poussés, harcelés par elle, et la foudre nous suivait pas à pas. Mille feux éclairaient de leur lumière bleuâtre cette scène de désolation, et voltigeaient sur la blanche crinière des collines furieuses; leurs globes rayonnans parcouraient d'un vol silencieux et terrible chaque cordage, chaque hune : on eût dit des esprits fantastiques, à les voir si sveltes, courir, rouler, bondir, glisser d'un bout à l'autre du trois mâts, et tourner autour d'un raban de ferlage comme pour le dénouer.

Nous tenions difficilement en route, la barre échappait à nos mains; le panneau s'entrouvrit alors, une femme parut, pâle, échevelée. Le tonnerre grondait toujours, et la foudre tomba à l'extrémité du beaupré; la figure avait disparu, et j'entendis rouler quelque chose sur les barreaux de l'échelle à pic.

Le danger le plus imminent était passé; mais l'instant de crise est si violent dans une semblable situation qu'il faut du temps pour se remettre. Je ne savais pas ce qui pouvait me préoccuper encore à travers la tempête, et cependant je tremblais, il me manquait quelque chose, et mon esprit travaillait à deviner.

Alors le visage abattu de la mère d'Amédée sortit du panneau. Où est mon fils, Monsieur, s'écria-t-elle, en me lançant un regard effroyable, mon fils, mon Amédée, dites? — J'étais stupéfait, il me fut impossible d'articuler une réponse. Où est mon fils, Messieurs les matelots, qu'en avez-vous fait? — et les matelots qui n'entendaient pas un mot de français se regardaient et secouaient la tête. — Oh! mon Dieu, où est mon fils? et s'élançant sur le pont, où le plus intrépide marin n'eût pu se tenir sans tomber, elle allait, se heurtant contre le plat-bord : c'était horrible à voir! Je courus à elle, et elle se précipita à mes genoux en me répétant, les mains jointes, mon fils, mon cher fils! et elle frissonnait, inondée par la vague, meurtrie, brisée dans sa chute.

On chercha partout : les matelots l'attachèrent de force dans leur cabine, et toute la nuit la pauvre mère, dans le délire d'une fièvre brûlante, appelait à grands cris son Amédée, son fils unique. Elle lui parlait, lui disait de prendre garde, et alors elle s'élançait en croisant les bras contre les parois du navire, et riait en essuyant le sang qui coulait de son front.

Il y avait à l'avant deux marins au teint hâlé, qui

préparaient l'ancre de mouillage. Parbleu, disait l'un, elle en deviendra folle, de son enfant, il est tombé dans la gueule d'un requin; un de plus ou de moins, il y en a tant, de ces Irlandais enragés, tant de fainéans dans cette Suisse; ils ne font qu'émigrer par containes :.... et puis, c'est malpropre.

On voit bien, ajoutait l'autre, qu'elle n'a jamais fait la traite, c'est là qu'on jette des petits noirs par-dessus le pont, quand ça crève ou seulement que ça n'ouvre que la moitié de l'œil !

Aussi bien, reprit le premier, je ne l'ai point vu tomber à la mer, j'ai senti seulement quelque chose sous mes pieds en courant, et puis ça a roulé, quand le capitaine a crié de tout amener, et ma foi.....

Eh bien? — Eh bien, la grande embardée est venue qui a tout balayé !

Nous approchions des froides latitudes de Terre-Neuve; la mer devenait grise, l'air humide et glacial. Etrange vie des marins, pour qui les climats changent comme les villes se succèdent sur les routes de terre ! Nous commençâmes à voir ces oiseaux singuliers qui plongent sous la quille des navires, et reparaissent de l'autre bord au grand étonnement des voyageurs. Les goélands gris se montrèrent aussi, tournant sans cesse autour des bâtimens pêcheurs; avec leurs longues ailes, le cou tendu, ils rasent la surface de l'eau, et planent jusqu'à ce que la fatigue les force à se réfugier sur les mâts. Peu à peu le froid devint si piquant qu'il fut impossible de résister au vent du nord; les marins veillèrent, dans l'appréhension de ces glaces monstrueuses qui se détachent des bouches du Saint-Laurent, et vont fondre au souffle des tropiques, en menaçant les bâtimens qu'ils rencontrent sur leur passage. Quand le brouillard épais qui se balançait autour de nous se fut élevé dans l'espace, on aperçut trois masses de glaces, hautes de plus de cent pieds, passer sur les flots, comme si, obéissant au souffle de la tempête, les montagnes marchaient dans les vastes plaines de l'Ohio ou du Missouri. Des milliers d'oiseaux noirs tourbillonnaient autour de ces glaciers mouvans, et à bord tous les passagers, à cet étrange spectacle, étaient frappés de crainte et d'admiration.

Cependant la tempête avait cessé, les nuages menaçans avaient fui vers le midi; la mer était encore agitée, mais les vents ne mugissaient plus dans les airs. Cédant à l'action plus douce de la lame, le navire descendait lentement au fond des flots, et se relevait sans effort sur leur large crète. Les mâts, alors chargés de toutes leurs voiles, se dessinaient comme la tente du désert au milieu d'une brume épaisse; de légères vapeurs glissaient sur le disque de la lune, et plongeaient par instant l'immense Océan dans les ténèbres. Le capitaine veillait encore près de la roue, et la lampe de l'habitacle éclairait ses traits austères. Le pilote, l'œil fixé sur sa boussole, sentait le gouvernail répéter le mouvement de la proue.

Et moi je veillais aussi ; ce silence profond qui succédait à la tempête, ce navire naguères dépouillé de ses voiles, ébranlé par le choc furieux de la vague et fuyant devant l'orage, maintenant victorieux et domptant la lame rebelle ; la pureté des rayons que lançait la lune sur l'Atlantique ; le murmure des flots et le gémissement de la brise de nuit : tout contribuait à jeter l'âme dans ce repos où elle s'abandonne à une foule de pensées diverses, sans s'arrêter à aucune, prête à se soumettre à la première impression qui voudra la saisir. Je me promenais donc sur le pont, contemplant tour à tour le ciel et la mer, « ne cherchant rien, ne m'occupant de rien qu'à suivre mes idées, » quand tout-à-coup le son d'un cor retentit au loin. — Que signifiait ce son inattendu, à 300 lieues de toute terre, sur cette mer sans cesse furieuse? J'écoute encore ; on eût dit ces échos qui se perdent dans la profondeur des forêts ; j'oubliais tout : l'Océan, la tempête, les glaces qui avaient failli nous engloutir la veille. — Et le son du cor augmentait toujours.

Alors une lumière brillante perce les ténèbres : un navire se montre tout entier à nos regards. Rangés le long du bord, les marins pêchaient en silence ; les voiles formaient un large abri sur le pont, et la lampe placée au milieu d'eux éclairait tous ces visages noircis par le soleil et la fumée. Le contre-maître, debout sur le gaillard d'arrière, sonnait du cor pour avertir les pêcheurs stationnés sur le banc. — Peu à peu la lumière s'affaiblit et s'effaça dans le brouillard. Le même son se répéta, et j'écoutais ces derniers accords se perdre sur les flots : on distinguait encore l'air favori des matelots américains. Je montai sur la cabine ; mais tout était silence et calme sur l'Océan..... Je gagnai lentement mon hamac..... le quart de minuit sonna.

Bientôt ces temps de brumes et d'orages furent suivis de quelques journées chaudes qui nous présageaient les côtes d'Amérique. Des requins suivaient notre vaisseau, des tortues se montraient quelquefois à la surface de l'eau, et les vautours paraissaient du côté de l'ouest. Enfin, après trente-trois jours de traversée, nous entendîmes du haut des mâts une voix crier : TERRE !

II.

La Baie.

—

Terre ! — Quelle impression me fit ce cri ! C'était pour moi tout un monde nouveau qui m'attendait ; c'était une nouvelle carrière, une nouvelle vie qui s'ouvrait à mes pas. Cette terre saluée par la voix des mousses, c'était cette jeune Amérique, encore belle de son ancien et virginal aspect, joignant à la puissance de la maturité la naïveté du premier âge. Nous nous pressions sur le pont, agités par une curiosité impatiente ; et tout ce qui avait contribué à charmer les ennuis de la traversée était déjà oublié avec les dangers et les tempêtes.

Notre paquebot se pavoisa en vue de la rade ; bientôt une multitude de petites voiles se croisèrent devant nous ; on distinguait à l'horizon la fumée des bateaux à vapeur ; le canon des navires qui entraient en rade nous arrivait comme un murmure sourd ; enfin la montagne de *Staten-Island* montra peu à peu son front chargé de forêts, et cette rive lointaine prit une forme à nos yeux. Toutes les voiles du navire étaient gonflées : il semblait marcher en habit de fête vers cette large baie qui s'ouvrait devant lui.

Le premier objet qu'aperçoit l'étranger après ces sommets éloignés de Staten-Island, est *Sandy-Hook*, qui forme l'extrémité du *New-Jersey*, et à droite les terres plus basses de *Long-Island*.

Après avoir doublé le *hook*, qui semble fermer cette baie, le navire entra dans une rade spacieuse d'environ douze milles de diamètre, entourée d'un sable fin et jaune sur lequel croissent de grandes plantes marines. Là s'arrêtaient les vagues qui nous avaient jetés sur ce nouveau monde. Je promenais mes regards sur les collines ombragées d'arbustes toujours verts, de platanes, de peupliers élancés. Les marsouins semblaient se plaire à bondir autour de nous ; et quand nous nous trouvâmes à l'entrée des *Narrows*, où la baie se resserre brusquement, ils disparurent vers la haute mer. Au même instant, un navire vint à passer tout près de nous, fuyant de toute la force de ses voiles vers l'orient. Je le suivis long-temps de l'œil, et quand je ne distinguai plus que ses ailes blanches, je sentis mon cœur se serrer. Oserai-je le dire? je regrettais cette mer qui m'avait bercé bien des nuits dans mon hamac, et m'avait donné de si doux songes !

Les Narrows sont défendus par deux forts construits en briques. A gauche est situé le fort *Richmond*, au pied de la colline, sur le rivage même ; à droite, à quelques pas de la mer, s'élève celui de *Lafayette*, qui communique à la terre par un pont. Au-dessus des rochers on a établi des télégraphes qui servent à annoncer l'arrivée des navires, et correspondent avec celui de la Bourse, dans l'intérieur de New-York.

La baie se trouve alors resserrée dans une largeur de deux milles, et, au penchant d'une délicieuse colline couverte de pins rouges, d'érables et de genévriers, s'élève un vaste édifice en bois, entouré d'un parc immense qui sert de lazaret. D'élégantes maisons groupées sur le rivage forment un village assez considérable, et un grand nombre de navires en quarantaine se tiennent à l'ancre tout le long de la côte. Le jour baissait quand nous passâmes vis-à-vis les forts; dans le lointain, on apercevait quelque chose qui indiquait que New-York était là. Nous marchions lentement, et, à mesure que le flot nous poussait, les ombres se répandaient autour de nous. Puis, quand il fit tout nuit, on entendit des bruits de terre confondus dans l'éloignement; la musique lointaine de la *Batterie* nous arrivait en sons affaiblis; les lumières des voitures le long des quais semblaient des feux errans sur les flots ; les réverbères des rues, dessinés en longues files, brillaient à travers les arbres des *squares ;* enfin derrière la masse compacte des maisons un incendie lançait des tourbillons de fumée, et élevait en gerbes d'or ses flammes dévorantes au son des cent cloches de la ville.

A minuit tout était calme dans la cité populeuse : notre ancre tomba, et pour la première fois depuis notre départ de France nous fûmes fixés à la terre. Plusieurs passagers descendirent ainsi que moi dans le canot, nos rames retentirent quelques instans, et nous sautâmes sur le rivage. Un Américain me serra la main en signe de bien-venue sur sa terre natale ; et je ne pus m'empêcher de soupirer à ce signe d'affection, moi qui venais de mettre douze cents lieues d'Océan entre cette terre et la mienne.

Cette excursion nocturne au milieu de rues désertes satisfit peu notre curiosité ; mais si elle ne nous offrit qu'une idée imparfaite de la ville nouvelle dans laquelle nous marchions au hasard, elle nous prépara le ravissant spectacle qui nous attendait au lever de l'aurore.

On était à la fin de mai. Les premiers rayons du soleil, succédant à un long crépuscule, colorèrent les eaux dorées de l'*Hudson,* où se projetaient les sombres ombrages des collines opposées ; car le voisinage de la mer ne répand point dans ces lieux la stérilité monotone de quelques côtes orageuses : les arbres couverts de fleurs laissent pendre leurs branches jusque sur les coquillages que la marée abandonne entre leurs racines. Les Narrows semblaient dans le lointain se refermer comme un lac ; des barques descendaient le courant, les canots volaient sous les coups de rames des vigoureux *White-Hallers ;* tandis que quelques navires en dehors des passes, à demi-voilés par les vapeurs de l'Océan, voguaient lentement, poussés par une brise de mer qui ridait à peine les eaux immobiles du fleuve. Les steamboats de l'Hudson labouraient l'onde de leurs fortes roues et retentissaient comme un char lancé dans l'arène ; tout commençait à s'animer dans la rade : les pavillons flottaient à la pointe des mâts ; un bruissement sourd indiquait qu'une population active remplissait déjà les rues et les quais ; et le gazouillement précipité d'énormes hirondelles noires perchées sur les cheminées et les saules pleureurs, se mêlait au chant des oiseaux de la rive opposée.

Tel était l'aspect du côté de l'ouest : vers l'orient se prolongeait l'Hudson ; les maisons de briques et les clochers aigus de la ville se miraient dans les flots tremblans ; les spirales de fumée qui s'élevaient dans l'air y restaient suspendues, et formaient un nuage diaphane que pénétraient les rayons du soleil levant ; les flancs rocailleux des *Palissades,* et les montagnes de granit qui s'accumulent sur les deux rives, se confondaient avec les sommets brumeux des *Cattskill.*

III.

New-York.

New-York est bâtie sur une langue de terre qui a la forme d'un triangle irrégulier, dont les deux côtés sont bornés, à droite par l'Hudson, à gauche par la rivière de l'Est ou le *Long-Island-Sound*. Sur l'angle qui fait face à la mer, s'étendent une promenade et un large boulingrin, que baignent les eaux de la mer et des deux fleuves. A vingt pas du rivage s'élève un fort de forme ronde, construit en brique, au milieu duquel on a planté quelques arbres, ce qui a fait donner à cet endroit le nom de *Castle-Garden*. C'est là que dans les soirées de printemps on vient respirer l'air frais de la mer, écouter la musique qu'on y exécute et promener ses regards sur la baie et les forts voisins qui s'élèvent de distance en distance, sur les îles que la nature a jetées à son gré et couvertes d'ombrages délicieux. A droite est la plus grande, sur laquelle sont construites une redoute et une caserne ; elle porte le nom de *Governor's Island*. En face du jardin s'ouvrent les Narrows ; et du sommet de la tour l'œil embrasse les deux rives de cette vaste rade avec ses anses et ses caps, les maisons blanches et peintes se détachant sur les vertes collines du Lazaret, les mâts des navires à la quarantaine, les deux forts qui semblent se joindre pour défendre l'entrée du détroit, enfin cette dernière nuance verdâtre qui annonce l'Océan et se confond avec le ciel et les roches grises de *Rariton*. Chaque meurtrière dans l'intérieur de Castle-Garden est remplie par une table où les étrangers aiment à prendre place, et à contempler le magnifique panorama qui se déroule à leurs yeux.

Que de fois, penché sur ces créneaux, je considérais les navires glisser lentement au son de cette musique harmonieuse, comme s'ils eussent cédé aux charmes de ses accords ! Les ombres de la nuit voilaient peu à peu ce tableau ; les lointains se perdaient avec le brouillard qu'apporte l'Océan ; souvent il arrivait qu'aux ténèbres succédait la lune rêveuse, ajoutant à ce spectacle poétique la magie de ses rayons.

En face du boulingrin s'étend une place ronde plantée d'acacias et d'arbustes, avec une pelouse verte au milieu, comme les squares de Londres. C'est là que commence *Broadway*, la plus longue et la plus belle rue de New-York et de toute l'Amérique. Ce *chemin*, comme l'indique son nom, traverse la ville en entier. Cinq voitures peuvent passer de front sur la chaussée, qui est un pavé macadamisé et recouvert de sable, tandis que de chaque côté s'étendent de larges trottoirs en dalles grises. Autrefois des arbres formaient une allée le long des maisons, aujourd'hui on a reconnu que l'humidité entretenue par le feuillage nuisait à la salubrité de la ville, et on les abat successivement. Pendant l'espace d'un demi-mille, Broadway est une suite de magasins brillans, de cafés et d'hôtels. Dans les brûlantes journées d'été, des toiles sont tendues au-dessus des trottoirs, des voitures arrosent l'intérieur de la rue, et on voit sur les bancs qui bordent les hôtels les voyageurs vêtus à la légère, respirant la brise de nord qui traverse la ville, passer une partie du jour à fumer des cigarres et à lire les journaux des deux mondes. Une foule de voitures et de chariots se pressent et se croisent en tous sens; les négocians parcourent la ville à cheval, un parasol à la main, au petit galop de leurs coursiers, qu'ils abandonnent au milieu d'une rue pour vaquer à leurs affaires, sûrs de les retrouver à la même place. Les *fashionables*, les *cokneys* vont flâner d'un magasin à l'autre, s'arrêtent de cafés en cafés, ou se promènent nonchalamment sous les ombrages des arbres et des tentes. A environ un mille du boulingrin, Broadway devient le centre d'une nouvelle ville moins active et cependant aussi riche ; c'est là que s'est retirée l'aristocratie américaine, loin du tumulte des affaires ; là circulent des domestiques en livrée, des chevaux richement caparaçonnés, des voitures aux armes des propriétaires : une allée de peupliers se prolonge à une telle distance, que c'est aux ondulations de leurs sommets élevés que l'on distingue les inégalités de terrain qui coupent le sol. Puis tout devient champêtre ; les oiseaux chantent en paix dans les jardins et les buissons touffus, les grenouilles croassent dans les marais voisins : il ne reste plus de la cité populeuse qu'un bruit confus et quelques cavaliers qui galopent à perdre haleine et regagnent la ville, comme on voit autour d'une fuie des pigeons égarés se hâter de rejoindre leur nid.

Parallèlement à l'Hudson, est une belle rue découpée de *wharves* ou quais construits en bois où stationnent un grand nombre de bâtimens, dont les beauprés traversent souvent la distance qui les sépare des maisons, et s'allongent jusqu'aux magasins des armateurs ; les bateaux de l'Hudson, et ces immenses steamboats qui naviguent sur les fleuves et l'Océan, y affluent également. Sur les rives du Sound de l'Est, sont aussi de vastes bassins ; c'est véritablement le port de New-York : la multitude de navires de toutes nations qui encombrent les quais est telle, que de minute en minute un d'entr'eux met à la voile et disparaît vers la haute mer, tandis que sa place est bientôt occupée par un autre, dont le canon du fort salue l'arrivée. Les chariots, les voitures de charges, les chevaux, remplissent les rues adjacentes, au point qu'il est presque impossible d'y circuler à pied. A deux milles environ, du même côté, sont les chantiers de construction, les *dry-doks* ou bassins à sec, dans lesquels on répare les vaisseaux de toutes grandeurs.

Vis-à-vis ces mêmes quais et sur la colline de la rive opposée, est encore une autre ville, toute nouvelle, appelée *Brooklyn,* dont les rues sablonneuses sont d'une largeur extraordinaire et plantées pour la plupart de saules et d'acacias. Une foule de jardins couvre le penchant du côteau incliné au midi, et du haut de ce vallon ombragé on domine la baie de New-York et la mer; la ville se déploie toute entière avec ses clochers et ses places spacieuses. Dans cette partie sont situés les chantiers pour les vaisseaux de l'état ; et ce *navy-yard* contient toujours un certain nombre de frégates et de corvettes en armement.

En général, les monumens d'Amérique ne répondent pas à la beauté des villes. « Ce n'est ni le besoin, ni le luxe avec tous ses raffinemens qui produisirent les arts, a dit Schlegel, ils sont sortis d'une source plus profonde, de ce besoin enfin de l'idéal que les hommes doués du ciel recélaient en eux-mêmes, et qui, ne trouvant rien en ce monde qui répondît à ce qu'ils avaient dans l'âme, ont cherché à le traduire dans un langage nouveau, et à réaliser leurs visions intérieures. »

En vérité, il ne s'est pas encore trouvé en Amérique un de ces hommes *doués du ciel;* car les arts sont nuls chez eux. Les musiciens y viennent tous d'Europe; Benjamin West, seul peintre que réclament les Etats-Unis, étudia et travailla en Europe; et, chose remarquable, au milieu de ces informes tableaux qui composent le Muséum, on ne voit presque pas un paysage, tant il est vrai que les auteurs de ces tristes études n'ont pas même ressenti l'influence de la puissante nature qui les environne. Washington-Irving et Cooper sont deux hommes tout-à-fait hors de ligne. Le premier a puisé ses inspirations en Espagne; quant au Walter-Scott américain, excepté ce qui a rapport aux guerres de l'Indépendance, excepté ce qui flatte leur amour-propre, ces fiers républicains n'ont jamais accordé grande attention à Bas-de-Cuir; le dernier des Mohicans n'est pour eux qu'un être fictif, un beau idéal d'une impossible réalité; les scènes de marine leur semblent inexactes, la Prairie n'a pour acteurs que de grossiers Kentukéens. Et nous, habitans de l'Europe, qu'y avons-nous trouvé de plus? ce que ne perçoit pas un peuple spéculateur : de la poésie !

Les temples nombreux de New-York (1) sont, pour la plupart, d'une grande simplicité; il se trouve à peine deux ou trois églises qui rappellent les élégans dessins

---

(1) On compte à New-York quatre-vingt-trois églises, temples et synagogues.

de nos chapelles gothiques. L'hôtel de ville est un édifice vaste et régulier, construit en pierres de taille, qui ne renferme de remarquable qu'un escalier en fer-à-cheval, dont Cooper parle avec éloge dans ses Lettres sur les Etats-Unis.

La bourse est le plus beau monument de New-York; la distribution en est heureusement conçue et exécutée avec goût. Il est à regretter qu'elle soit située entre deux rues étroites, dont l'une, *Wall-Street*, n'a d'autre recommandation que d'être la plus riche de toute l'Amérique du Nord, et de renfermer tous les établissemens de banque, d'assurance, etc. : aussi est-elle le rendez-vous de tous les commerçans de la ville; aussi y entend-on parler allemand, français, espagnol, hollandais.

Autant les Américains montrent peu de goût pour les arts, autant ils sont avides des nouvelles de toute espèce qui leur arrivent journellement d'Europe. Il se publie dix journaux anglais à New-York, la plupart quotidiens et d'un format beaucoup plus grand que ceux de Paris; plus deux journaux français et une gazette espagnole. Les bureaux des principaux *News-Papers* sont ouverts tous les jours ; sur un vaste pupitre on inscrit par ordre les arrivages des navires, toutes les nouvelles du jour ainsi que celles qui ne peuvent paraître que le lendemain. Est-il commis un vol, un assassinat; un incendie a-t-il éclaté : à l'instant même il est porté sur les registres des journalistes. Ces bureaux contiennent en outre d'immenses cartes géographiques, des *directory* ou livres d'adresse, à l'usage du public. Les directeurs du principal journal de New-York ont fait construire un petit bâtiment, qui va chaque matin au-devant des paquebots pour avoir leurs nouvelles, et revient promptement au port, grâce à la légèreté de ses voiles, afin de mettre à profit sa course du jour.

New-York renferme une grande quantité de marchés abondamment pourvus de toute espèce de productions étrangères, qui arrivent des Antilles et des pays du sud. Les plus beaux fruits des environs se tirent des états de *Connecticut*, *Rhode-Island* et *New-Jersey*. Pendant l'été, il se fait une grande consommation de glace, qui arrive des montagnes voisines ; les chariots qui en sont chargés se distinguent de loin par la vapeur qu'ils répandent autour d'eux. De tous les cris bizarres que j'ai entendus dans les rues de Paris et de Londres, aucun ne m'a plus frappé que le chant des ramoneurs de New-York, jeunes nègres assez semblables aux Savoyards de France : pendant son séjour aux Etats-Unis, Madame Malibran a trouvé dans cette mélodie d'un nouveau genre le motif d'une délicieuse romance.

Une chose remarquable dans toutes les grandes villes d'Amérique et surtout à New-York, c'est le grand nombre d'incendies : il ne se passe guère de jour sans qu'un ou plusieurs de ces évènemens ne se manifestent; aussi les pompiers ont-ils un service assez pénible pour les exempter de la milice. Dès que le cri de *fire!* s'est fait entendre, une lumière paraît au sommet de l'hôtel de ville, du côté où se déclare l'incendie; alors les pompiers, munis de leurs casques de cuir bouilli et de leurs larges bottes, se placent autour de la pompe. Une foule d'enfans se saisissent de la corde et du timon, galopent comme des chevaux, animés par le bruit des roues, la lueur funèbre des torches que portent les pompiers, et le cri solennel de *fire! fire!* qui retentit au loin. En tête marche le chef de la pompe, avec une lanterne transparente où est inscrit le numéro, qu'il proclame avec son porte-voix, car la dernière rendue paie une amende. Des guides conduisent au lieu de l'incendie cette masse de peuple qui grossit sans cesse; les pompes se rangent en bon ordre, marchent à mesure qu'on les appelle par numéros; les balanciers se meuvent avec une incroyable rapidité : les flammes de l'incendie, jointes à la clarté des torches, illuminent cette scène de tumulte et d'agitation. Bientôt, au signal de leurs chefs, tous se séparent; les enfans reconduisent silencieusement les pompes qu'ils ont amenées, et tout rentre dans le repos habituel, jusqu'à la première alerte.

L'aspect général de New-York ne peut se comparer à aucune ville d'Europe; ce sont à chaque instant des contrastes qu'il est plus facile d'observer que de décrire : il y a dans cette capitale de l'Amérique un mélange de luxe et d'activité commerciale qui semble incompatible avec la rudesse sauvage et le calme de la campagne environnante. Mais ces lieux remplis d'une foule empressée, ces trottoirs tumultueux, ces places où circulent les chariots, les voitures et les *stages* de voyage, ces travaux bruyans du port, tout change d'aspect les jours de fête. Les rues, les promenades même sont désertes ; les théâtres, les établissemens publics, sont fermés ; l'étranger qui parcourt avec étonnement cette ville si commerçante, si animée, n'entend plus que le chant religieux qui s'élève avec l'encens dans les temples ; et le long des maisons, la voix monotone d'un vieillard lisant la bible à sa famille assemblée est souvent tout ce qui vient frapper son oreille. C'est alors que les places avec leurs jardins paraissent spacieuses, les rues larges et régulières, et que les lumières de la ville, placées de chaque côté des trottoirs, comme dans les beaux quartiers de Londres, se déploient en files interminables dans *Broadway, Canal, Greenwhich, Pearl, Washington-Street.*

Les milices de New-York, toutes braves qu'elles peuvent être, ne se distinguent pas par la tenue : point d'ordre, peu d'ensemble dans les mouvemens ; à chaque instant le soldat quitte son rang pour boire un verre de bière, et se remet en marche, sans col, son habit ouvert, le cigarre à la bouche ; les dragons sont un beau régiment composé de vigoureux *farmers* des environs, mais ils ont tous un aspect étrange de milice, d'hommes à la minute, dont le capitaine Lawton est le type parfait. Ce qui nuit encore au coup-d'œil, c'est la diversité des uniformes et surtout des drapeaux, sur lesquels sont peints des portraits de Washington, de Lafayette, de Franklin, des batailles entières ; mais aussi ces troupes avec leur tournure désordonnée, n'en ont pas moins une grande habitude des armes, et elles exécutent avec promptitude des manœuvres difficiles : j'ai vu souvent des escadrons entiers se ranger sur un bateau à vapeur, malgré la frayeur des chevaux, et aller passer la revue dans les îles de la rade.

Les habitans n'ont point de caractère distinctif bien tracé, et, comme les autres Américains, ils sont entreprenans, actifs, voyageurs par habitude. Des rapports si fréquens avec des gens de toutes les nations ont fait disparaître à New-York bien des préjugés de l'intérieur, des habitudes enracinées dans la campagne : de ce mélange de tant de peuples il est résulté une liberté d'actions qui permet à chacun de se conformer à ses goûts ; et, bien que chaque étranger aime à vivre avec ses concitoyens, le commerce est un lien solide qui unit tous ces hommes entr'eux.

Les spectacles sont peu suivis à New-York, aussi n'y en a-t-il que deux, l'un entièrement consacré aux pièces anglaises, l'autre où se succèdent les Français et les Italiens. Le délassement favori des Américains est la promenade du soir sur les bords des deux fleuves, soit à *Brooklyn*, soit à *Hoboken*; quatre fois par heure, au son de la cloche, de vastes bateaux à vapeur partent chargés de passagers, de voitures et de chevaux pour cet autre rivage. Là, des tentes se remplissent de buveurs ; la bière, les sirops circulent parmi des groupes de promeneurs ; des escarpolettes se balancent à la cime des platanes ; les tables se dressent sous les branches pendantes des saules ; les cavaliers se promènent dans les allées de ce parc planté par la nature. Mais, quand le canon du soir retentit sur le fort que l'on aperçoit à travers un nuage de fumée, a mesure que le soleil disparaît derrière les montagnes de l'ouest et que l'Océan se confond avec le ciel, les bocages deviennent plus calmes, les allées plus solitaires : bientôt à cette bruyante joie de tout un peuple succède le silence de la nuit.

IV.

L'Hudson.

Pendant la belle saison, sept bateaux à vapeur naviguent continuellement sur l'Hudson, et leur vitesse est telle qu'ils font en dix heures un trajet de 150 milles. Le plus grand de ces bateaux, que l'on peut comparer à une frégate, partit un jour chargé de onze cents passagers. Ceux qui marchent la nuit contiennent en général une centaine de lits; les premiers inscrits s'en emparent, puis on appelle successivement les autres voyageurs, qui prennent place sur des matelas rangés le long de tables immenses, où deux à trois cents personnes mangent à l'aise.

Nous partîmes le matin ; une tente de toile gommée tendue sur la galerie supérieure nous abritait des rayons du soleil, sans opposer d'obstacle à notre vue. Quand on remonte le fleuve, New-York semble se retirer à gauche, la Batterie se détache toute entière hors du boulingrin, l'entrée de la rade se resserre, et la vue plonge jusque sur les rivages de Sandy-Hook et les flots de la pleine mer qui sont éloignés de plus de 20 milles. A quelques lieues plus haut, la scène change : vis-à-vis *Weehawken* commencent ces rochers à pic que la nature a placés là comme une barrière inexpugnable, et auxquels on a donné le nom de *Palissades*. Tantôt ils se montrent nus et arides, sillonnés de crevasses, et couronnés à leur sommet de quelques sapins tout penchés au-dessus de l'abîme ; tantôt leur pied se dérobe sous des buissons touffus; les plantes rampantes grimpent le long de ces fentes humides, les herbes sèches tapissent la voûte de ces grottes solitaires ; çà et là, un arbre antique, s'élevant entre deux masses de pierres, semble un vieux saint gothique debout dans sa niche dentelée.

Les forts *Washington* et *Independence* se présentent sur la droite, et à gauche le *Lee*, élevé sur une langue de terre au pied des Palissades. L'Hudson s'élargit ensuite de chaque côté; ce n'est plus un fleuve, c'est une mer : il change alors son nom en celui de *Tappan-*

Sea. Les rocs escarpés se réfléchissent avec une pureté magique dans ses flots dorés et tranquilles ; et quand la roue du steamboat, que l'on entend retentir jusqu'au sommet des Palissades, fait trembler sur les vagues ces images renversées, on croirait voir la tempête agiter les pins séculaires et leurs branches se choquer en frémissant.

A quarante milles de New-York, après avoir quitté Tappan-Sea et la baie de *Haverstraw*, les montagnes apparaissent sur les deux rives. Le cours du fleuve serpente au milieu de gorges étroites ; sur la gauche, *Bare-Mountain* se présente sous la forme d'un pain de sucre arrondi, et s'étend à une grande distance dans l'intérieur du New-Jersey ; en face s'élève, à une hauteur de plus de 1000 pieds, la montagne d'*Anthony's-Nose*, dont le profil offre celui d'une figure humaine, ce qui lui a valu ce singulier nom.

C'est au fond de ces montagnes inaccessibles que Kosciusko vint chercher un asyle, loin d'une patrie malheureuse qu'il n'avait pu arracher à l'esclavage ; il ne reste plus rien de l'humble maison qu'il habita : quelques traces de culture que les ronces auront bientôt envahies, sont tout ce que l'œil avide du voyageur peut trouver dans ce lieu auquel on a conservé le nom de *Kosciusko-Retreat*.

De toutes parts l'Hudson se montre entouré de montagnes sombres et sauvages ; quelques îles formées de rocs grisâtres percent çà et là, hérissées de pins à moitié morts. Le soleil reluit sur ces masses unies comme sur une armure, tandis que le revers de la colline est plongé dans l'ombre; celui qui peut, du sommet d'un de ces pics, promener ses regards sur les eaux du fleuve, aperçoit ces arbres immenses se balancer en groupes de verdure comme une touffe d'herbes; les mâts des sloops semblent la tige d'un roseau. Les vautours planent d'un roc à l'autre, et traversent l'espace des deux rives sans s'inquiéter des bateaux qui passent au-dessous d'eux; un de ces animaux vint comme une flèche fondre du haut des airs sur une tortue endormie, et alla dévorer sa proie sur une pierre déserte, si près de nous, que l'on pouvait voir son cou chauve se replier sur son aile, et les gouttes d'eau ruisseler sur la collerette qui recouvre son large dos.

Sur un plateau de forme carrée, à *West-Point*, le gouvernement a établi une école militaire, *Military-Academy*, où les enfans des anciens défenseurs de l'Indépendance sont instruits dans les diverses langues de l'Europe, les sciences utiles à la tactique militaire et le maniement des armes. Il eût été difficile de choisir une place plus convenable à l'instruction des jeunes officiers que ces montagnes, où se livrèrent tant de combats glorieux pour les Américains. West-Point fut long-temps le dernier point que les Anglais conservèrent dans l'état de New-York, et c'est au pied de ce même établissement qu'était mouillée la corvette *Vulture* et le commandant *Arnold*; c'est de là que fut expédié le major *André*, dont les projets, s'ils n'eussent été découverts, pouvaient entraîner la perte de New-York (1).

A ces défilés sombres, à ces rocs escarpés, succède brusquement un pays de plaines variées de culture et d'habitations ; et les sommets des Cattskill se montrent déjà à l'horizon. Le premier village que l'on rencontre est *Newburg*, sur la rive droite, bâti au pied d'une colline qui vient mourir en pente douce jusqu'au bord de l'Hudson.

Poughkeepsie, autre village assez florissant, sur la rive opposée, mérite une attention particulière. Au-dessus des maisons de bois et des magasins qui forment le quai, s'élancent quelques rocs à pic couverts aussi d'habitations et de jardins, qui se trouvent ainsi élevés à la hauteur des arbres, des cheminées et des mâts. Tous ces villages sont rians, plantés d'acacias et de saules ; les maisons sont ornées de galeries peintes en blanc ; sur des quais élégans qui bordent le fleuve les habitans curieux se pressent pour voir passer les steam-boats. Des voitures sont préparées pour les voyageurs de l'intérieur, et les hôtels, d'une propreté remarquable, offrent à l'étranger bien des *accommodations* qu'il chercherait en vain dans plus d'un pays de l'Europe.

Les montagnes Cattskill croissent à mesure que l'on

---

(1) Histoire des Guerres de l'Indépendance,

avance, et bientôt elles bornent entièrement la vue : ce sont les monts *Apalaches* ou *Alleghany*, qui s'étendent depuis la Géorgie jusque sur les rives de l'Hudson. *Pine-Orchard, Round-Top* et *North-Mountain*, sont les trois points principaux sur lesquels le voyageur dirige ses excursions ; ce dernier s'élève jusqu'à 4,000 pieds au-dessus du niveau de la mer, et l'étendue de pays que la vue embrasse de son sommet est immense. De chaque côté l'Hudson se déroule comme un vaste serpent, couvert de voiles et d'îles, disparaissant derrière les *Narrows* de West-Point, pour aller ensuite se perdre dans l'Océan. Les vallées fertiles des comtés de *Dutchess*, *Albany*, *Greene*, etc., environnent la base étendue des Cattskill ; au nord, le mont *Ida*, à l'est, le sommet du *Taughkannuc*, dans l'état de *Massachusetts*, lèvent leur front sourcilleux ; et il est impossible de savoir si les lignes blanches qui se confondent avec les nuages, ne sont pas les neiges des *Green-Mountain* du *Vermont*.

Sur la montagne qui porte le nom de *Pine-Orchard*, des sentiers conduisent à travers d'épaisses forêts à deux petits lacs d'une eau fraîche et transparente ; de ces lacs s'échappe une cascade qui tombe de plus de 150 pieds sur des rochers, et de là forme une seconde chute moins haute, qui se perd dans un précipice. Le murmure de la cataracte se mêlant au bruit des vents, l'aspect sauvage de cette chaîne de montagnes, tantôt couverte de sombres nuages, tantôt ébranlée par la foudre, l'ombre que projettent des arbres immenses, la profondeur d'une caverne ténébreuse placée au-dessous de cette première chute : tout contribue à rendre cet endroit l'un des plus romantiques de toute l'Amérique du Nord.

Les diverses villes qui commencent à se former sur le fleuve sont remarquables par leurs positions à la fois pittoresques et avantageuses au commerce ; Hudson est celle qui a pris le plus d'accroissement. Bâtie au fond d'une anse profonde, défendue des vents du nord par un énorme rocher, les *sloops*, les *shooners* y sont en sûreté contre les tempêtes fréquentes en automne ; et, de la promenade qui s'étend au-dessus de la ville, on voit les différentes cultures des deux rives se déployer successivement jusqu'aux forêts lointaines des hautes terres. La rivière, large de deux milles, est coupée de grèves et de marais ; les cormorans, les mouettes, s'y reposent en bandes nombreuses ; et chaque nuit, à la clarté des étoiles, quelques bateaux vont pêcher dans ses eaux profondes et limpides.

V.

Albany, Schenectady.

―

Lorsque poussé par un besoin irrésistible de voyages, on s'est lancé à travers les pays lointains, seul, avec une volonté ferme et un ardent désir de voir, il n'est pas de plus douce satisfaction que de trouver ses souhaits accomplis, ses rêves réalisés. Cette jouissance, je l'éprouvais à mesure que l'Hudson déroulait à mes yeux la majesté de ses rives. Plus j'avançais dans l'intérieur, plus la nature reprenait ce caractère imposant qui la distinguera long-temps encore des pays civilisés de l'Europe, plus les villages et les villes conservaient de leur originalité, plus les mœurs américaines s'accentuaient à mes yeux.

Il y avait dix heures que j'avais quitté les rues tumultueuses de New-York : un fleuve immense, des montagnes inaccessibles, des plaines à perte de vue coupées de sombres forêts, d'habitations et de champs cultivés; en un mot, tout ce qui peut enflammer une jeune imagination s'était offert à moi pendant ce court espace ; et me voilà jeté au milieu des rues tranquilles d'Albany. L'aspect champêtre des maisons donne un air de gaîté antique à la ville : les troupeaux se désaltèrent aux ruisseaux qui coulent des montagnes ; autour de moi tout respire le calme d'un bonheur croissant, cette paix profonde qui annonce la force d'une nation florissante.

Les Hollandais, qui les premiers s'établirent à New-York, posèrent aussi les fondemens d'Albany, il y a près de deux siècles. La position de cette ville la rendit importante pendant les combats des Français du Canada contre les Anglais; dans la guerre glorieuse de l'Indépendance, les Américains sentirent l'avantage de conserver un point de communication entre les lacs de l'intérieur et la mer ; et dès-lors Albany prit un accroissement rapide qui s'augmente encore chaque jour.

Depuis que New-York a acquis une si grande prépondérance par son commerce, Albany est devenue la capitale de l'état. Le *Capitol* est heureusement situé sur une colline qui commande la ville entière, le fleuve, les campagnes voisines et jusqu'aux forêts du mont Ida. C'est là que s'assemblent les représentans, la *Supreme Court*, et les cours secondaires. Devant le Capitole s'étend une rue de toute la largeur de ce vaste édifice; elle descend par une pente assez rapide sur une place demi-circulaire où se tiennent les marchés, et à laquelle viennent aboutir deux autres grandes rues latérales. Des fontaines, ou plutôt des pompes, sont établies de distance en distance; les chariots chargés des productions de la campagne montent lentement la colline, tandis que les farmers descendent au galop, nonchalamment étendus sur des peaux de buffles qui couvrent leurs *waggons*. La modeste habitation du gouverneur hollandais est conservée comme un monument, dans un pays où il n'y a d'autres antiquités que les ruines prématurées de quelques forts renversés par les canons. Son toit s'élève en pyramide, avec un double escalier qui monte jusqu'au sommet de la cheminée, sa façade jaunie est percée irrégulièrement de petites fenêtres cintrées; et un vieil arbre, isolé au milieu de cette rue spacieuse, semble protéger de ses rameaux cet édifice d'un autre siècle et d'une autre puissance.

La partie basse de la ville est coupée par une quantité de ponts en bois sur des bassins qui ferment l'entrée du canal de l'Erié, dont il sera question plus tard. J'aimais à me figurer ces magasins de mâts et de charpente de toute espèce portés par les eaux de l'Hudson, remplissant les navires des villes maritimes, pour se répandre ensuite dans tous les ports de l'Europe. Quelquefois les Indiens des tribus les plus voisines viennent apporter le produit de leur chasse, qui consiste en peaux de buffles, d'orignals, d'ours et de castors; mais leurs visites sont rares, et le pavé brûlant des rues ne vaut pas pour eux la terre ombragée de forêts.

La première excursion que je fis sur l'autre bord du fleuve me conduisit au milieu de cabanes à demi ruinées ; des érables élancés croissent au milieu de ces murs grossiers que recouvrent les ronces et les lianes. Ces *barracks*, comme les appellent les Anglais, furent cependant un lieu de station, un avant-poste pour maintenir les Français alors maîtres des lacs Champlain et Horican. Deux nations puissantes se disputaient la possession d'un monde nouveau ; ces solitudes furent le théâtre de combats furieux : les Indiens prenant parti pour l'un ou pour l'autre des peuples rivaux, se déchiraient entr'eux au profit de leurs ennemis communs. Qu'est-il résulté de ces luttes sanglantes ? les sauvages ignorans furent affaiblis, dispersés ; aucune des puissances ambitieuses ne conserva le prix de tant de sang ; et aujourd'hui une nouvelle nation a jeté les racines d'une prospérité solide, à l'abri de ses lois justes et pacifiques.

Cette nuit-là, le steamboat *Constellation* apporta à Albany la nouvelle de l'émancipation des catholiques. Une dame Irlandaise logeait au même hôtel que moi avec sa famille ; elle avait fui l'empire Britannique pour donner à ses enfans une éducation libérale. De grand matin j'entends frapper à ma porte, et la vénérable exilée m'appelle avec l'accent d'une joie immodérée; les Irlandais des environs s'assemblaient de toutes parts pour fêter, par une messe solennelle et un *Te Deum* (c'était un dimanche), la générosité de Georges IV; elle m'invitait, moi catholique Français, à me joindre à ces actions de grâces de tout un peuple; je crus devoir ne pas la refuser. Heureusement l'église se trouva trop petite, et nous pûmes, un grand nombre d'entre nous, rester pendant l'office à l'ombre des acacias. Les voix du dehors se mêlèrent aux chants de l'autel et des orgues. Les protestans voisins, dans leur calme et leur réserve de puritains, furent scandalisés de ces démonstrations, un peu bruyantes à la vérité, car mes coreligionnaires étaient pour la plupart de lourds fermiers que leur nouvelle fortune n'avait pas encore polis.

Content d'échapper à la loquacité de ma dame Irlandaise, qui retournait le soir même à New-York et le lendemain en Europe, je me rendis à *Troy*, au pied du mont Ida. Malgré l'excessive chaleur, à laquelle je n'étais pas habitué, j'employai le milieu du jour à visiter la montagne, et la chute d'eau qui fuit entre deux haies de sapins, poussant tant bien que mal entre les rochers.

Après avoir erré long-temps à travers le dédale de sentiers qui serpentent dans la forêt, je descendis lentement la colline : je comparais le calme de cette petite ville, si fraîche, si jeune, si poétiquement située, avec nos bruyantes cités aux rues sales, tortueuses, d'où semblent partir les gémissemens de la souffrance. Aucun habitant dans les chemins, pas même dans les rues ; au milieu du fleuve restait immobile un shooner tout chargé, qu'une brise favorable balançait sur ses ancres : la population entière était au temple. Le *grog-shop* où je m'arrêtai se trouve en face de cette église, charmant échantillon de ces monumens gothiques dont les pyramides et les flèches sont en bois peint imitant la pierre ; deux rangées de croisées la partagent en deux étages, et des peupliers y projettent leur ombre. Jamais je n'ai vu plus de silence au sein d'une ville habitée ; la voix du prêtre, prêchant le peuple assemblé, était la seule voix humaine qui s'y fît entendre. Tout-à-coup les chants terminèrent l'office, et l'orgue grave et imposant, dénué de ce jeu fantastique, de ces capricieuses modulations de nos cathédrales, l'orgue protestant répandit ses accords dans cette atmosphère toute religieuse. Je regagnai le rivage de l'Hudson, où m'attirait la fraîcheur de la soirée, et je me disais, en songeant à l'Europe : heureux le peuple qui sait encore croire et prier !

D'Albany, je pris la route des Chutes et du Canada. Notre *stage* était traîné par quatre chevaux qui laisseraient bien loin derrière eux les pesans attelages de nos diligences ; la voiture roulait au milieu d'un nuage de poussière, et autour de nous s'étendaient, sur un terrain sablonneux, des bois épais de sumacs et d'acacias. Les maisons s'annoncent de loin par un groupe de peupliers ; devant la cour il y a une pompe et un abreuvoir pour les chevaux ; chacun a le droit d'y désaltérer sa monture, et les conducteurs n'oublient jamais de remplir des baquets d'une eau fraîche, dont ils inondent les chevaux haletans, qui au premier coup de fouet repartent au petit galop. Tant que la route se trouve sur un terrain élevé, les sommets des Cattskill s'aperçoivent encore sur la gauche; sur le revers de cette colline aride l'œil plonge au milieu d'un pays de plaines, où serpentent le *Canal* et la *Mokawk*; la voiture roule avec une rapidité effrayante sur le sable de la route, jusqu'à ce que le pavé aigu de *Schenectady* résonne sous les roues.

Au premier aspect on prendrait Schenectady pour une ville hollandaise, tant elle a conservé de traces de son ancienne origine. La plupart des maisons se terminent en escalier, les croisées sont assez souvent formées en ogive et les murs épais et solides; les rues, très-étroites, sont pavées de petits cailloux tirés du lit de la Mohawk.

Les anciennes guerres ont laissé dans cette ville les souvenirs d'un affreux massacre, commis par des Indiens amis des Français. Schenectady était une forteresse frontière, dans laquelle les Anglais furent assiégés : pris par les troupes françaises, la vengeance poussa les sauvages à y mettre le feu, et la plupart des vaincus tombèrent sous la hache des Iroquois.

VI.

Le Canal.

Lorsque les Etats-Unis eurent secoué le joug de l'Angleterre, et que les colonies, dépourvues des secours de la métropole, durent se soutenir par leurs propres forces, on sentit la nécessité de diriger des habitans jusqu'au fond de ces régions sauvages, afin que la culture et la civilisation venant à s'étendre progressivement sur tous les points, elles finissent par envelopper ce vaste territoire comme un réseau. Puis, quand sur les rives des lacs et des fleuves de l'intérieur se formèrent de nouvelles villes, il fallut établir des communications faciles entr'elles et les ports de l'Océan. Les émigrans, que l'Irlande repoussait de son sein, furent employés à tracer des routes, à creuser des canaux, à élever des digues. Le premier et peut-être le plus important de ces travaux fut le canal qui joint les lacs *Erié* et *Ontario* à l'Hudson; il fut terminé avec une incroyable promptitude par les Irlandais, sous la direction et d'après les plans du gouverneur *De Witt Clinton*, qui, comme tant d'hommes illustres de tous les siècles, ne fut apprécié qu'après sa mort.

Le lac Erié est de 688 pieds anglais plus élevé que l'Hudson; ainsi, dans l'espace de 120 lieues que parcourt le canal, il a fallu établir quatre-vingts écluses de huit pieds environ, pour retenir la quantité d'eau qu'exige la navigation. Ces *locks* sont d'une grande simplicité, et trois minutes suffisent pour les monter ou les descendre. Quand le bateau arrive au pied de l'écluse, il entre dans une chambre qui comprend exactement sa longueur; une porte se ferme derrière lui, et un levier qu'un seul homme fait mouvoir découvre une ouverture par laquelle l'eau se précipite; peu à peu on se sent élever à la hauteur du rivage; la seconde porte s'ouvre sans résistance, les chevaux sont attelés et on part.

Les bateaux qui font un service régulier portent le nom de *Canal-Paket-Boat*. Leur longueur varie de 50 à 70 pieds; ils se composent d'une grande chambre voûtée, qui se divise en plusieurs appartemens dont l'un pour les dames, un salon au milieu où l'on trouve quelques volumes et des journaux ; tout au fond sont la cuisine et les cabines des matelots. Les bateaux ordinaires ne renferment qu'une vaste cale pour les marchandises ; et assez souvent leurs chevaux de rechange sont à bord.

Je partis à bord de l'*Ontario* pour *Utica* ; un négrillon sauta lestement sur son porteur, et nous partîmes au grand trot. Au milieu de la chambre, un grand nombre de passagers s'étaient installés devant un carafon de Madère, tandis que deux quakers immobiles laissaient retomber sur leur poitrine leur tête ronde, moitié cachée sous un feutre gris.

A trois milles de Schenectady commencent les plaines de Rotterdam, pays plat et fertile, habité en grande partie par de riches farmers descendans des Hollandais. Le canal se trouve alors coupé d'une multitude de ponts de bois, à peine élevés de deux pieds au-dessus du toit du bateau. Dès qu'un de ces ponts se rencontre, le pilote a soin de l'annoncer à haute voix, et au cri de *bridge !* chaque passager se précipite la face contre les planches du tillac : il me semblait voir autant de Musulmans se prosternant à la voix des Imans du haut des minarets. Quelques enfans se plaisaient à grimper sur le pont pour sauter de là dans le bateau ; d'autres couchés sur le bord décrochaient des nids d'hirondelles suspendus aux poutres, et ces oiseaux nous poursuivaient long-temps de leurs cris, en faisant mille évolutions autour de nous.

De chaque côté du canal se succèdent des champs couverts de riches moissons ; les maisons des habitans se distinguent de loin par leur toit bizarre, et des saules croissent le long des sentiers en forme de haies. Des érables et des arbustes enlacés par les lianes couvrent les deux rives ; une foule d'oiseaux chanteurs, les robins (1), les geais et les cardinaux s'y réfugient pendant les chaleurs du jour, et le soir leurs voix harmonieuses se confondent avec les murmures qui s'élèvent de ces plaines immenses.

Toute cette contrée appartenait autrefois aux sauvages de la tribu des *Mohawks* ; les forts nombreux, grossièrement construits avec des arbres tout entiers, leur servirent de défense pendant les guerres du Canada. Peu à peu ils ont été détruits ; des buissons, des plantes sauvages ont recouvert jusqu'à l'emplacement qu'ils occupèrent ; parmi ces ruines, sur les ossemens blanchis des Indiens, pousse une herbe abondante que vont brouter en paix les animaux domestiques, dont la tête apparaît çà et là à travers les taillis. Le seul vestige de leur ancienne puissance est une chapelle bâtie il y a plus d'un siècle par la reine Anne, à l'usage des Indiens qui embrassaient le christianisme : on l'aperçoit encore du canal, et le pilote ne manque jamais de faire remarquer cet édifice moitié ruiné, qui conserve encore le nom de *Queen Anne's Chapel*.

---

(1) Espèce de grive particulière à l'Amérique. Elle est de la grosseur d'un merle, grisâtre, avec un collier jaune.

Il était minuit lorsque nous arrivâmes à un point difficile où le canal est traversé par le torrent de *Schoharie*. Nous passâmes heureusement, soutenus de chaque côté par une corde latérale, tandis qu'une double roue tournait transversalement le câble qui nous attirait vers l'autre rive ; mais à peine fûmes-nous repartis, qu'une autre barque, présentant trop de prise au courant, rompit la corde. A la clarté de la lune nous la vîmes se précipiter sur les rochers du torrent et s'y briser en éclats, sur lesquels les passagers se sauvèrent à la nage.

La colline, dont le sommet s'élève perpendiculairement sur la gauche, porte aussi le nom d'*Anthony's-Nose*, que nous avons vu figurer sur l'Hudson. Vers le haut se trouve une caverne très profonde qui se divise en plusieurs appartemens ; de là on aperçoit les monticules qui coupent ce pays de plaines, et tout au fond d'un défilé solitaire serpente la Mohawk, triste, déserte, roulant ses eaux limpides avec un murmure mélancolique. Une haie impénétrable de buissons épineux, de vignes sauvages, de saules sur lesquels se balancent des troupes d'écureuils, retombe de chaque côté, se suspend aux îles de verdure échancrés par le courant, et dérobe sous ses rameaux le cours de la rivière. Aucune pirogue ne fait retentir ses rives silencieuses, aucune trace humaine ne s'imprime sur ses grèves ; tandis que le canal, avec ses bateaux et ses locks, poursuit le cours régulier que la main des hommes lui a tracé.

Sur l'emplacement d'une ancienne redoute, le *Fort Plain*, des Allemands fondèrent un établissement peu considérable, il y a bien des années. Séparés de leur patrie, ils auraient pu en oublier le langage et les mœurs ; mais telle est la force de l'habitude chez ces anciens fils de la Germanie, qu'un patois corrompu est encore parlé dans un pauvre village de l'Amérique.

Quelques milles plus haut, l'état de New-York a institué une école de sourds-muets, à *Palatine-Bridge*, comme le point central de tout le pays.

Il est rare qu'une main humaine puisse ajouter du pittoresque à une nature puissante, surtout au milieu des montagnes, des forêts, des torrens de l'Amérique : aussi de tous les lieux que parcourt le canal, aucun n'offre un aspect plus neuf et plus romantique que celui des *Little-Falls* ; on dirait un paysage de la Suisse ou du Tyrol. Pour comprendre une pareille scène, il faut se figurer un rocher à pic au-dessus d'une rivière encaissée ; le lit du canal se trouve taillé dans le flanc de la montagne percée de crevasses, d'où s'élancent des sapins sans cesse ébranlés par les orages ; les eaux du canal sont maintenues par une chaussée ou plutôt par un mur de 30 pieds au-dessus de la Mohawk, lequel sert de chemin aux chevaux et aux chariots : le canal se divise ensuite en deux bras, dont l'un continue vers l'ouest, et l'autre vient aboutir au milieu d'une autre colline. La Mohawk, avec la rapidité d'un torrent, roule sur son lit de rochers, et les masses d'une pierre calcaire où se sont incrustés des arbres immenses, se dessinent du haut de la route au milieu d'un tourbillon d'écume. Le voyageur, ainsi suspendu, se sent glisser autour d'un rocher dont il ne peut mesurer la hauteur, tandis qu'à ses pieds une rivière reflète les ombres épaisses de ses îles et des montagnes escarpées qui se penchent sur ses eaux.

Après avoir suivi quelques instans les sinuosités de cette route nouvelle, les montagnes s'affaissent, les forêts de sapins sont variées par des châtaigniers et des érables, et à quelques milles des Little-Falls commencent d'autres plaines encore habitées par des Allemands. Les *Germans-Flatts* ne se montrèrent pas à nous sous un point de vue trop agréable : un ouragan vint nous assaillir avec une telle force, que deux de nos chevaux se précipitèrent dans le canal, effrayés par les éclairs et le bruit de la foudre. Les moissons déracinées voltigeaient en tourbillons, une pluie abondante inondait les endroits marécageux d'où s'enfuyaient des nuées d'étourneaux. Dès que nous pûmes remettre les chevaux dans la route, ils partirent au grand galop, et nous arrivâmes rapidement à *Utica*, encore tout étourdis des effets de la bourrasque.

VII.

Les Chutes de Trenton.

Nous fûmes reçus à l'enseigne de *Congress-Hall* par un de ces hôtes officieux qui, entourés de tous les barils dont ils peuvent à volonté faire jouer les divers robinets, présentent avec empressement le registre de leur hôtel où les voyageurs inscrivent leur nom, le lieu de leur naissance et celui de leur destination, sans oublier toutefois d'y porter un regard à la dérobée. Alors commence une série de questions pendant tout le temps que se prolonge le thé, car la curiosité est un défaut que l'on reproche généralement aux *Yankees* (1) ; aussi ne fûmes-nous pas très surpris de l'extrême bavardage de notre *landlord*, qui, après être adroitement entré en matière sur les affaires d'Europe, entama plus hardiment les deux grands sujets de conversation : Napoléon et Lafayette.

Malgré l'importance commerciale que peut avoir Utica, la largeur de ses rues et la beauté de quelques-uns de ses temples, ce n'est qu'un gros village à peine digne du nom de *town*. Le canal la traverse dans toute sa largeur, et les ponts forment la suite d'autant de rues transversales, dont le nom est écrit en grosses lettres sur le parapet : ainsi, d'un seul coup-d'œil on embrasse toute la ville. De beaux acacias qui ombragent le devant des maisons, des jardins cultivés avec goût, la propreté des rues et des habitations donnent un air d'aisance à cette nouvelle *Utique*.

Nous partîmes pour les chutes de *Trenton*, dont la célébrité méritée attire l'attention des voyageurs qui se rendent à la *Niagara*. Les premiers rayons du soleil ruisselaient sur les branches humides de rosée, quand nous atteignîmes la colline d'où la vue embrasse une immense étendue de pays : mais ce n'est qu'une suite de plaines, de montagnes, coupées par des rivières ; et au milieu de tout cela il est difficile de distinguer autre chose que les nuances diverses qu'apportent les

---

(1) Nom que l'on donne aux Américains du nord.

nuages en passant sur le soleil. C'était la première fois que je parcourais l'intérieur du pays à cheval ; tout était nouveau pour moi. Des oiseaux au plumage varié voltigeaient dans la campagne, des grimpereaux et des pics noirs, bariolés de blanc avec une aigrette rouge, tournaient autour des troncs d'arbres et les ébranlaient à coups de bec. Quelquefois à un taillis impénétrable succédaient brusquement des champs cultivés, des maisons, et, parmi les chariots remplis des récoltes nouvelles, un traîneau rappelait la rigueur du froid dans ses climats exagérés. Je ne sais comment nous parvînmes à nous diriger au milieu d'un labyrinthe de routes creusées dans les rochers, de sentiers à travers les bois, souvent interrompus par la chute des arbres morts ; enfin, après cinq heures d'une marche assez rapide, les chevaux hennirent au bruit d'un mugissement lointain, et bientôt s'arrêtèrent d'eux-mêmes devant le torrent.

Le *West-Canada-Creek*, en se précipitant d'une colline escarpée, tombe entre deux rocs qui s'élèvent comme une muraille jusqu'à la hauteur de 140 pieds. Ces eaux ainsi comprimées s'élancent avec une force irrésistible dans ce gouffre bouillonnant ; elles s'agitent, écument et jaillissent de nouveau jusque sur les cèdres blancs dont les branches tapissent le roc humide, sans laisser apercevoir le tronc d'où elles s'élèvent en vaste parasol. La chute se prolonge pendant plus de quatre milles et change plusieurs fois d'aspect ; souvent les deux rives s'élargissent, et le torrent mugit sourdement pour aller se heurter avec un fracas horrible contre une nouvelle barrière qui interrompt la rapidité de sa course. L'endroit le plus favorable pour contempler ce spectacle effrayant est un plateau uni, rendu glissant par la mousse qui le couvre, au pied duquel les flots expirent en chassant au loin les flocons de leur écume; mais, pour y arriver, il faut poser le pied sur une saillie du rocher, et se tenir aux herbes ou aux branches des cèdres. Ces aspérités sont remplies de pierres empreintes et de pétrifications extrêmement curieuses ; sous les racines les plus élevées des arbres, les hirondelles et les bécassines aiment à suspendre leur nid, à portée de la douce fraîcheur qui s'exhale de ces cascades. Je m'étais avancé imprudemment sur ces pierres glissantes à une grande hauteur : tout-à-coup je sentis les touffes d'herbes m'échapper; un coup-d'œil jeté autour de moi me fit voir les eaux qui tourbillonnaient dans le précipice ; mes compagnons de voyage n'étaient plus là ; mes genoux avaient fléchi sous moi, mes doigts cherchaient en vain à s'accrocher au rocher...... Un effort désespéré me sauva : je m'élançai, de toute la force que pouvait m'inspirer un péril si imminent, vers un cèdre voisin, et je fus assez heureux pour m'y cramponner. Je ne sais ce qui se passa en moi pendant les instans qui suivirent, seulement je me rappelle qu'une sueur froide coula de mon front, et que je restai assez long-temps à cheval sur une grosse branche de mon cèdre libérateur, les yeux fixés sur les cataractes, comme le capitaine d'Auvernay, dans Bug-Jargal, lorsqu'il se sentit arraché du gouffre où l'entraînait Abibrah.

Enfin je rejoignis la troupe des curieux dans une cabane bâtie sur le haut du rocher, où les guides ont réuni une belle collection de pierres rares. Nous marchions dans les forêts de chênes, sur des feuilles mortes accumulées depuis des siècles : le bruit de nos pas ne retentissait point sous ces voûtes de feuillages ; et pendant que nous écartions les branches touffues pour retrouver la route, une nuée de jeunes pigeons, troublés dans leur solitude, obscurcit le peu de lumière qui pénétrait à travers les arbres. A peine sortis du nid, ils voltigeaient au hasard, frappant leurs ailes les unes contre les autres ; quelques-uns se heurtèrent aux branches et tombèrent à terre ; mais notre guide, habitué à ce genre de chasse, interrompit le plaisir que nous avions à les voir si près de nous : il lança son bâton dans la bande et en abattit un certain nombre, tandis que les plus forts se retirèrent dans les hautes branches.

Un très bel hôtel, où étaient rendus nos chevaux habitués à de semblables excursions, vint trop tôt m'enlever cette illusion de nature sauvage que je cherchais à jeter sur ces lieux imposans, malgré la trace profonde qu'y imprime chaque jour la main des hommes. Nous trouvâmes au *bar-room* de l'hôtel un album rempli de noms de tous les pays, et j'y lus quelques vers français ; je remarquai ceux-ci où se peignait le caractère de ces chercheurs de déserts, qui, pleins des pays métaphysiquement sauvages qu'ils ont rêvés, n'admirent rien dans les progrès de la civilisation américaine ; les voici :

Il n'est plus l'heureux temps où, sous ce noir ombrage,
Au bruit de cette chute et dans ces bois épais,
L'enfant de la nature, ignorant et sauvage,
    Fumait le calumet de paix.

L'avide Européen sur ces lieux règne en maître ;
Partout, dès qu'il triomphe, il sait donner des fers ;
Il a chassé l'Indien des lieux qui l'ont vu naître,
    Et seul est roi — sur des déserts.

Encore un peu de temps, et ces déserts seront des plaines fertiles ; et ces fers ne s'appesantissent guères que sur quelques ours retirés au fond des bois.

Les truites saumonées que l'on pêche en abondance au pied des Chutes, fournirent le repas d'usage aux voyageurs ; et l'eau du torrent nous offrit un rafraîchissement préférable à tous les vins de l'Europe, surtout pendant les chaleurs brûlantes de l'été.

VIII.

Les Onéidas. Syracuse.

En s'éloignant d'Utica les habitations deviennent plus rares, les routes plus difficiles ; le pays prend un aspect mixte entre son état primitif et la culture qui n'a encore aucun caractère prononcé. Nous avions traversé le village de *Vernon* ; je regardais avec indifférence les campagnes du comté d'*Onéida*, lorsque j'entendis pousser un *hurrha* bruyant sur la route, et deux hommes au teint jaune, bizarrement vêtus, nous saluèrent avec des gestes extraordinaires.

Celui qui aurait cru retrouver quelque poésie dans les descendans dégénérés des *Onéidas* aurait perdu toute illusion au milieu de ces Indiens ; pour moi j'éprouvai une étrange surprise en les voyant, étendus à l'ombre et réunis en groupes, se disputer les restes d'une bouteille d'eau-de-vie. D'autres, vêtus d'un pantalon court et d'une longue couverture sur laquelle tombaient d'épais cheveux noirs, marchaient le long des sentiers, avec cette gravité sauvage qui les distingue toujours, même sous les costumes européens. Les femmes portent une espèce de manteau de drap bariolé, et suspendent les enfans dans les plis de ce singulier *play;* leurs jambes sont couvertes de mitasses aussi en drap, brodées en porc-épic, et sur leurs mocassins de cuir sont dessinés des fleurs et des oiseaux. Au milieu d'une route taillée dans l'épaisseur de la forêt plongent de longues allées, recouvertes en berceau par les branches des châtaigniers et des chênes ; une troupe d'enfans s'y étaient assemblés pour tirer de l'arc, mais quand ils entendirent rouler le stage, ils s'élancèrent à l'envi pour saisir de petites pièces de monnaie que nous leur jetions par la portière. Quelques-uns étaient à peine couverts d'une chemise rouge et bleue, d'autres portaient des colliers en verroteries, des bracelets et des ceintures ; ils couraient avec une extrême vitesse.

Les huttes sont faites de troncs d'arbres, dont on a enlevé l'écorce pour couvrir le toit ; les petites ouvertures qui tiennent lieu de croisées sont fermées par des morceaux de peaux. Il y a dans le village de *Brother-*

town (ville des frères) une église et une école dirigée par un Indien. Le professeur avait une lévite bleue, singulièrement taillée; ses jambes étaient nues, sa tête, rasée sur le devant, était couverte d'un chapeau gris à haute forme avec une grande plume d'aigle, et ses cheveux très longs par derrière flottaient sur ses épaules. Les écoliers, accroupis en cercle autour du *school-master*, semblaient porter un grand respect à son sérieux imperturbable, et on les entendait répéter, avec cet accent guttural qui leur est propre, chaque syllabe anglaise qu'il leur lisait à haute voix.

Les Onéidas avaient défriché quelques champs autour de leur village; mais ce genre de vie est incompatible avec leur caractère errant, et ils ont abandonné aujourd'hui la *reservation* que leur avaient laissée les Etats-Unis, pour rejoindre leurs frères sur les bords du lac Huron. Le jour même où je traversai Brothertown, un conseil de vieillards s'était réuni sous les arbres consacrés aux délibérations : c'est un bouquet de sycomores élancés, dont les Indiens ont fait disparaître les lianes et les broussailles. Le *council-grove* se distingue de loin par la régularité de cette masse de verdure que le vent agite comme un seul arbre. Je ne fis que les entrevoir, mais je remarquai qu'ils causaient avec calme et selon l'ordre où ils étaient placés; les chefs avaient quelques ornemens en colliers, leurs carabines étaient plus brillantes, des plumes plus longues ornaient leur tête.

Les chevreuils et le gibier abondent encore dans tout

le pays environnant, entièrement couvert par des taillis serrés de sumacs et de hêtres ; et sur les hauteurs, par des pins rouges, des cèdres, des sycomores. Les oiseaux de proie sont aussi très nombreux autour du lac Onéida, à quelques milles du village : je ne sais si on doit attribuer leur hardiesse excessive à la négligence des Indiens, mais il arrive souvent que des agneaux et de jeunes chiens sont enlevés par des aigles.

Jusqu'à *Syracuse* la route est coupée de collines et de ruisseaux ; les maisons qui s'y rencontrent de loin en loin sont la plupart peintes en bleu, et délicieusement ombragées de platanes et de peupliers. Les hirondelles ayant le singulier privilège d'écarter les oiseaux de proie, on prend soin de placer au milieu des cours, des champs ou des prairies que fréquente le gibier, une petite cabane en bois placée au haut d'une perche, dans laquelle l'hirondelle ne manque jamais d'établir son nid : tout en protégeant sa couvée, elle sert ainsi à la défense des animaux domestiques.

Syracuse est encore une de ces nouvelles villes qui s'accroissent rapidement, et dont le nom antique inspire toujours un certain intérêt : les grandes cités reproduites dans un pays nouveau, sous la forme de villages florissans, sont une heureuse idée qui laisse à penser au voyageur, surtout lorsqu'il a pu en interroger les ruines. Vers ces contrées curieuses, à l'ouest de Syracuse, où une foule de lacs sont la source d'autant de rivières et de torrens, l'harmonie des noms sauvages d'*Otisco, Cayuga, Owasco, Sheneateles,* ajoutent encore au pittoresque des lieux. Le langage de ces hommes errans était concis, plein d'images, comme la nature au milieu de laquelle ils vivaient ; dans un mot était renfermé toute une suite d'idées : Onéida signifiait *une pierre sur une montagne.* Tous ces autres noms avaient aussi leur expression particulière ; mais qui pourra jamais en retrouver l'origine, aujourd'hui que leurs tribus dispersées ont presque disparu de la surface du globe ?

Aux environs de la rivière *Onondagua*, je vis encore quelques Indiens de cette ancienne nation jadis si puissante. Souvent, au détour d'un sentier, on rencontre un de ces visages basanés, immobile au pied d'un arbre : à quelques pas dans la forêt une colonne de fumée décèle sa cabane et le feu pétillant autour duquel le reste de la famille se chauffe, moins par besoin que par habitude. La proximité des villes les a habitués à une vie paisible; ils admirent avec une curiosité naïve les progrès d'une culture qu'ils ne peuvent ni ne veulent imiter : heureux de leur indolence, ils restent des journées entières assis sur un quai, à voir couler les bateaux, ou à écouter avec une muette satisfaction la trompette du pilote.

D'autres élémens de richesses, dans ce pays déjà si renommé par son active végétation, ce sont les sources d'eau salée que la nature s'est plu à faire jaillir à cent lieues de l'Océan. D'immenses usines ont été établies pour l'extraction du sel, et l'abondance de cette précieuse production est telle aujourd'hui, qu'il s'en exporte plus de 100,000 tonneaux par an. L'une d'elles renferme une pompe capable d'élever 65,000 gallons par heure; de là l'eau coule dans de vastes chaudières où elle est réduite à l'état de cristallisation. Un ouvrier américain s'empressa de nous expliquer tous les détails de cette opération ; mais quand il s'aperçut que nous nous disposions à le dédommager de sa complaisance, à la manière européenne, il nous salua poliment, en ajoutant : *thank you, Gentlemen, that's too much like a servant* (1); tant il est vrai que ce peuple libre et fier de son indépendance, croirait s'abaisser en acceptant la plus légère offrande de la part d'un étranger.

Le lac de *Salina* devait être un des plus délicieux endroits de l'état de New-York; mais actuellement que les usines exigent une grande quantité de matériaux et un vaste emplacement, les forêts disparaissent, un désordre général règne sur les bords du lac, tandis que les villages prennent naissance. On en compte déjà trois dans une circonférence de six lieues : *Salina*, *Geddes* et *Liverpool*, le plus récemment fondé par les Anglais. Autour des sources, les grives et les pigeons viennent s'abattre en foule, attirés par le goût salin que contractent les herbes marécageuses ; et j'en vis prendre plusieurs douzaines d'un seul coup de filet.

---

(1) Merci, Messieurs, cela ressemble trop à un domestique.

IX.

Oswego.

Le canal m'offrait une manière sûre et commode de continuer mon voyage vers les Chutes, mais j'aimai mieux suivre le cours pittoresque de l'*Onondagua*, et visiter le lac *Ontario*, par des lieux où les forêts primitives ont encore été respectées. Je ne sais si les sentiers presque impraticables que nous parcourûmes pendant toute une journée, au risque de nous précipiter dans des fondrières, méritent le nom de route ; mais des points de vue sauvages et la richesse de la végétation dédommagent bien des inconvéniens et des dangers du voyage. On suit constamment le cours de la rivière, tantôt dérobée par l'épaisseur des sycomores et des tulipiers, tantôt murmurant sur des cailloux comme la Mohawk, tantôt, profonde et limpide, déroulant ses plis gracieux autour de quelques îles. Il serait difficile de se peindre la majesté de ses rives, la solitude de ses forêts qui n'est troublée que par le chant des étourneaux, le vol rapide d'un martin-pêcheur, ou le bruit que font les écureuils en brisant des noix sur la cime des arbres. Quand on approche d'une habitation isolée, c'est toujours le bruit de la hache qui avertit de la présence de l'homme; des coups égaux retentissent longtemps au tronc d'un chêne, puis tout-à-coup l'arbre gigantesque éclate avec fracas et tombe, brisant dans sa chute ses rameaux encore verts.

Après avoir côtoyé une route assez dangereuse creusée dans un rocher à pic, nous arrivâmes au sommet de la colline, ayant à nos pieds tout le chemin que nous avions parcouru et les arbres dont nous voyions la tête s'agiter au fond de la vallée. Là, une ligne immense frappa nos regards; un mugissement lointain s'éleva dans l'espace : c'était le lac Ontario qui balançait ses flots comme ceux de l'Océan. Des voiles lointaines paraissaient à l'horizon, le rivage se retirait en arrière, et les eaux blanches se confondaient avec la teinte nébuleuse du ciel. Des barques, des navires de transport étaient à l'ancre à l'embouchure de l'Onondagua; une jetée et un phare achevaient de donner à ce village la physionomie d'un port de mer.

Oswego ne consiste qu'en une double rangée de maisons assez distantes les unes des autres, répandues sur les deux rives, et qui communiquent entr'elles au moyen d'un pont de bois faisant face à l'Ontario. Parmi plusieurs églises placées çà et là à travers les rues, il y a une chapelle gothique, dont les pointes ciselées percent l'épaisseur des sapins comme deux aiguilles. Des magasins sont construits sur pilotis avec des wharves pour les navires : et, du côté de la mer, cette jetée qui défend l'entrée du port ainsi que les deux rochers qui abritent le village, rappellent l'aspect si pittoresque de Dieppe.

Dans mes excursions aux environs d'Oswego, je me laissais toujours entraîner loin des habitations, à travers les forêts silencieuses, et sur les rives du lac, où les anses et les caps se succèdent à l'infini avec des plages d'un sable fin et des rochers de granit. Les oiseaux aquatiques déposent leurs œufs entre les racines des sycomores que baignent les eaux agitées, quand le vent souffle du large : les bécassines, dont je recueillais les petits, me suivaient avec des cris aigus, tantôt courant sur le sable, tantôt voltigeant autour de ma tête ; et sitôt que j'avais déposé la nichée sur la plage, la mère inquiète les rassemblait sous son aile, et restait immobile jusqu'à ce que j'eusse disparu derrière un autre point. Les faisans abondent aussi parmi les herbes et les buissons, pendant la saison des couvées. En chassant un jour dans ces marais, sur lesquels les arbres renversés forment des ponts naturels unis entr'eux par des lianes, je me trouvai face à face avec un ours noir. Je l'avoue, la peur me saisit à la vue de ce terrible animal auquel je m'attendais si peu : cependant j'armais mon fusil, lorsqu'il s'éloigna en grondant à travers les roseaux, sans m'avoir aperçu.

A l'est de l'embouchure de l'Onondagua, vis-à-vis Oswego, on voit les ruines ou plutôt l'emplacement du fort qui portait son nom, et qui fut si long-temps disputé dans les guerres du Canada. Montcalm fit voile des postes français sur la rive gauche du lac, avec deux navires portant ensemble trois mille hommes, et vint assiéger la redoute qu'il enleva à la première attaque Dès le lendemain le fort Ontario, situé sur l'autre côté de la rivière, quoique défendu par vingt canons et quatorze mortiers, se rendit aussi aux Français, avec deux bâtimens de guerre et un grand nombre de barques. Ce qui paraît incompréhensible, c'est que les vainqueurs abandonnèrent presque subitement cette position avantageuse qui commandait tout le pays voisin, et était le lieu de traite des sauvages des *cinq nations*.

La route d'Oswego à *Rochester* parcourt un pays tortueux, excepté dans les endroits où elle se rapproche du lac. On rencontre çà et là quelques cascades, mais qui passent inaperçues auprès des chutes gigantesques si fréquentes dans toute l'Amérique du nord. Le passage le plus remarquable est celui de la *Great-Sodus-Bay*, où le lac Ontario s'enfonce à travers une anse profonde jusque dans l'intérieur des forêts, et traverse la route pour aller se perdre dans des marais : il a fallu construire un pont en bois sur ce bras large de près d'un mille. A droite, on voit la baie s'élargir progressivement et se jeter dans l'immensité du lac ; de l'autre côté, des joncs et des plantes aquatiques aux larges feuilles servent de retraite à des milliers de canards, dont on entend les ailes siffler en rasant la surface de l'eau, tandis que des aigles-pêcheurs, des faucons, des vautours, planent majestueusement au-dessus des arbres environnans.

Je ne pus considérer sans un sentiment profond de mélancolie, l'existence monotone du vieillard préposé à la garde du pont ; trop faible désormais pour chasser dans les marais ou naviguer sur le lac, il n'a d'autre distraction que de faire tourner sur les gonds rouillés les deux portes qu'il garde, et d'entendre la nuit l'orage gronder dans la forêt. Les exhalaisons malsaines que la chaleur dégage des plaines marécageuses ont jauni sa peau ridée, et à le voir immobile à la porte de sa cabane, on le prendrait pour un anachorète retiré dans quelque île déserte.

A deux milles de Rochester commence une nouvelle nature dont il reste peu d'exemples en Europe : ce sont des prairies autrefois couvertes d'herbes, que les arbustes ont complètement envahies, et au milieu desquelles les ruisseaux serpentent cachés sous l'épaisseur des branches. Tous ces arbres ne forment plus qu'un seul taillis impénétrable, serré en berceau, et que je ne puis mieux comparer qu'aux paysages souvent exagérés de *Newton*

Fielding. A mesure que nous descendions vers les prairies, le gazouillement des cardinaux s'élevait plus distinctement de la tête pyramidale des bouleaux et des saules ; on voyait le plumage éclatant de ces volées d'oiseaux briller sur les feuilles vertes, et sur les branches plus élevées qui surgissent du milieu des bois : je retrouvai ces serpens oiseleurs qui, selon la poétique expression de l'auteur d'Atala, sifflent à la cime des arbres en s'y balançant comme des lianes.

X.

Rochester.

En 1811, quelques émigrans vinrent s'établir aux Chutes de la *Genesee*, et le terrain du village projeté fut divisé en lots selon l'usage. La richesse du sol, la salubrité du climat attirèrent des cultivateurs qui cherchaient un point auquel rattacher leur vie errante: des maisons s'élevèrent, et aujourd'hui Rochester compte vingt années d'existence depuis sa fondation et près de dix mille habitans. En quittant les rives sévères du lac Ontario, on est frappé de l'aspect animé, riant même, de cette ville florissante dans laquelle la gravité américaine semble se démentir. Tout respire la jeunesse, la force, l'aisance, dans ces rues spacieuses et propres, sur ces beaux quais en dalles grises, ces routes unies où roulent les waggons et les stages : là, comme aux Little-Falls, la main des hommes a complété l'ouvrage de la nature.

Rochester est traversée dans sa largeur par la Genesee, rivière rapide et profonde qui descend des montagnes de la Pensylvanie. Des rochers à fleur d'eau s'opposent à son cours, et brisent avec fracas les flots qui jaillissent en écume. Au-dessus de ces rapides, passe un aqueduc en larges pierres de taille, soutenu par des piliers d'une architecture puissante; de chaque côté sont des trottoirs pour les piétons et les chevaux qui traînent les bateaux; car la chaussée de cette singulière rue est le canal lui-même, qui coupe la ville dans sa longueur, et se trouve à son tour traversé par des ponts. A une certaine distance, le coup-d'œil de cet aqueduc sur lequel glissent des bateaux avec leurs passagers, le fouet du postillon, la trompette du pilote, le bruit des eaux, tout semble l'illusion d'un rêve.

A peine est-on hors du faubourg de cette ville, que la Genesee se précipite d'un rocher perpendiculaire de 90 pieds, et ne forme plus alors qu'une masse d'écume blanche comme des flocons de neige, au milieu de laquelle percent deux points d'un granit noir, usé par la force du courant. Celui qui veut jouir de cet admirable spectacle dans toute sa beauté, doit descendre au pied même de la chute : de là les vapeurs diaphanes lui apparaissent en tourbillons étincelans sous les rayons du soleil ; un groupe d'érables, que ni la force des eaux ni le roulement de la cataracte n'ont pu ébranler, domine le précipice ; les branches arrachées aux forêts voisines, relancées par la violence de la chute, tournoient au milieu des flots ; tandis que, tranquilles au sein de cette nature irritée, les oiseaux-pêcheurs se suspendent aux aspérités du roc pour saisir leur proie.

Ce n'est pas tout : à un mille plus loin, la Genesee forme une seconde chute un peu moins haute que la première, mais toute différente d'aspect, et plus gracieuse, sinon aussi effrayante que celle de Rochester. La rivière accourt au fond d'un écore escarpé, couvert d'arbres gigantesques ; tout-à-coup elle se resserre entre deux rocs et disparaît dans un gouffre si étroit, qu'il est difficile, sans se pencher au-dessus des buissons, d'apercevoir cette cascade, dont le bruit retentit comme un bruit souterrain : l'eau, qui ne saurait se faire jour par cette issue, se répand sur les pierres à sec, et, divisée en filets limpides, va goutte à goutte se perdre avec le reste des flots dans le grand lac. Un moulin à planches est mis en mouvement par un petit bras de la rivière détourné de son cours. Des coups de fusil, qui partaient fréquemment des croisées, ayant attiré mon attention, je me dirigeai de ce côté. Le meunier, tout occupé de son travail, avait près de lui sa carabine chargée à gros plomb ; et, quand le sifflement de leur vol ou l'ombre de leurs ailes devant le soleil l'avertissait du passage des ramiers, il pouvait de sa place en faire une ample moisson : nouvelle manière de chasser sans sortir de sa chambre, encore inconnue en Europe, même dans les parcs des grands seigneurs.

On voit près de ce moulin les vestiges d'un pont, qui devait former une communication non-seulement au-dessus de la chute mais encore d'une rive à l'autre, en sorte qu'il eût embrassé une largeur d'environ 400 pieds, et se fût trouvé dans le milieu à 250 au-dessus de l'eau. A peine ce travail extravagant avait-il été achevé, que le pont s'écroula par son propre poids, à l'instant même où un waggon atteignait la terre ferme : personne depuis n'a tenté un semblable projet.

Il y a des bassins pour recevoir les bateaux jusque dans les cours des hôtels, et il semble que les packets-boats et les stages, avec leurs chevaux tout harnachés, soient deux voitures d'un genre différent. En s'éloignant de Rochester, les six clochers de ses églises apparaissent distinctement au-dessus des maisons basses et uniformes, et bientôt toute la ville est masquée par les forêts : une nouvelle région commence, sauvage et silencieuse. La nuit, des hibous monstrueux voltigent autour du fanal, en poussant leur *howling* lugubre ; les mouches à feu, emportées par la rapidité de leurs ailes, semblent autant d'étincelles qui brillent et s'éteignent sans cesse. Mais ce qui donne un caractère plus profond de solitude à ces lieux, c'est la voix effrayante des *wararons* (1) cachés sous les roseaux, dont le mugissement retentit comme celui d'un taureau. Le canal étroit, coupé en droite ligne dans l'épaisseur des arbres, se resserre comme une allée, et souvent les branches des chênes forment une voûte sous laquelle le trot des chevaux retentit sourdement. Les écureils étonnés s'arrêtent sur l'extrémité d'un rameau flexible pour voir passer les bateaux ; un jeune faucon, tombé de son nid, se laissa prendre sans résistance.

Nous arrivâmes vers minuit à *Lockport*, l'endroit le plus remarquable pour les travaux du canal, où se succèdent huit locks taillés dans le roc vif, formant ensemble soixante pieds de hauteur. Nous n'eûmes guère le loisir d'examiner attentivement ce bel ouvrage, car une pluie d'orage qui tombait avec violence ruisselait à travers le pont du bateau ; le tonnerre grondait avec cette force inconnue dans nos pays tempérés : néanmoins, malgré cet incident, nous nous sentions enlevés sans effort par l'effet des locks. L'intérieur de notre cabine offrait aussi son côté curieux : des passagers, que je n'avais point vus la veille, étendus sur les matelas et les plians, ronflant insoucians de ce qui se passait autour d'eux ; et je ne pus retenir un éclat de rire, en reconnaissant au fond de la chambre entre deux coussins un quaker énorme avec lequel j'avais fait route précédemment, sans avoir jamais remarqué le moindre mouvement sur son visage.

---

(1) Espèce de grosse grenouille.

Nous nous éveillâmes sur une rivière profonde, toute ombragée de forêts; le beau nom de *Tonawanta* ajoutait encore à la magie de ses eaux, et jamais je n'avais senti si bien l'influence d'une nature puissante et vierge. La brise du matin ridait les flots limpides, frémissait dans les marais et secouait sur nos têtes la rosée des grands arbres. Le seul mouvement que j'aperçus pendant toute la matinée fut le sillage d'une pirogue d'Indiens qui traversait la rivière. Leurs huttes construites en écorce, bordaient la lisière du bois; des enfans s'occupaient à pêcher à la ligne, et dans quelques minutes je les vis prendre plusieurs livres de poisson. Nous fûmes nous-mêmes assez heureux; les hameçons que nous mîmes à la traîne nous en procurèrent une abondante provision. Les canards qui passaient fréquemment à portée excitèrent aussi l'attention des passagers; bientôt les coups de fusil, en ébranlant les forêts solitaires, firent voler autour de nous des nuées d'étourneaux, de geais et de pigeons.

Telle était notre manière de voyager à travers un pays neuf, qu'en Europe on suppose encore plongé dans les ténèbres de l'ignorance et habité par des barbares. Les animaux qui peuplent ces bois se sont familiarisés avec la vue de l'homme, sans avoir encore appris à le fuir de si loin; d'ailleurs, la hauteur des arbres, la profondeur des marais, l'immensité des lacs, leur fournissent des asyles sûrs et nombreux. Lorsque le coup n'a pas atteint l'animal auquel il était destiné, il s'arrête stupéfait, regarde autour de lui d'où vient l'explosion, et souvent même il se rapproche du chasseur. Les pics se contentent de tourner autour des arbres, évitant ainsi la flèche de l'Indien. Mais les ours, les chevreuils, les chacals et les renards s'enfoncent dans l'épaisseur des forêts, traversent les fleuves et gagnent les régions lointaines, où ils demeurent en paix, jusqu'à ce qu'une civilisation progressive vienne les éloigner de nouveau.

XI.

Buffalo.

En jetant les yeux sur la carte, il sera facile de suivre le cours de ces lacs immenses, qui se succèdent depuis les régions les plus reculées de l'ouest jusqu'à l'Océan Atlantique. Le plus grand de tous, le lac Supérieur, à peine exploré par les anciens chasseurs français du Canada, tombe dans le lac Huron, qui va se perdre lui-même dans le Michigan; sur la rive orientale de ce dernier on a fondé de nouveaux établissemens, qui finiront par aller rejoindre ceux d'Ohio. Le lac St-Clair n'est qu'un passage qui porte les flots du Michigan dans l'Erié; et de là s'étend cette merveilleuse rivière de Niagara, canal sans source ni embouchure, destiné à vomir toute cette immense quantité d'eaux par un précipice, comme pour varier la monotonie de tous ces océans. Vient ensuite l'Ontario, puis le St-Laurent, le plus rapide et le plus large de tous les fleuves de l'Amérique du nord.

La Niagara commence par former deux bras qui enveloppent une île de deux lieues de diamètre, encore inhabitée, et sur laquelle un gouverneur de l'état de New-York avait eu le singulier projet de réunir tous les Juifs. C'est vis-à-vis *Grand-Island* que la Tonawanta verse le tribut de ses eaux à la Niagara. Le canal recommence alors jusqu'à *Buffalo* et côtoye le lac Erié depuis *Black-Rock*.

Une digue en pierres, longue de deux milles, avait été construite à grands frais pour abriter les bâtimens qui naviguent sur le lac, et retenir l'eau dans le canal et la Tonawanta. On espérait alors que Black-Rock deviendrait le port principal, et ce bassin était indispensable pendant les orages de l'été et les tempêtes si fréquentes en automne; mais ce village s'arrêta tout-à-coup dans son accroissement, tandis que Buffalo, dont la maison d'une pauvre veuve était alors la seule et la première pierre, prit bientôt un aspect florissant, et a éclipsé depuis long-temps Black-Rock : aujourd'hui on n'y rencontre que quelques voiles de pêcheurs regagnant le rivage à la chute du jour.

Le teinte sombre des nuages et les rayons obliques du soleil levant ajoutaient encore à la majesté de ces lieux, quand nous avançâmes vers Buffalo. A l'horizon, les sommets des montagnes du Haut-Canada bornent la vue et se confondent en lignes bleuâtres ; sur les marais planent les aigles blancs, les plus grands oiseaux de ces climats, et qui semblent affectionner les environs de la cataracte ; à perte de vue passent des grues voyageuses, volant en triangle, dont la voix éclatante résonne par intervalles comme un cri parti des nuages. Sur les châtaigniers dispersés se retirent par troupes les vautours noirs, l'aile pendante, la tête cachée sous les plumes ; et chaque buisson, chaque arbuste en fleur retentit du chant modulé de quelque petit oiseau au plumage brillant. Tout le rivage n'est qu'une suite d'arbres séculaires, les uns pleins de sève et de vigueur ; les autres fracassés par la foudre, n'offrant plus que des troncs noircis dépouillés de leur écorce. Enfin, sur la colline, les toits de Buffalo se montrent à travers le feuillage, et les mâts de ses navires s'y balancent au souffle de la brise.

Tout voyageur a dans ses souvenirs quelque lieu qu'il affectionne particulièrement, dont l'image lui revient dans ses momens de loisir, ou lui apparaît dans ses rêves. Quelquefois c'est un rapprochement inattendu qui lui a occasionné cette impression profonde, une épisode bizarre, un danger passé dont il ne reste plus qu'une trace dans son esprit. Souvent aussi il arrive que c'est l'aspect tout-à-fait neuf et local d'un pays qui produit cette singulière sensation : telle est la satisfaction intérieure que j'éprouve à me rappeler le premier coup-d'œil que je jetai sur les rues larges et à peine tracées de Buffalo. Il y avait autour de ces maisons bizarrement bâties une variété de costumes suisses, alsaciens, canadiens, irlandais et sauvages, comme si toutes ces nations se fussent réunies dans cet espace de terre, pour s'en disputer la possession. Tous les émigrans d'Europe, à peine débarqués des canal-boats, promenaient leurs regards sur le lac Erié, qui s'étendait comme une mer à leurs pieds. Un jour j'entendis un jeune suisse demander à sa mère en pleurant, si c'était bien là son lac de Neufchâtel : sa mère, les yeux tournés vers l'orient, ne lui répondit que par un soupir.

De toute cette foule active il n'y avait que les Indiens qui regardassent avec indifférence ces peuples civilisés, dont chaque homme venait abattre leurs vieilles forêts. Les enfans curieux circulaient le long des magasins, échangeant une peau de chevreuil pour un escalin ou quelques verroteries ; et, quand on leur donnait un morceau de ruban, ils s'en paraient la tête et couraient admirer leur image en se penchant sur les eaux du canal. Je remarquai cependant un chef, dont le nez et les oreilles étaient percés et ornés de dents d'ours, qui semblait voir d'un mauvais œil tous ces nouveaux venus ; les robes courtes et bariolées des Suisses et des Alsaciennes, leur bonnet aplati sur le derrière de la tête d'où pendaient des rubans de différentes couleurs, excitaient son étonnement. A la fin il s'adressa à moi en langue indienne. Ne comprenant rien aux sons gutturaux qui sortaient de cette bouche immense, je lui achetai du moins son sac de peau de castor et sa ceinture ; mais il voulait des explications sur ces visages blancs, *pales faces*, comme il les appelait ; et, bravant la pluie qui tombait à verse, il me prit le bras pour me faire asseoir à côté de lui sur la borne d'une rue. Malgré toute la politesse française, je ne pus m'empêcher de couper court à cette singulière conversation par une retraite précipitée.

Ces sauvages portent le nom de *Senecas*, et ont une réservation de territoire que leur accorde le gouvernement américain. Ils faisaient partie de la confédération des Cinq-Nations, et même ils tinrent long-temps le premier rang parmi les autres sauvages, mais ils essuyèrent en 1778 une défaite horrible qui leur a fait perdre cette puissance dont ils étaient si fiers : désormais ils sont réduits à quelques centaines d'hommes dispersés en plusieurs villages. Des divisions intérieures (car les tribus sauvages ont leurs factions comme les grandes nations des deux hémisphères) les affaiblirent encore. Deux chefs, célèbres par leur éloquence et leur bravoure, se disputaient la prééminence ; l'un, surnommé *Red-Jacket*, s'éleva avec toute l'ardeur dont un Indien est capable, contre l'établissement du christianisme parmi ses frères : aujourd'hui, vieux et déchu de son ancienne influence, il a encore assez de force pour exclure tout ministre chrétien de son territoire. *Billy*, au contraire, élevé dans les principes de la religion chrétienne qu'il professe avec enthousiasme, répand parmi la tribu les bienfaits de son exemple et de ses doctrines, et cherche à propager la civilisation et la culture chez les Senecas.

Les Senecas ont adopté en partie les usages européens; cependant j'en ai vu beaucoup qui se servaient de l'arc avec une dextérité étonnante, contre les chevreuils et même les oiseaux; la plupart ne parlent que le langage indien. En résultat, ces descendans des anciens maîtres de l'Amérique, quoique destitués de leur splendeur et perdant chaque jour de leur originalité, ces hommes d'une autre nature et pour ainsi dire d'un autre temps, n'en conservent pas moins encore un caractère distinctif qui leur mérite d'attirer l'attention du voyageur.

Le village de Buffalo domine toute l'étendue du lac Erié et de la Niagara. Ses environs, et surtout la portion de terre occupée par les Indiens, sont d'une fertilité remarquable; les relations fréquentes de ses habitans avec le territoire de Michigan, en ont fait l'entrepôt de toutes les pelleteries des lacs de l'ouest. Le gibier de toute espèce abonde dans les forêts qui s'étendent tout le long du rivage : l'ours, le chevreuil et le castor sont les animaux dont la chasse occupe le plus les habitans de l'intérieur et les Indiens; et le nom de Buffalo (bœuf sauvage) lui fut sans doute donné à cause de la grande quantité de buffles qui s'y tenaient avant l'établissement des Européens.

Les côtes du Canada s'aperçoivent distinctement du milieu des rues de Buffalo, et ces eaux sillonnées aujourd'hui de goëlettes élégantes, rappellent à l'Américain, qui aime à voyager dans son pays pour en voir avec orgueil les *improvemens,* l'éclatante victoire navale que le jeune commodore Porter y remporta sur les Anglais, malgré la supériorité du nombre et de la force de leurs vaisseaux.

L'entrée du hâvre de Buffalo est défendue par une pointe avancée à l'extrémité de laquelle s'élève un phare. Je fus témoin d'un orage sur le lac Erié, et malgré le souvenir encore récent des tempêtes de l'Océan, je ne pouvais entendre sans trembler le vent mugir à travers les agrès de notre schooner, et menacer de nous engloutir au milieu des vagues. Le steamboat du lac Michigan vint heureusement à notre secours, et, luttant avec toute la force de ses voiles et de ses roues contre la violence de l'ouragan, finit par nous mettre en sûreté dans le port. Pendant deux jours qui suivirent, la côte se couvrit de branches d'arbres arrachées aux forêts de l'autre rive ; et ce fut avec une profonde douleur que nous aperçumes, jeté sur la plage, un canot de pêcheur, la quille renversée.

XII.

Les Chutes de Niagara.

Comme mon cœur battit avec force lorsque, errant au milieu des masses de saules dont les rameaux épais se balançaient sur ma tête, je vis une vapeur blanche monter en colonne vers les cieux, avec un mugissement lointain que les brises m'apportaient par intervalles ! J'aurais voulu réunir sur cette Grand-Island si imposante par la majesté de ses forêts, au-dessus même de cette cataracte de la Niagara, non point tous les Juifs, comme ce gouverneur de l'état de New-York, mais ces hommes las d'eux-mêmes, qui traînent au milieu des villes leur luxe ennuyé, ou ces insensés pour qui les jours passent monotones et sans couleur, et qui, selon l'expression si vraie de Goëthe, dans le cercle étroit de leur folie, pirouettent comme de jeunes chats qui jouent avec leur queue. J'aurais voulu voir si la grande voix qui parle au fond du gouffre retentissant aurait eu le pouvoir de réveiller des sensations, ensevelies sous une apathie invétérée comme la mousse qui embrasse et étouffe un arbre jusque dans sa racine. Il y a dans les sommets d'une montagne confondue avec les nuages, dans l'immensité sans bornes de la mer, dans le silence des forêts vierges, dans le roulement d'une cataracte, en un mot dans tous les grands spectacles de la nature, une puissance irrésistible qui arrache l'homme à la terre, et l'enlève vers les régions supérieures et infinies dont son âme a soif.

Celui qui arrive au-dessus des chutes de l'est ne comprend rien d'abord à tout ce qui l'entoure. En se détournant, il voit les rapides écumer à un mille de distance jusqu'à l'extrémité de Grand-Island, et se perdre avec les eaux du lac dont les rives ne s'aperçoivent plus. *Goat-Island* (l'Isle des Chèvres) sépare les deux côtés de la cascade; et, au milieu de ce vaste fer-à-cheval, tout disparaît dans un tourbillon de vapeurs, d'où s'élève un mugissement terrible comme les éclats du tonnerre. Beaucoup d'Américains des états voisins viennent dîner à *Eagle-Tavern*, bel hôtel dont les galeries sont barbouillées des noms des visiteurs; ils vont sur le bord de la Niagara, s'accrochent à un vieux chêne penché sur les eaux, jettent un coup-d'œil ébahi où se peint une extase contemplative, et remontent en voiture, en disant : J'ai vu les Chutes. Surtout ils ne manquent jamais de répéter que les vitres de l'hôtel sont constamment ébranlées par la secousse qu'imprime la chute à un demi-mille de circonférence. En définitive, qu'ont-ils observé ? je n'en sais rien ; mais l'idée dominante qu'ils rapportent de leur excursion, c'est que ces *Falls* interrompent la navigation des lacs, et qu'il faut y suppléer par un canal !

Lorsqu'il fit tout nuit, que la lune, montant derrière les collines du Canada, vint à percer de ses pâles et mélancoliques rayons les vapeurs lointaines du lac, et qu'au pied même de la cataracte, assis dans la pirogue qu'agitaient les eaux échappées du gouffre, j'écoutais ce bruit solennel que renvoyait l'écho des rochers ; lorsque au-dessus de moi se détachaient en sombres masses les arbres touffus de Goat-Island, et ces petites îles, lambeaux de granit et de pierre, cimentés par les racines des cèdres ; puis, que tout autour de ma tête les blanches évaporations de la chute montèrent vers la cime des sapins : à ce moment j'éprouvai cette joie intérieure, cette jouissance que rien ne trouble, ce bien-être de l'âme à la vue d'un spectacle digne d'elle, comme si la Divinité se fût révélée tout entière au milieu de son œuvre gigantesque. Mais c'est quand le soleil vient à éclairer ce réseau diaphane et en faire jaillir en gerbes étincelantes cet arc-en-ciel tout paré des couleurs du prisme, c'est alors que le voyageur anéanti, plongé dans une admiration muette, s'arrête sur la pointe d'un rocher, et là rassemble toutes les forces de son imagination pour s'initier à ce grand mystère de la nature.

Un petit pont en bois a été jeté du côté américain à Goat-Island. Les érables et les chênes qui forment cette île sont d'une dimension prodigieuse ; leurs rameaux enlacés y répandent une obscurité si profonde, que les hiboux semblent, avec les serpens à sonnette, les seuls maîtres de ce lieu. A l'extrémité qui donne sur la cascade, deux grosses pierres qu'il faut atteindre au moyen d'un arbre, puis franchir au risque de tomber dans l'abîme, servent de base à un pont sur lequel le voyageur imprudent s'élance au milieu d'une pluie continuelle, et d'où il peut en tremblant voir toute cette masse d'eau disparaître dans le demi-cercle que forme la chute principale (1). Devant lui la rivière serpente encaissée entre deux écores à pic tapissés de cèdres blancs, et à sa gauche s'avance *Table-Rock*, rocher uni et fait en forme de table, d'où les visiteurs fashionables, n'osant pas affronter les périls du pont, prétendent avoir la vue la plus complète de toutes les chutes.

Quand on traverse sur le côté canadien, un guide

---

(1) Les chutes sont divisées en deux parties par l'île des Chèvres, celle du côté américain a 700 pieds de largeur, et la plus grande, sur le côté anglais ou canadien, 900 pieds d'étendue et 160 de hauteur.

officieux s'empare du voyageur, et lui présente son album et les rafraîchissemens que renferme sa cabane. De là on se jette dans un escalier en spirale attenant au rocher, et, après avoir tourné une centaine de marches, on se trouve au-dessous de Table-Rock. Il faut alors échanger ses vêtemens contre une blouse de toile cirée, et suivre, si on en a le courage, cet homme qui court de pierre en pierre, fait des gestes en criant sans se faire entendre, et s'enfonce derrière la chute elle-même. Quand je me vis au-dessus de cette effrayante Niagara, et que je sentis l'air refoulé par la rapidité des eaux oppresser ma poitrine, la force et la respiration me manquèrent, mes pieds glissèrent, un nuage voila mes yeux..... Je retrouvai mes sens derrière la cataracte, dans une grotte profonde, à côté du guide qui me retenait par le bras, et cherchait à continuer le cours de ses explications. Mais le mugissement me semblait alors mille fois plus épouvantable que du haut de Goat-Island; le sol tremblait comme si la terre se fût entr'ouverte : on eût dit l'entrée du Tartare.

Nous vîmes aussi à un mille de là une source de gaz hydrogène, à laquelle il est d'usage de présenter une chandelle qui l'enflamme. Des curieux avaient recouvert l'ouverture avec une pierre; le guide approchant avec sa lumière, il en résulta une explosion dont nous ne pûmes jamais lui faire comprendre la cause toute naturelle : il voulut croire que c'était un présage que Table-Rock ne tarderait pas à s'écrouler. Il est vrai aujourd'hui que la prédiction s'est réalisée; mais ce sont les Anglais qui ont détruit ce rocher, sur le point de se détacher de sa base.

Un soir que je revenais de la chasse dans les marais de Grand-Island, je rencontrai un vieux Canadien ; son sac était plein de canards, d'écureuils, de perdrix et de faisans. L'habitant de Québec m'ayant reconnu pour Français, voulut m'accompagner le reste de ma course ; pendant que nous suivions le bord de la forêt, il me raconta l'anecdote suivante :

« C'était par une belle matinée de printemps, le soleil se levait derrière les forêts et en chassait bien loin les brouillards ; il y avait encore de la neige sur les montagnes que vous voyez à l'ouest, et elles brillaient comme un miroir à chaque rayon de lumière que leur envoyaient les eaux du lac. Tout était tranquille dans le marais ; car alors il y avait peu de chasseurs qui fissent retentir une carabine au milieu de ces lieux, et les Indiens avaient une croyance superstitieuse qui leur faisait redouter les environs de la cataracte.

» Au moment où j'arrivais à l'embouchure de la Tonawanta (je n'étais qu'un enfant alors), je vis un homme passer sur la lisière du bois. Il marchait lentement au milieu des broussailles et des joncs ; une couverture blanche enveloppait ses épaules ; à sa ceinture pendait une peau de castor qui renfermait sans doute son briquet et ses ustensiles de chasse ; ses cheveux tombaient sur son cou, et sa tête était couverte d'un bonnet formé de la peau d'une tête d'ours, dont les deux oreilles se dressaient de chaque côté en signe de trophée.

» A quelques pas de là, il disparut derrière un bouquet d'arbres impénétrables; en m'avançant derrière les buissons, je le vis déposer son arc et ses flèches dans une pirogue d'écorce à sec sur le rivage. Il la lança d'un bras vigoureux au milieu de la rivière, se plaça à l'extrémité, et la fit voler à l'aide de son aviron qu'il tournait adroitement d'un côté sur l'autre; puis il déploya une voile d'écorce finement tissue : je le regardais, sa pagaye transformée en gouvernail, descendre lentement le courant.

» Ainsi passait le sauvage dans son canot si étroit qu'il lui eût été impossible de s'y tenir debout; il pouvait voir les tourbillons de la chute s'élever à l'horizon, et entendre distinctement le fracas de la cataracte. Il était encore à un demi-mille des rapides dont il connaissait bien le danger, et déjà il allait gagner le rivage, quand son œil perçant découvrit un faucon qui se balançait au-dessous des nuages : aussitôt il arracha la voile d'écorce de bouleau, et se jetant à la renverse dans son canot, il saisit son arc, plaça la flèche sur la corde, et n'attendit plus que l'instant où l'oiseau passerait à portée. Tandis que sans inquiétude le chasseur immobile voguait lentement sur les eaux, le faucon, décrivant de larges cercles sous le ciel, planait en se rapprochant davantage de la terre. Celui qui eût aperçu du rivage ce canot sans mouvement glisser au milieu du fleuve, l'eût pris pour un faisceau de joncs arrachés par la violence de l'orage, ou pour le cadavre d'un buffle noyé dans les grands lacs. Tout-à-coup le trait part; l'Indien pousse un cri, et l'oiseau percé tombe, mais se débattant encore, il va rouler, mal soutenu par son aile pendante, au milieu du torrent. — Ainsi le chasseur avait perdu sa flèche et l'oiseau dont les plumes dorées eussent orné sa tête au feu du conseil. Plein de rage, il rame vers sa proie, et oubliant les rapides qui déjà l'entraînent, court à une mort inévitable : lui qui savait comme tout Indien, que jamais homme n'avait porté ses pas sur ces groupes de fleurs et de mousses qui forment la base de ces îles, et que jamais canot de *Seneca*, ni pirogue de guerre d'*Adirondack* n'avait osé s'aventurer sur ces vagues écumantes.

» Il eut bientôt reconnu sa fatale imprudence. Incapable de diriger sa pirogue vers l'une de ces îles, il essaya du moins de s'accrocher à quelques branches, mais les poignées de feuilles restèrent dans ses mains qu'il agitait avec des mouvemens convulsifs : c'était en vain, il fallait y périr. Alors il se rappela qu'il était guerrier, comme disent les Indiens, et qu'il devait mourir avec courage. Il saisit donc sa bouteille d'*eau de feu* pendue à sa ceinture, la vide d'un trait, et, les bras croisés sur sa poitrine, il regarde d'un œil calme le gouffre immense qui va l'engloutir.

» L'esquif roula de roc en roc avec la rapidité de l'éclair. On le vit encore sous l'arc-en-ciel que forme le soleil en traversant de ses rayons les vapeurs de la chute : l'Indien élevait ses deux mains en signe d'adieu, — puis canot et chasseur, tout disparut dans l'abîme. »

XIII.

Les Tuscuroras.

Lewiston est un village naissant situé à quelques milles des Chutes, sur le bord de la Niagara. Le long de la rivière on remarque les ruines des maisons qui furent brûlées dans les dernières guerres avec les Anglais. Les eaux seules du fleuve séparent ces deux peuples rivaux : sur l'autre côté flotte emphatiquement un immense drapeau rouge avec sa croix blanche, au milieu du village de *Queenstown*, dont les toits encore noircis par le feu attestent la défaite du général anglais Brock, qui y perdit la vie. Le gouvernement lui a élevé un monument remarquable sur le lieu même du combat : c'est une colonne haute de 115 pieds, au sommet de laquelle est un observatoire, d'où l'œil embrasse les forêts environnantes et l'entrée du lac Ontario ; les nuages que forment les vapeurs continuelles des Chutes s'aperçoivent encore distinctement de cette élévation, ainsi que le cours de la rivière, à travers des rochers escarpés.

La haute colline que l'on descend par une route tortueuse, avant de se trouver dans la plaine de Lewiston, porte le nom de *Devil's-Hole* (Trou du diable), en mémoire de la mort horrible de cinquante Américains, qui furent précipités de 300 pieds à pic au milieu de la Niagara. Comme ils marchaient en observation vers le camp des Anglais, ils prirent les touffes de cèdres attachées au rocher pour la lisière du bois, et tombèrent dans une embuscade de *Tuscaroras*, qui les lancèrent impitoyablement au fond de l'abîme. On assure qu'un de ces infortunés parvint à se cramponner aux branches d'un arbre, et fut sauvé par un hasard inouï.

A peine le soleil avait-il paru au-dessus des forêts, lorsque je montai à cheval pour aller visiter les Tuscaroras. Une rosée abondante rafraîchissait les sentiers, et ruisselait comme des perles sur les tulipiers en fleurs ; toute cette nature puissante s'épanouissait au premier rayon du soleil ; des oiseaux chantaient au milieu des thyrses fleuris des lianes et des jasmins. Une heure environ après avoir quitté Lewiston, un sentier assez raide, creusé par le lit d'un torrent, me conduisit dans le village des Indiens : j'abandonnai alors la bride sur le cou de mon cheval, et, tout entier à ma rêverie, je le laissai errer au milieu des huttes et des cabanes. Quelques-unes de ces habitations étaient arrondies comme on nous peint les maisons des castors; l'écorce, levée par grandes pièces aux troncs des cèdres, recouvrait le toit circulaire en larges dalles; et, par un trou pratiqué à sa partie supérieure, la fumée montait en colonne longue et pressée. Une porte entr'ouverte me laissa apercevoir une Indienne assise auprès d'un feu pétillant, qui berçait dans un hamac de bouleau son enfant nouveau-né, tandis que les plus âgés, courant autour de la hutte, perçaient à coups de flèche les calebasses suspendues aux arbres voisins. Les femmes apportaient du bois, des écorces de bouleau, pour en faire des paniers et des pirogues; quelquefois, quand elles marchaient devant moi, je voyais la figure naïve d'un enfant emmaillotté dans son berceau et suspendu au dos de sa mère par une large corde qui, attachée aux deux extrémités, passait sur le front de la femme, et semblait un bandeau sur ses cheveux noirs et lisses. Il régnait dans ce village un silence si profond, un calme si solennel, que malgré moi, en regardant ces sauvages aller et venir sans s'occuper de la visite d'un étranger, je cherchais à saisir quelque parole qui vînt, pour ainsi dire, animer toutes ces statues. A peine rencontrai-je quelques hommes; ils étaient à chasser autour de leur réservation, ou à pêcher à la rivière; les vieillards cultivaient un petit enclos où l'on voyait du maïs et des patates. L'un d'eux, qui compte près d'un siècle de vie, a écrit l'histoire de sa nation et de toutes celles de l'Amérique depuis la création du monde ; il y a joint des dessins où sont représentés les trois géans qui selon lui peuplèrent la terre après le déluge, le combat des descendans de ces premiers hommes, etc. Je distinguai de loin sa maison, assez spacieuse pour un Indien ; mais la porte en était fermée, et ses voisins me montrèrent la forêt, pour m'avertir qu'il était sans doute allé méditer dans la solitude.

La position de ce village des Tuscaroras est tout ce qui en fait le charme aux yeux du voyageur, car il contient à peine deux cents habitans : mais les Indiens ont conçu un tel attachement pour cette demeure, qu'ils la garderont tant que la trop grande proximité des Américains ne les en chassera pas. J'admirais les bois qui s'étendent au pied de la colline sans interruption jusqu'au lac, dont les eaux blanches reflétaient les rayons obliques du soleil ; aucun bruit ne s'élevait autour de moi : on eût dit, à voir ces forêts se confondre avec l'Ontario, ce ciel d'azur resplendissant des feux du jour ; on eût dit, au milieu de cette majesté de la nature seule, sans la présence de l'homme, la terre vierge, telle qu'elle sortit des mains du Créateur. Je m'oubliais moi-même dans ce grand aspect d'un désert ; un crayon à la main, j'esquissais les sensations qui se pressaient en foule dans mon esprit, quand une ombre opaque vint se projeter sur mon front et me tirer subitement de mes rêveries. C'était un grand Tuscarora qui s'était approché sans bruit, et penché sur moi, m'examinait avec une attention extraordinaire. Quelques mots d'anglais prononcés de part et d'autre nous mirent en état de converser sur l'histoire de ces Indiens.

Les Tuscaroras sont originaires de la Caroline ; ils partageaient avec les *Creeks* et les *Cherokees* les sommets sauvages des Apalaches. Les Cinq-Nations, se trouvant attaquées par des forces supérieures, les invitèrent à se joindre à leur confédération, et les Tuscaroras formèrent la sixième de ces nations, dont l'histoire se rattache sans cesse à celle des guerres du Canada et des Etats-Unis. La couleur rouge des Tuscaroras rappelle leur origine méridionale, et les climats froids qu'ils habitent ne leur ont rien fait perdre de l'air fier et souvent féroce des sauvages du Mississipi : plus tard, je fus frappé de leur ressemblance avec les *Choctaws* et les *Pascagoulas*. Leur démarche est moins grave, moins sévère que celle des *Onéidas*, mais il y a dans leurs formes souples et arrondies, dans leurs membres plus longs et plus finement dessinés, un air d'indolence qui ne peut tirer son origine que des rives brûlantes du Meschacebé, des savanes de la Floride ou des prairies du Texas.

XIV.

Le lac Ontario.

A l'embouchure de la rivière de Niagara on trouve encore deux redoutes, l'une anglaise et l'autre américaine, et deux villages; avec cette différence que *Newark*, sur le côté canadien, n'est guère qu'un monceau de ruines à peine réparées, tandis que *Youngstown*, quoique renfermant au plus vingt maisons, présente l'aspect d'une prospérité naissante.

Mon hôte de Lewiston, avec cette prévenance officieuse que Walter Scott accorde souvent à ceux des villages de l'Ecosse, m'offrit de me conduire lui-même à Youngstown dans son waggon ; et nous partîmes dès que le soleil fut assez bas sur le lac, pour ne plus avoir à craindre son ardeur. La route était ravissante : il fallait suivre constamment les bords de la Niagara alors silencieuse, et réfléchissant les sombres forêts de ses rives; de temps en temps un martin-pêcheur plongeait dans les eaux transparentes, et, poussant un cri aigu quand il avait manqué sa proie, allait se remettre en embuscade sur une branche morte. Les noyers formaient une allée régulière, et les fleurs des acacias que le vent du soir effeuillait autour de nous, embaumaient l'air que nous respirions.

Le petit hôtel où nous nous arrêtâmes à Youngstown, entouré de galeries et exposé à la brise du lac, était encore abrité des rayons du soleil par une espèce de haie formée de rameaux verts coupés dans le bois. J'avais tout un jour à attendre le départ du steamboat anglais qui stationne à Newark, et j'entrepris une excursion sur les bords du lac : cette nature si belle, si imposante dans la majesté de ses eaux et de ses forêts, avait rendu le calme à mon âme; je n'avais point oublié mon pays ni les miens, mais cette pensée ne se présentait plus à moi sous cet aspect parfois triste, qui laisse après lui une profonde mélancolie, et d'où naît cette maladie du pays, cette *home sickness,* comme on dit en anglais. J'étais heureux : tout ce que peut désirer un être simple, pour qui les jouissances que procurent les grands spectacles de la nature sont le seul et suprême bien, tout ce qui pouvait faire impression sur une âme jeune et avide de sensations, la nouveauté et la solitude qui permet de se mirer en quelque sorte dans ses souvenirs, j'avais tout à souhait.

Je pénétrai donc directement dans la forêt, avec mon fusil et mon poignard, car je craignais de rencontrer encore quelque ours, trop honnête cette fois pour se retirer à mon approche. Le soleil et la direction du vent devaient me guider à travers le labyrinthe de broussailles, et puis j'avais à ma gauche le lac que je devais toujours retrouver comme une barrière pour arrêter mes pas errans. Des bandes de pigeons me procurèrent en peu d'instans une chasse assez abondante; les faisans demandaient plus d'attention, et ils couraient long-temps parmi les hautes herbes sans qu'il fût possible de les tirer. Lorsque j'eus parcouru la forêt pendant plusieurs heures, la fatigue et la chaleur m'accablèrent, et je m'endormis au milieu d'une clairière.

Je ne sais jusqu'à quand j'aurais continué de rêver, si je n'eusse été réveillé par le chant harmonieux d'un robin. Je fus quelques instans à me remettre dans mon véritable état moral, et je finis par comprendre qu'il était temps de reprendre ma route. Les nuages s'étaient amoncelés, le vent ne soufflait plus, le tonnerre commençait à gronder, et le soleil avait disparu; espérer de retrouver son chemin au milieu des broussailles eût été une folie; mes moyens d'observations étaient devenus inutiles, il fallut donc marcher au hasard. Les bois étaient moins hauts et plus distans les uns des autres ; je passais avec rapidité au milieu des buissons sans prendre garde aux faisans effrayés que je faisais envoler à chaque pas ; enfin, au moment où je croyais arriver à la clairière qui environnait le fort, une immense forêt de noyers se présenta à mes regards, et le découragement me saisit. Je déposai mon fusil au pied d'un arbre, et je montai jusqu'au sommet, déchiré par les épines et les ronces : mais je ne voyais que cimes d'arbres interminables, que la plus légère brise n'agitait pas. Le ciel était menaçant, et aucun bruit, pas même celui d'un oiseau, ne venait me consoler ; tous avaient fui dans les taillis pour éviter l'orage.

Si jamais quelqu'un s'est trouvé dans une semblable position, il sentira tout ce qu'il y a de cruel et de navrant à se voir ainsi dénué de tout secours, perdu au milieu d'une forêt impénétrable, sans espoir de retrouver un sentier qui puisse conduire à quelque maison hospitalière. Oh ! c'est alors que la patrie revient à la mémoire, que l'on regrette son toit paternel ; tous ces arbres gigantesques dont les branches m'abritaient, semblaient la voûte d'un souterrain dans lequel on erre d'un pas chancelant, avec une lampe prête à s'éteindre.

Je suivais cette route incertaine que je me frayais avec le canon de mon fusil, à travers les ronces, quand le lac murmura tout-à-coup à mes oreilles ; je m'élançai sur la plage déserte,......... mais l'autre rive avait disparu, et autour de moi les flots succédaient aux flots ;

pas même une voile qui par sa direction m'indiquât de quel côté tourner mes pas. Il fallut me résigner à passer la nuit là ; j'allumai du feu avec la pierre du fusil, et je me mis à suivre des yeux ces eaux immenses en me livrant à la mélancolie de mes pensées. Je me transportais malgré moi au milieu des rues étroites de ma ville natale, me promenant sans inquiétude dans nos campagnes si connues, sautant les haies et les fossés, sans perdre de vue les maisons et les champs : j'étais tout entier en France, et j'oubliais ma triste situation, tandis que les eaux se doraient à mes pieds d'un rayon oblique qui glissait entre deux nuages. Peu à peu leurs masses noires s'écartèrent, et le soleil reparut ; mais je ne voyais plus rien, mes pensées s'égaraient comme l'aile de ces mouettes de nuit qui déjà se balançaient sur le lac.

Heureusement cet avertissement salutaire ne fut pas perdu ; le soleil se couchant en face de moi, la Niagara devait donc être à ma gauche, et ma route était enfin retrouvée. Je marchai le long du lac jusqu'à la nuit, tantôt sur des cailloux, tantôt sur des pentes de rochers couverts de mousse ; le fort Niagara se montra au crépuscule, mais à plus de six milles de distance ; quand j'approchai de la poudrière, la sentinelle me cria : qui vive, et ce ne fut qu'au second appel que la fatigue me permit de répondre : *citizen*.

A mesure que j'approchais d'Youngstown, les lumières de l'hôtel brillaient d'une clarté plus vive, un bruit d'instrumens résonnait à mon oreille. Quand j'arrivai à la porte de l'hôtel, le landlord fort inquiet de mon absence, me reçut avec cordialité; l'hôte de Lewiston me présenta dans un salon d'où partaient tout ce tumulte et cette singulière musique. Etrange contraste! à peine étais-je échappé de la forêt, à peine étais-je bien certain de me rencontrer au milieu d'êtres vivans, et je me trouvais transporté comme par enchantement dans un bal, parmi tous les officiers du fort, qui se réjouissaient la veille de la grande fête nationale du 4 juillet, anniversaire de l'Indépendance américaine!

XV.

York.

―――

Ce fut précisément le 4 juillet, jour si mémorable, où, selon le proverbe, tout bon Américain doit s'enivrer, que je quittai le territoire des Etats-Unis. Le canon du fort tirait de minute en minute, des drapeaux pavoisaient toutes les chaloupes, les milices des environs s'étaient rassemblées dans la cour de l'hôtel, et la grosse caisse, les fifres et les tambours faisaient un vacarme affreux, auquel les habitans donnaient le nom de musique guerrière.

L'orgueil anglais devait se trouver froissé par ces démonstrations d'une joie insultante pour lui. Les petits navires du lac, qui naviguaient sous le pavillon de la Grande-Bretagne, s'étaient retirés d'Youngstown, et on les voyait mouillés au milieu de la Niagara, à l'endroit où passe la ligne de démarcation entre les deux états. Le steamboat, prêt à partir (1), tira quatre coups de canon en l'honneur de Georges IV, et je me rendis à bord dans un canot. Je ne sais si le capitaine avait l'intention de me vexer, parce que j'étais venu de la rive opposée, mais j'eus bien du mal à me cramponner à l'échelle de corde, et je n'y serais peut-être pas parvenu sans une main que l'on me tendit du bord. Quelle fut ma surprise et ma joie en retrouvant dans cette personne charitable, un ancien compagnon de voyage pendant la traversée, celui qui avait partagé ma cabine ! Nous choisîmes encore la même chambre sur cet autre Océan, et tout ce qui nous entourait s'embellit des charmes de l'intimité.

Le fort Georges, sur la côte anglaise, étant plus avancé dans le lac, fut le dernier point que nous aperçûmes sur le rivage. Ceux qui ont fait la traversée de Douvres à Calais, auront facilement l'idée de l'effet du lac, quand on coupe directement de l'embouchure de

---

(1) Le bateau américain part de *Port Genesee*, à l'embouchure de la rivière de ce nom, touche à *Oswego*, à *Sachet's Harbour*, et s'arrête à *Ogdensburg*, sur la rive droite du Saint-Laurent, suivant ainsi tout le littoral du lac du côté des Etats-Unis.

la Niagara vers York. Comme dans la Manche, un second rivage se présente aux regards, dès qu'on a perdu de vue le premier; les vagues sont courtes et serrées; et quoique la terre disparaisse de chaque côté, et que l'image de la mer s'offre seule aux yeux du voyageur, cependant celui qui a navigué sur l'Océan éprouve je ne sais quelle sensation intime, qui, comme aux animaux embarqués dans un navire, lui annonce la proximité de la terre.

Notre route était de cingler droit au nord-est et de traverser l'Ontario dans toute sa longueur; mais un orage subit, tel qu'il en arrive si souvent dans ces parages, éclata vers le milieu du jour: le capitaine effrayé proposa d'entrer à York, et d'y attendre les vents réguliers du soir, afin de continuer le voyage. Pour nous, tous étrangers, c'était une occasion de visiter la capitale du Haut-Canada, et de compléter ainsi notre course dans cette contrée célèbre de l'Amérique: il fut donc unanimement résolu de relâcher.

La même différence de végétation, de température, de pays, qui frappe le voyageur, lorsqu'il voit les clochers et les sables de Calais briller des rayons du soleil et resplendir d'une vive clarté, tandis que les rochers de Douvres, les collines du comté de Kent sont couverts d'un brouillard glacial, cette même différence, dis-je, se fait sentir sur le lac Ontario. Lorsque nous nous éloignions de la côte, les forêts si belles d'acacias et de noyers, uniformes dans leur verdure, comme les arbres d'une prairie, présentaient l'aspect d'un pays riant et fertile ; sur la colline, qui s'élève en amphithéâtre, montait lentement la fumée du village des Tuscaroras ; et leurs huttes, rangées sur le penchant du coteau, rappelaient la vie simple et heureuse de l'homme primitif sous un ciel bienfaisant. Mais quand les environs d'York parurent sous les nuages gris que le vent chassait en tourbillons, les sommets de ces grands pins du désert formaient une haie élancée, dans laquelle l'œil ne pouvait rien distinguer que ténèbres épaisses et solitude effrayante ; les tuyas, raides comme un arbre que le givre a couvert, s'inclinaient à peine sous la brise croissante, tandis que les vagues grossissant toujours semblaient étinceler avec leur écume argentée sous ces sombres forêts. Toutes les petites voiles qui tenaient la même route que nous se rangèrent le long de la côte, et parvinrent à gagner la rade d'York aussitôt que le steamboat, en sorte qu'on eût dit une flotille se ralliant autour du commodore.

Champollion dit quelque part dans ses Voyages, qu'étant occupé à dessiner une ruine sur les bords du Nil, et se croyant seul d'Européen à affronter ce climat brûlant, il fut fort surpris de voir sortir de derrière une colonne quelques fashionables, des ladies s'abritant d'un soleil de feu avec une ombrelle large comme les deux mains, et à la dernière mode de Londres. Ainsi ne s'étonnera-t-on point de trouver à York, quoique cette ville soit reléguée au fond d'un des pays les plus tristes, les plus arriérés de l'Amérique, les usages et les manières anglaises dans toute leur originalité. Les modes à peine esquissées à mon départ de Paris étaient déjà fortement accentuées chez les élégans du Haut-Canada. Les officiers anglais, avec deux chevaux en flèche sur un tilbury, galopaient à travers les rues et la grande place d'York; les marchands de nouveautés étalaient leur enseigne avec les armes de la nation et la fameuse devise : *Dieu et mon droit, honni qui mal y pense;* de jeunes dandies venaient avec leurs lorgnons en or examiner l'intérieur de notre bateau et feuilleter les journaux de New-York. Mais ce qui me parut le plus étrange, ce fut le sang-froid de deux dames du grand ton, qui, pendant un ouragan terrible et par un vent de nord glacial, assises sur le siège du cocher, conduisaient elles-mêmes leur calèche sur le bord du lac, malgré la pluie continuelle que leur lançaient les vagues en se brisant contre la plage.

Sur la grande place, un spectacle nouveau nous attendait encore. Deux bataillons de Highlanders venus d'Ecosse passaient la revue du gouverneur; les plumes d'aigles de leur tartan flottant sur le front de ces intrépides montagnards, et les couleurs variées de leurs plays, leurs jambes nues et rougies par l'air piquant du Canada, leurs sandales liées autour du mollet, la musique mélancolique de leurs cornets à bouquin : tout en eux avait un aspect de rudesse sauvage parfaitement en harmonie avec les régions où ils se trouvaient transportés. Ils entonnèrent, non pas tout-à-fait l'air de la Dame-Blanche, mais le *Robin was not here* qui en est le motif ; comme Georges Brown dans ce délicieux opéra, le chant des chevaliers d'Avenel me revenait à la mémoire, au milieu de mille autres souvenirs; et moi aussi j'aurais pu dire aux Highlanders : « Attendez, j'acheverais, je crois. »

Une autre originalité de cette singulière ville, c'est qu'il n'y a point d'habitations aux environs. Aux maisons d'York succèdent immédiatement les forêts, et de quelle profondeur sont ces immenses forêts, quand on songe qu'elles vont, sans être interrompues, se perdre dans les régions glaciales de la baie d'Hudson et au pôle arctique! Ainsi, une ville à peine aussi peuplée qu'un gros hameau de l'Angleterre, voilà tout ce que la civilisation possède dans un territoire vaste comme la moitié de l'Europe ; c'est là son dernier avant-poste au milieu de ces déserts, forts de leur primitive nature, et couverts, pour ainsi dire, d'un manteau imperméable à l'industrie humaine.

Le commerce d'York ne peut consister qu'en bois de charpente, car on n'y récolte même pas la quantité suffisante de grains qu'exige la consommation intérieure. Ce misérable port doit coûter à l'Angleterre bien plus qu'il ne lui rapporte, surtout depuis que les établissemens du lac Huron pour les pelleteries ont disparu; mais l'orgueil des grandes puissances européennes exige de semblables sacrifices, pour pouvoir, sur une mappemonde, entourer de leur couleur une plus vaste étendue de possessions, ne fussent-elles, comme dans le Haut-Canada, que forêts et lacs glacés.

XVI.

Le Saint-Laurent.

« Les voiles, comme des drapeaux après la guerre
» finie, dorment sur les mâts dépouillés; le vaisseau
» se balance d'un mouvement presque insensible, et
» paraît fixé par une chaîne. Le matelot respire, le
» cercle joyeux des voyageurs s'égaie à ce specta-
» cle (1). » Il avait bien senti, celui qui parle ainsi,
tout ce qu'il y a d'imposant dans le calme des flots

---

(1) Adam Mischewitz, poëte polonais, *Sonnets de Crimée.*

après la tempête, dans ce sommeil profond d'un élément tout entier, auquel l'homme se confie, tranquille comme la mouche qui repose au dos d'un éléphant endormi. Heureux génie du poète, à qui il a été donné de rendre en paroles ce qui se passe d'invisible au fond de nos âmes !

Ainsi, les eaux apaisées du lac se soulevaient à peine en soupirant, quand le soleil se coucha derrière les sables de l'ouest. La dernière teinte de feu, adoucie par le crépuscule, se nuançait comme l'arc-en-ciel, le long des lames transparentes, et il n'y avait pas jusqu'à l'aile blanche de la mouette qui ne se colorât d'un reflet rose, qui la rendait semblable au flamant du Meschacebé. Puis peu à peu les ténèbres de l'orient montèrent à l'horizon, comme si ces légères vapeurs eussent suivi le vol des oiseaux de nuit (1), dont la voix aigre et sonore se perdait au-dessus de nous dans l'immensité, et qui traçaient sous la voûte des cieux leurs cercles fantastiques.

Nous étions une dizaine de voyageurs, tous de nations différentes ; et la langue française étant adoptée dans cette bizarre réunion, une partie de la nuit fut

---

(1) Le *night hawk* (faucon de nuit) est un oiseau de la grosseur d'un épervier, gris, et assez semblable à une mouette, qui voltige au crépuscule au-dessus des forêts et des prairies, mais particulièrement aux environs des lacs et des rivières. Il est très commun dans toute l'Amérique du nord.

employée à raconter les histoires des quatre parties du monde, ou à répéter de tendres *canciones* espagnoles, et des *favorites songs* des montagnes d'Ecosse. Les matelots, oubliant leurs fatigues du jour, s'étaient rassemblés sur le pont et dansaient au son de la flûte; le pilote lui-même murmurait à voix basse le *God save the king* et des walses irlandaises, sans perdre de vue sa boussole; car, sur ces lacs comme sur la grande mer, les rivages disparaissent et l'aimant seul dirige les marins. Mais insensiblement les chants cessèrent, les matelots s'étendirent sur le tillac; le cercle des voyageurs s'éclaircissait à chaque instant, et le conteur lui-même sentait son front s'appesantir : enfin le sommeil s'empara de toutes ces têtes où s'étaient réveillés tant de souvenirs. Un silence profond régnait sur les flots et sur le pont du navire ; c'était ce calme solennel et religieux qui inspirait l'âme poétique de Lamartine ; et je ne pus m'empêcher de réciter ces vers si suaves, dans ses *Adieux à la mer :*

> O berce, berce, berce encore,
> Berce cet enfant qui t'adore,
> Et qui depuis sa tendre aurore
> N'a rêvé que l'onde et les bois.

C'étaient bien là l'onde et les bois, qui remplissent l'âme de pensées mélancoliques, et, enveloppés dans les mêmes ténèbres, se confondent dans une même harmonie.

Quand on aperçoit le rivage du côté du Canada, ce

sont des baies, des anses profondes, entourées de forêts. Quelquefois, du milieu des eaux, l'œil découvre une pirogue longue et étroite voguant le long du rivage : sont-ce des habitans européens retirés sur ces plages désertes? sont-ce les Algonquins voyageant vers les lacs de l'ouest? c'est ce qu'il est impossible de savoir, et cette incertitude ouvre un vaste champ à l'imagination. Il y a aussi des îles avec leurs phares où brillent des feux tournans ; quand on passe vis-à-vis ces îles, on les voit se dessiner à l'horizon, se croiser entr'elles, et ne former souvent qu'une masse de pins comme un bloc de granit. Nous en remarquâmes une qui n'est qu'une seule pierre fendue, recouverte de mousse, du centre de laquelle s'élève un cèdre immense que l'on prendrait de loin pour une balise. Un cormoran, immobile à la pointe de l'arbre, en est seul le tranquille possesseur, et les débris des poissons dont il se nourrit jonchent le roc isolé qui forme ses états.

A droite s'étend la baie d'*Hunslow*, et au fond de cette baie est bâtie *Sacket's Harbour*, principal port de guerre du côté américain. C'est là que sont construits les navires armés que l'état entretient sur le lac pour faire respecter ses limites ; le gouvernement anglais a pris les mêmes précautions pour s'assurer au moins la jouissance de ce qui lui reste de ses anciennes colonies. Il y a déjà long-temps que les Américains les auraient expulsés du Canada, si ce misérable territoire eût pu racheter par sa fertilité le sang des soldats citoyens qu'il aurait fait répandre.

Nous dormions profondément, lorsqu'à minuit le canon du bord répété par les échos nous réveilla en sursaut. Ce n'était plus le lac Ontario et l'immensité de son étendue (1) ; le bateau était à l'ancre auprès du quai de *Kingston*, et les rochers du Saint-Laurent nous dominaient de toutes parts. Ce village était d'une grande importance au temps des guerres de l'Indépendance, tant par les fortes garnisons que nécessitait sa proximité du lac Ontario, que par ses chantiers de construction, où l'on voit encore un énorme navire à trois mâts avec ses canons, mais du reste entièrement hors d'état de tenir la mer. Nous courions à travers les rues, en cherchant à découvrir quelque chose dans l'obscurité, lorsqu'un brigadier de dragons anglais, moitié ivre, se rencontra au milieu de nous au détour d'une place. Il nous reconnut à notre langage pour des étrangers, et conséquemment à ses yeux nous étions des ennemis ; il tira son sabre en vociférant des imprécations contre les importuns qui troublaient le repos de la ville : nous le laissâmes se rendre comme il put à la caserne, traînant à son bras la lame recourbée qu'il n'avait pu remettre dans le fourreau. Au moment où nous remontions à bord, nous entendîmes frapper à coups redoublés à une porte du quai ; à la lueur de la lampe du bateau, il fut facile de reconnaître le brigadier qui s'é-

---

(1) Le lac Ontario peut avoir 200 lieues de tour ; il est beaucoup plus long que large, dans la proportion de 25 à 60 lieues. Les pêcheurs de la côte assurent qu'on ne peut en trouver le fond.

tait trompé de maison, et appelait en vain ses soldats pour lui ouvrir.

Un second coup de canon annonça notre départ aux habitans de Kingston; le jour ne tarda pas à paraître, et le bruit de nos roues retentit dans les immenses rochers du Saint-Laurent. Ce sont des collines d'un granit rouge et grisâtre, entrecoupées de pins chétifs et secs, de tuyas et d'érables; les vallées au contraire sont verdoyantes, semées de noyers et d'acacias; les îles, d'une très grande largeur, se distinguent à peine du rivage; les prairies et les rochers s'y succèdent comme sur la grande terre. Les joncs élevés, parmi lesquels croissent les *cramberries*, forment des marais où abondent les canards sauvages, les merles cuivrés; et sur le penchant de ces élévations, parmi les ronces et les *bluets* (1), le cardinal étincelle tout rouge comme un fruit mûr.

Une singularité du Saint-Laurent, c'est que, quoique plus large que l'Hudson et le Mississipi, l'élévation

---

(1) La cramberry est une espèce de groseille aquatique, dont la graine est rouge et grosse comme une prunelle. On en fait des confitures et des pâtés. Le bluet est une petite plante rampante, répandue dans toute l'Amérique septentrionale, qui fleurit en mai et porte son fruit en juillet, sur les bords du Saint-Laurent : dans la Louisiane, les fleurs paraissent en février, et le fruit est mûr en mai. Le bluet est de la grosseur d'une petite prunelle, mais sans noyau.

continuelle de ses bords et de ses îles si multipliées le font paraître dans cette partie de son cours extrêmement resserré ; cependant il a quelquefois une largeur de deux à trois lieues, en y comprenant ses îles. Ce qui contribue encore à produire cet effet au premier coup-d'œil, c'est la hauteur des forêts, la solitude continuelle qui règne sur ses rives, et bien plus encore la vaste étendue de l'Ontario, ainsi que des lacs que forme le fleuve lui-même dans beaucoup d'endroits, comme nous le verrons en suivant son cours.

XVII.

Le Haut-Canada.

Cet immense pays, qui s'étend depuis la frontière des États-Unis jusqu'au pôle et aux possessions russes de l'Océan Pacifique, a reçu des Anglais le nom de *Upper Canada*, par opposition aux provinces du Bas-Saint-Laurent, anciennement connues, et peuplées primitivement par les Français, qui y fondèrent *Montréal* et *Québec*, et lui conservèrent sa première dénomination sauvage de *Canada*. Cette partie supérieure du Saint-Laurent et du lac Ontario ne doit donc pas être confondue avec les anciens établissemens français ; et si les Anglais se sont mêlés aux habitans des villes du Bas-Canada, du moins les descendans des premiers colons que la France y envoya, ne sont-ils jamais sortis de cette nouvelle patrie, et on n'en rencontre pour ainsi dire aucun hors des limites de la province. La rive gauche du lac Ontario et de l'Erié est donc un pays tout-à-fait anglais, nouvellement et plus récemment peuplé que les districts supérieurs ; les habitans n'ont pu, comme ceux qui les premiers s'établirent au milieu des Indiens, adopter cette teinte locale qui distingue les Canadiens proprement dits ; et leurs *cottages* sont la plupart des imitations de la culture de la Grande-Bretagne, sans originalité. Le type du caractère anglais, d'ailleurs, est de se transporter tout entier dans le pays où il s'établit ; sa cabane a la même distribution, sa nourriture est invariablement la même : et comment cette conformité pourrait elle ne pas exister, quand on voit des émigrans arriver par centaines de Liverpool et de Dublin, avec leurs meubles, leurs ustensiles de travail, jusqu'à leurs harnais et leurs charrues?

Le climat du Haut-Canada n'est pas à beaucoup près aussi froid que les régions montagneuses de Québec et de la côte voisine du *Labrador*. L'été n'y paraît pas non plus aussi brûlant, sans doute à cause des brises du soir, que les lacs et le fleuve répandent au milieu des forêts ; en un mot, c'est un de ces pays de transition qui participent également des contrées environnantes, sans en avoir les températures exagérées.

Les *Adirondacks* et les *Algonquins* se partageaient toute la rive gauche du lac et du Saint-Laurent, dans une grande profondeur. Les premiers étaient une race dure et féroce, puissante parmi les autres tribus, et conséquemment ils conservèrent plus tard que leurs voisins ces mœurs sauvages ; car il est à remarquer que les peuplades les plus fortes et les plus nombreuses sont toujours les dernières à adopter le peu de civilisation compatible avec le caractère indien, et qu'elles perdent de leur fierté à mesure que les usages plus doux des Européens commencent à prévaloir parmi eux : j'ai été à même de faire cette observation chez les Sauvages du Mississipi.

Les Algonquins qui subsistent encore, comme nous le verrons plus tard, se sont pliés aux mœurs des blancs, non par la force, mais par cette confiance que ces sauvages, malgré leur prévention naturelle, ont toujours accordée aux Français. On en trouve encore beaucoup qui ont conservé des traditions de la première arrivée des Européens en Canada; ils paraissent regretter l'ancien gouvernement français, qui selon eux était plus favorable à la vie sauvage, en ce qu'il se faisait un immense commerce de pelleteries provenant la plupart des grandes chasses des Algonquins.

Ces deux nations se partageaient le vaste territoire sur lequel nous voyageons maintenant. Des guerres sanglantes troublaient souvent la tranquillité des deux peuples ; déjà les Onéidas et les Onondages avaient lui devant la hache des Adirondacks : il ne restait donc plus que les Algonquins, rivaux acharnés de leur puissance. Un traité de paix avait été conclu entre les deux peuplades ; mais, soit qu'il n'eût pas été connu de tous les guerriers, soit qu'il y en eût qui voulussent poursuivre plus loin leur vengeance, il arriva que, le jour même que cette trêve était décidée, pendant que les deux chefs fumaient dans le même tomahawk, et que le grand-prêtre enterrait une hache entre les deux limites, pour assurer la paix, il arriva, dis-je, qu'un Adirondack fit une incursion subite sur le territoire qui n'était plus ennemi, et massacra la femme et les enfans d'un guerrier Algonquin alors au feu du conseil. L'assassin s'esquiva à travers les forêts, passa l'hiver chez les Indiens du pied noir (*Black-Foot-Indians*), pour laisser assoupir cette action contraire au droit des gens, et ne reparut plus au milieu de sa tribu.

Cependant le guerrier, dont la famille entière gisait sanglante autour de sa hutte, revenait de l'assemblée des vieillards vers le village ; il ne vit point la fumée sortir de son toit en pyramide, le silence de la mort régnait autour de lui : un enfant qu'il rencontra à la porte d'une cabane voisine, lui déclara qu'un Indien, vêtu à la manière des Adirondacks, avait passé rapidement auprès de lui, et qu'aussitôt après les cris étouffés de ses victimes avaient retenti à ses oreilles.

Le guerrier croisa ses bras, pencha sa tête sur sa poitrine, et il s'en exhala un soupir profond : l'enfant qui l'avait vu ne put assurer s'il passa la main sur son front pour essuyer une larme, ou pour écarter les cheveux qui flottaient sur ses épaules ; bientôt il disparut avec la rapidité de l'éclair sur les traces de son ennemi, s'attachant à ses pas comme une ombre, comme le remords après le crime. Chez les Indiens ses amis, sur les bords du Lac-Supérieur, dans les forêts où il chaschait, au combat contre les Hurons, il était partout guettant sa proie ; mais l'heure, disait-il, n'était pas venue : il voulait l'immoler là même où il avait fait couler le sang de ses alliés.

Le coupable, las de traîner cette vie misérable, voulut enfin revenir au milieu des siens ; il partit en pirogue sur les rivières, et vint aborder aux environs d'York, qui était alors un village naissant. Je ne sais ce qu'il pensa quand la pagaye de son ennemi acharné répétait ainsi qu'un écho tous les coups dont il frappait la vague : car à peine avait-il mis sa voile au vent, qu'une seconde voile parut derrière les tuyas, serpentant également au milieu des labyrinthes que forment les ruisseaux parmi les bois. Il venait de prendre terre à York, et ses yeux étonnés virent pour la première fois des maisons d'Européens, des magasins avec leurs marchandises d'outre-mer ; il entendit des canons retentir comme un tonnerre ; et les grands navires de guerre naviguant alors sur le lac lui semblaient autant de villes flottantes. Il était donc en extase, appuyé sur son arc, les jambes croisées à la manière des Indiens, quand il sentit une main que la rage animait s'appesantir sur son épaule. En se détournant avec vivacité, ses yeux rencontrèrent les yeux étincelans de l'Algonquin, sa bouche ouverte, son nez gonflé comme celui d'un cheval fougueux : telle doit être la rencontre subite de deux tigres altérés de sang, au fond d'un étroit ravin où il faut qu'ils marchent l'un vers l'autre.

L'Adirondack n'avait point oublié son indigne trahison ; il tressaillit involontairement, et, comprenant l'arrivée de son ennemi, il semblait lui dire par sa muette contemplation : quoi, la mort au milieu de tant de merveilles! Mais le sauvage est prompt à se résigner ; sa mort violente étant celle qui le doit conduire dans les régions immortelles du Grand Esprit, elle lui sourit toujours, après un moment de réflexion. Demain, dit-il alors, en s'adressant à son ennemi avide de vengeance, demain ; et son bras décrivait vers le ciel l'arc qu'embrasse le soleil dans son cours.

Sa parole était donnée ; l'Algonquin ne le suivait plus que de loin, il gardait à vue son prisonnier. Dans les rues d'York, il était facile de distinguer le calme du coupable voulant encore jouir un jour de cette vie qu'il abandonnait sans regret, tandis que la joie féroce et juste peut-être de son rival se manifestait par une démarche lente et aisée, par une indolence affectée à travers laquelle perçait la rage d'en finir avec son ennemi.

Le lendemain, le soleil se levait sur le lac, et ses

rayons étaient purs ; c'était une belle journée de mai. Les deux Indiens passaient sur le sable du rivage : l'Adirondack, les yeux fixés vers le soleil qui lui apparaissait si beau, l'autre, la tête haute, sa hache bien aiguisée. Es-tu prêt, dit le coupable à son bourreau ? — La hache siffla dans l'air, et le sang jaillit de son crâne entr'ouvert. L'Algonquin découpa lentement la chevelure de son ennemi, et en forma une longue tresse sur laquelle il jetait de temps à autre un regard de satisfaction ; puis le guerrier retourna dans sa tribu heureux et fier : il s'était vengé !

XVIII.

Les Rapides.

Brockville est encore un village anglais assez florissant, bâti en amphithéâtre, sur le penchant d'une colline. En abordant du côté du fleuve, on voit ses rues spacieuses et ombragées se dessiner comme sur une carte géographique. C'est la position la plus riante de toutes ces petites villes qui s'élèvent lentement dans ce climat ingrat ; le fleuve large et sans îles s'étend à ses pieds comme un beau lac, et les rives arrondies de chaque côté semblent se fuir et se rapprocher dans leurs vastes circuits.

Quelques lieues plus bas, sur la rive droite, se trouve *Ogdensburg*, dernier poste des Américains, dont les états ne s'étendent qu'à peu de milles au-dessous. C'est là que s'arrête le bateau qui part de Port-Genesee. Enfin, trois jours et trois nuits après notre départ du fort Niagara, nous arrivâmes à *Prescott*, où les rapides mettent un terme à la navigation des bateaux à vapeur.

Prescott est une ancienne ville, noire et malpropre, assez semblable à un village de France dans les contrées les plus reculées de la Bretagne. Les Canadiens y avaient élevé un fort dont on voit encore les ruines et les fossés; mais depuis, les Anglais l'ont armé de quelques canons et l'ont rétabli en état de défense, sans doute pour le seul plaisir de changer son nom primitif en celui de fort Wellington.

Nous prîmes à Prescott plusieurs stages, pour nous conduire par terre pendant tout l'intervalle intercepté par les rapides. C'étaient des espèces de fiacres assez bien suspendus, et attelés de quatre chevaux anglais longs et efflanqués, mais habitués à galoper constamment sur ces routes unies. Le chemin était plein de boue, et le voisinage du fleuve nous envoyait des risées de vent subites qui courbaient les herbes du rivage et sifflaient à travers la voiture de manière à incommoder les plus intrépides voyageurs. De violens cahots nous secouaient au risque de nous précipiter dans les ornières; mais, n'importe, il faut que le fouet du *driver* claque malgré vent et marée ; et une fois attelés, les chevaux marchent sans discontinuer. La route suit toujours le cours du Saint-Laurent, à une petite distance ; on rencontre assez souvent des habitations et des vergers plantés de pommiers, des champs de blé et de patates. Quelquefois ce n'est qu'une plaine large de plusieurs milles, confondue d'un côté avec les bruyères et les tuyas clairsemés ; de l'autre les plantes des marais, s'agitant au mouvement des flots, forment des prairies tremblantes.

A quelques lieues de Prescott, on aperçoit au milieu du Saint-Laurent cette multitude de petites îles, groupées par faisceaux comme les cèdres qui les couvrent. Le courant redouble autour des rochers et des grèves, le fleuve tourbillonne dans ce labyrinthe de passages, et les barques entraînées par la rapidité des flots parmi ces bouquets de verdure, passent sans pouvoir se diriger, heurtant leurs mâts aux branches des arbres. Cet endroit remarquable, que les Américains se plaisent à comparer aux îles du lac Georges, porte en anglais le nom de *Thousand-Islands* (les mille îles).

En sortant de ces rochers qui s'opposent à son passage, le fleuve s'élargit majestueusement, puis se resserre encore pour former les rapides, que l'on voit blanchir au loin. Vis-à-vis *Galop-Island* (les Isles du galop), la route s'éloigne un peu du rivage, mais la côte est si basse que l'œil ne perd rien du beau spectacle de ces eaux furieuses, lancées en *galopant* sur dès pointes de rochers, entre deux îles allongées, dont le roulement retentit dans les forêts qui les ombragent. Au moment où nous en admirions l'effet pittoresque, un radeau vint à passer sur les vagues bouillonnantes. C'était un de ces amas d'arbres gigantesques, provenant des bois qui environnent Prescott, et que le courant conduit jusqu'à Québec. Celui que nous voyions alors était presque aussi large que tout le passage du fleuve ; douze immenses avirons longs de 40 à 50 pieds et mis en mouvement par quatre hommes, servaient à le diriger dans sa marche, tantôt lente, tantôt impétueuse comme ce fleuve capricieux. Lorsqu'il fut parvenu à la hauteur des rapides, les matelots cessèrent de gouverner et s'attachèrent aux plus grosses pièces de bois, laissant au hasard le soin de diriger leur forêt flottante. Un craquement horrible se fit entendre, comme si les îles se fussent détachées de leurs bases ; et tous ces troncs d'arbres séparés par la violence des rapides et l'impétuosité du courant, se dispersèrent au milieu des tourbillons, emportant dans leur naufrage quelques-uns de ces hardis mariniers. Quand les rapides furent entièrement passés, on vit ces hommes audacieux se répandre dans les pirogues attachées à la suite du radeau, et, au moyen de forts cordages, rejoindre les membres dispersés de ce vaste corps. Peu à peu le radeau reprit sa forme primitive, et serpenta dans son immense longueur semblable à une île de joncs secs. Puis quinze voiles se déployèrent au vent, les avirons se mirent à marcher, figurant de loin les nageoires d'une baleine ; les cabanes furent relevées en quelques instans, la fumée annonça que les matelots se remettaient des fatigues passées : les voiles toutes gonflées par la brise rappelaient les anciennes pirogues de voyage pendant les expéditions des Lacs-Supérieurs, tandis que les cabanes de bois et les tentes qui couvraient le reste du radeau semblaient être les campemens d'hivernage de ces mêmes navigateurs. Telle est la manière ordinaire de passer les rapides, dangereux pour une barque profonde ; mais sur ces arbres énormes les mariniers évitent les pointes de rochers et parviennent toujours à regagner la terre ou à se réformer en radeau.

La nuit nous surprit à *Williamsburg*, et nous nous y arrêtâmes. Il y avait sur le seuil de la porte deux jeunes officiers anglais, dans toute l'exagération de leur costume militaire, raides comme un tuya du Saint-Laurent, et serrés comme un maringouin. Après nous avoir examinés avec une attention scrupuleuse, au moyen d'un double lorgnon appendu sur le nez, ils se retirèrent en laissant l'hôtel à notre entière disposition : nous n'étions pas Anglais.... Ils montèrent à cheval, et nous les vîmes s'éloigner en allongeant au grand trot, du côté des casernes où étaient logés leurs escadrons. Dans ces écuries militaires, chaque cheval a une croisée au milieu de son râtelier ; et pendant les chaleurs de l'été, on peut voir toutes ces têtes, appuyées à la fenêtre, respirer la fraîcheur du fleuve.

Il arriva quelques barques appartenant au gouvernement anglais, montées par des soldats avec armes et bagages; le courant était tellement fort, qu'il fallait quatre bœufs pour faire remonter une chaloupe de 4 à 5 tonneaux, que tous les fantassins aidaient encore avec des gaffes et des avirons. Cependant les Canadiens, qui sont peut-être les meilleurs rameurs qui aient jamais sillonné un lac, ont une manière particulière de fendre le courant qui exige un travail opiniâtre. Tous rangés du même côté de la barque, ils la poussent d'un même coup avec un effort violent, en piquant dans la terre de petites perches ferrées; et ils sont si prompts dans leurs mouvemens, qu'ils ont le temps de donner un second élan à la chaloupe avant que la force du courant la rejette en arrière. Ils ont coutume de fumer continuellement une petite pipe de terre qu'ils ne quittent jamais; et, comme ils se reposent chaque fois qu'elle est finie, ils comptent les distances par ces haltes; ainsi ils disent : nous marcherons encore aujourd'hui huit, dix, vingt pipes. Leurs chansons sont toutes françaises, et j'éprouvais un plaisir délicieux à les écouter répéter en chœur ces chants de leur première patrie. Souvent je m'asseyais sur le bord du Saint-Laurent, au pied d'un cèdre, pour esquisser ses paysages imposans; mais tout-à-coup ces voix m'arrivaient sur les flots comme un souvenir, et je les écoutais avec ravissement. Ces matelots portent des jaquettes en peau, avec une ceinture rouge, et un bonnet de laine de même couleur, ouvert sur le haut de la tête; leurs houpelandes ont, comme celles des Indiens, de grands capuchons dont ils se couvrent les épaules et la tête : on les prendrait de loin pour des moines. Les Canadiens qui naviguent sur le

Saint-Laurent sont doués d'une force de tempérament qui résiste à toutes sortes de fatigues ; leur plus grand plaisir, quand ils ont remonté le fleuve avec tant de peine (car souvent ils ne font pas deux lieues par jour), c'est de descendre à la voile ou au courant, nonchalamment couchés sur le pont : alors ils n'ont qu'à dormir et à fumer, pourvu qu'un seul veille au gouvernail. Rencontrent-ils leurs compagnons passant tout près du bord pour éviter ce torrent contre lequel ils luttent, quelques paroles d'usage sont échangées, tandis que la chaloupe *du retour* descend comme l'éclair ; puis la chanson monotone reprend le long du rivage, les haltes se succèdent, et sur le milieu du fleuve glisse, au refrain joyeux des matelots, l'autre barque qu'une nouvelle épreuve attend au prochain voyage.

XIX.

Saint-Régis.

Le Bas-Canada est pendant plus d'un tiers de l'année couvert de glaces et de neiges si abondantes, qu'il serait impossible de connaître la route, sans les jalons et les arbres verts qui la bordent de chaque côté. Le Saint-Laurent, malgré les rapides et l'impétuosité de son courant, ne présente plus qu'un vaste miroir sur lequel voyagent les bandes de cariboux, d'orignals et de lièvres blancs, qui se répandent ensuite dans les états voisins de Vermont et de *New-Hampshire :*

toute communication est interrompue entre les habitations. Toutes ces plaines de verdure, ces champs de moissons dorées, que nous voyions autour de nous, ne sont alors qu'un vaste désert couvert de neige, qu'éclaire faiblement le soleil, et où étincelle la lune pendant les longues nuits d'hiver. Au milieu de cette nature triste et désolée, l'Indien voyage sans bruit, tout enveloppé dans des peaux de cariboux, les jambes couvertes de bottes de renard, le poil en dedans; avec ses larges raquettes aux pieds, et des gants de peau d'ours, qui garantissent à peine ses mains d'un froid violent. Cette époque est néanmoins celle du plaisir pour les laboureurs : après avoir ouvert une brèche à travers le rempart de neige glacée qui ferme leurs maisons, ils se fraient un chemin dans la campagne, une pioche à la main : puis les familles se réunissent, les musiciens du village donnent le signal de la danse, une joie bruyante retentit dans ces maisons presque souterraines, et un morceau de venaison arrosé d'une bouteille d'eau-de-vie termine la fête.

Quand viennent ensuite les pluies que le vent du sud chasse en tourbillons, quand le printemps ou plutôt l'été vient brusquement prendre la place de cette saison morte, tout s'anime, les vergers fleurissent, et les fruits succèdent aux fleurs avec une telle rapidité, que trois mois d'une chaleur étouffante couvrent tout le pays de ruisseaux et de récoltes abondantes. Le crépuscule, si long pendant les soirées de juillet, rappelle les bords enchanteurs de la Méditerranée, et on se croirait transporté des bords glacés du Volga aux riantes vallées qu'arrose le beau fleuve du Tage.

C'était au milieu de l'été que nous parcourions le Canada ; la chaleur était presque insupportable, et déjà les fièvres périodiques de cette saison accablaient les laboureurs exténués des fatigues de la récolte. Quelques mots français prononcés au hasard nous rappelaient de temps en temps notre première patrie ; mais le teint jaune et livide des habitans, leur air mélancolique démentaient cette gaîté indigène qu'ils conservent encore, et s'efforcent de faire germer sous ce rigoureux climat.

Devant chaque maison, il y a un porche assez semblable au *stoop* des Américains, sous lequel se réfugie le voyageur errant, au milieu des neiges de l'hiver, en attendant qu'une main hospitalière lui ouvre la porte, et l'invite à prendre place autour de son feu : il est toujours le bien-venu ; et qu'importe au Canadien un homme de plus, quand cet isolement dans lequel le plonge la nature sévère de son pays, lui fait sentir le besoin de la société !

Nous arrivâmes en faisant ces réflexions à *Cornwall*, village considérable où commence, à proprement parler, le Bas-Canada : c'est là que les bateaux reprennent leur marche. Je trouvai plus tard un rapport frappant entre Cornwall, où les deux caractères des anciens Français et des Anglais opèrent une jonction, et le village d'*Alexandrie*, dans la Haute-Louisiane, où les mêmes habitans primitifs de la rivière Rouge se mêlent ou plutôt se trouvent en contact avec les Américains, nouveaux possesseurs du pays.

Un peu plus bas que Cornwall et sur la rive opposée, nous eûmes le plaisir d'examiner en détail le village d'Algonquins civilisés, que tout voyageur doit visiter. Un grand nombre de pirogues qui traversaient le fleuve ou revenaient de Cornwall avec des marchandises, nous annoncèrent de loin l'approche de *Saint-Régis;* les Indiens qui les montaient avaient de larges chapeaux en feutre noir, des manteaux de drap et des mocassins comme les autres tribus. Au milieu du village s'élève une église desservie par un ministre catholique, car tous suivent exactement la religion chrétienne, qu'ils ont adoptée. Leurs huttes sont spacieuses et proprement tenues; il y en a bien quelques-unes, celle du chef, par exemple, meublées à l'européenne; mais ceux qui les habitent ne se servent jamais des chaises ni des lits; ils les destinent aux étrangers qui viennent les voir, et reposent sur des nattes; ils mangent dans des vases de bois et des calebasses, et boivent de l'eau. Leur nombre peut s'élever à douze cents; ils tressent des tapis et des nattes, font des paniers, des pirogues de bois ou d'écorce; pendant que les hommes dorment au soleil, que les femmes s'occupent dans l'intérieur de la cabane, les enfans rient et gambadent en liberté. La civilisation a imprimé son cachet sur les hommes faits, en imposant un frein à leurs passions féroces et sauvages; leur vie errante a été modifiée par les institutions sages des ministres chrétiens; mais on retrouve dans les petits enfans, qu'aucune sorte d'éducation n'a encore domptés, toute cette impétuosité du caractère primitif des Indiens, qui se dénote chez eux par des cris aigus, des exercices d'adresse et d'agilité, des simulacres de combat à la flèche, et un besoin de liberté si puissant, qu'on les voit se traîner sur les genoux hors de leurs huttes, lorsqu'ils n'ont pas encore la force de marcher.

Une partie du village se trouve sur le territoire des Etats-Unis, et l'autre sur le Canada : le ruisseau qui sert de limite aux deux puissances, traverse la rue principale de la ville des Algonquins.

A quelques milles plus bas commence le lac *Saint-Charles*, large de 8 à 10 lieues, qui n'est véritablement qu'une extension du Saint-Laurent. Quand on est au milieu du lac, il est difficile de bien distinguer le rivage, en général assez bas; et souvent, quand l'eau est calme, il en résulte le singulier effet du mirage. Les arbres, les rochers, les mâts des barques, semblent noyés dans une immensité d'eau limpide et transparente comme un brouillard, au-dessus duquel les objets flottent, détachés de leur base. Du côté de l'ouest on aperçoit à une grande distance les sommets des montagnes du Vermont qui bordent le lac Champlain; elles paraissent toutes vertes par la quantité de forêts qui les couvrent, et s'élèvent comme le dos d'une baleine pendant un calme.

Il fallut encore prendre terre à un misérable hameau français, et échanger la voie si douce des steamboats pour les routes incommodes où les voitures cahotaient au point de rompre les entrailles; c'est en effet ce qui arriva à un voyageur anglais. Les mouches en outre étaient si abondantes, que malgré le roulement des roues, leur bourdonnement retentissait toujours; elles étaient larges comme un papillon de nuit, et blanchâtres; il suffisait de mettre la tête à la portière, pour voir son chapeau couvert de ces insectes; les paysans qui passaient le long de la route paraissaient vêtus de blanc, et à chaque mouvement, les mouches, en changeant de place, semblaient des reflets de lumière sur leurs houpelandes d'un brun foncé. Heureusement ces papillons ne piquent pas, car à peine les bas du Mississipi et la *Balise* elle-même pourraient-ils rivaliser de maringouins avec le Saint-Laurent.

Une lumière plus fixe nous annonça enfin le bateau qui nous attendait à *Coteau-du-Lac*, mais il fallut voyager à pied dans une boue affreuse, l'espace d'un mille, pour atteindre le steamboat; les ténèbres d'une nuit pluvieuse succédèrent au tonnerre, et plusieurs de nous s'étaient égarés; nous fîmes des signaux en élevant un phare au haut du mât, et une grande demi-heure se passa avant que chacun fût à son poste, c'est-à-dire autour d'une table bien servie, et tête à tête avec un flacon de Madère.

XX.

Montréal.

Nous nous réveillâmes de nouveau sur le Saint-Laurent ; voyageant depuis cinq jours au milieu des forêts et des habitations des deux Canadas, tantôt bercés par les eaux du fleuve, tantôt cahotés dans les voitures, nous commencions à sentir un grand besoin de repos : enfin la montagne de *Montréal*, en s'élevant à l'horizon, nous fit voir un terme à nos maux.

A la tête de l'île, dans laquelle est située cette montagne et la ville qui lui donne son nom, il fallut encore, et pour la dernière fois, monter en voiture. À notre droite roulaient les *Rapides de la Chine;* sur le bord on voyait les Indiens au milieu du village se promener avec leurs costumes bizarres, et cette démarche lente, assurée, régulière, qui fait toujours distinguer un Sauvage d'un Européen, à la plus grande distance.

La pluie continuait, et les rues de Montréal nous paraissaient désertes; les torrens descendus de la montagne écumaient dans les routes, au milieu des places; les hirondelles, qui rasaient la terre en volant, furent les seuls êtres animés que nous trouvâmes au milieu des campagnes. Je ne sais rien de plus désagréable pour un voyageur que ces pluies continuelles qui lui ôtent le moyen d'observer un pays nouveau, dont tout l'intérêt consiste souvent dans le pittoresque et la variété des sites qui s'offrent à ses excursions. Nous passâmes un jour entier à murmurer, à maudire le Canada et ses tristes journées de pluies, si longues dans un hôtel, quand les yeux découvrent tant de beautés qu'il est impossible d'explorer. Il nous restait heureusement le plaisir de la conversation, les histoires des pays lointains, et les récits souvent exagérés qui nous faisaient passer quelques heures après le thé. Les cigarres de la Havane et le tabac espagnol, roulé dans des feuilles de maïs, nous fournissaient encore un ressource et une grande jouissance; ici j'en appelle à tous ceux qui ont voyagé : « si jamais, comme dit Hoffmann, si jamais, lecteur bénévole, vous avez été contraint de séjourner dans une petite ville où vous ne connaissiez personne,

personne !.... si jamais vous avez éprouvé cette douleur profonde que cause le besoin non satisfait de communiquer ce qu'on éprouve, » vous sentirez ce qu'il y a de consolant dans la fumée qui s'exhale en tourbillons autour de votre tête, fait naître mille pensées qui se succèdent et s'évanouissent comme ces bouffées de tabac; un cigarre est une compagnie, et je ne plaindrai jamais autant celui qui voyage seul, quand je le verrai compléter pour ainsi dire son existence physique par ce qui est le plus propre à exciter ses pensées. Tous les peuples graves, réfléchis, contemplatifs, comme les Espagnols, les Allemands, et tous les peuples de l'Asie et de l'Afrique, ont senti ce besoin; et s'il fallait l'exemple de l'homme plus près de la nature, j'y joindrais le Sauvage, dont l'inséparable hache de guerre est aussi la pipe du repos!

Montréal est bâti au pied d'une montagne, sur le bord du Saint-Laurent. Les rues semblent bien étroites, quand on vient des Etats-Unis; mais pour un Français, les trottoirs de Montréal, quelque peu larges qu'ils soient, donnent l'idée d'une ville soignée. Les maisons sont toutes bâties en pierres grises, qui répandent un aspect sombre sur ces rues longues et resserrées; ce qui frappe surtout les yeux d'un étranger, c'est la blancheur des toits tout couverts en fer-blanc, et les contrevents doublés en tôle, pour prévenir les incendies; cette manière de construire cause une grande monotonie et une telle confusion, que les plus beaux hôtels sont perdus au milieu des maisons secondaires. Les magasins sont assez riches, et la plupart renferment des objets fabriqués par les Indiens et d'un travail extraordinairement curieux : ce sont des carnassières, des sacs à plomb, des ceintures et des arcs, des raquettes pour marcher dans la neige, des bottes pour chasser au marais, des paniers et des gants de cariboux brodés en poil d'orignal. Quand un Indien se présente chez un marchand, celui-ci lui donne un modèle, lui trace un dessin ; le sauvage va s'asseoir au coin de la borne, il travaille avec une activité incroyable, et bientôt sa tâche est finie ; on le paie comptant en échange ou en argent, et il retourne à son village jusqu'à ce qu'il lui reprenne fantaisie de gagner encore quelques shellings. Il y a toujours un grand nombre d'Algonquins à Montréal ; en abordant au rivage, ils tirent leur canot sur le sable, et emportent leur pagaye avec eux pour que personne ne se serve de la pirogue en leur absence. Quand ils viennent dans les marchés vendre les productions de leur culture, ce sont presque toujours les femmes qui se chargent de ce soin : les hommes se promènent dans les rues, entrent au milieu des magasins pour examiner à loisir ce qui les étonne ; souvent ils entament en langue indienne une longue dissertation sur l'usage de ces ustensiles européens qu'ils ne comprennent point, parlent à haute voix, crient et se fâchent, jusqu'à ce que le marchand impatienté les prenne par le bras et les mette à la porte. Les femmes ont coutume d'apporter leurs petits enfans emmaillottés dans un berceau suspendu sur leurs épaules. Elles voyagent tout un jour sans s'arrêter ; cette manière de porter un fardeau suspendu sur le haut de la tête est généralement adopté chez toutes les tribus. J'ai vu souvent des *squaws* (1) assises sur le seuil d'une porte, décrocher l'enfant toujours endormi dans ses langes, lui aplatir le nez avec une pierre bien unie, ou lui couper le tour de l'oreille pour y suspendre des morceaux de plomb ; étrange toilette, qui est souvent interrompue par les cris du patient : mais tel est l'usage parmi les Indiens. Dans un des plus beaux magasins de curiosités sauvages, je rencontrai une femme de l'ancienne tribu des Hurons, si célèbre dans les premiers établissemens des Français. Elle était bien faite, grande, et son regard était aussi fier que doit l'être celui de la petite-fille du grand chef des Hurons, qu'elle me nomma avec emphase ; mais dont j'avoue que je n'ai pu retenir une lettre. Elle parlait un peu français et tutoyait tout le monde ; des flèches armées en pierre, et des mocassins, d'un travail précieux, étaient ce qui peut sortir de plus beau d'une main sauvage.

J'assistai à Montréal à l'inauguration de la cathédrale, vaste et beau monument, le plus remarquable que j'aie vu dans toute l'Amérique : c'est une basilique tout-à-fait gothique, exécutée par un Ecossais, d'après les dessins des églises d'York et de Cantorbéry, et le bel ouvrage de M. Pugens sur la merveilleuse cathédrale de Rouen. Il y eut une cérémonie pompeuse à

---

(1) Nom que l'on donne aux femmes des Indiens.

laquelle assistèrent les évêques de Montréal et de Québec ; la quête que l'on y fit pour les pauvres, monta à 1,600 piastres (8,000 francs). La plupart des églises du Bas-Canada sont catholiques ; et je ne sais si c'est un plan du gouvernement anglais pour maintenir la bonne intelligence entre les troupes et le peuple, mais j'observai que presque tous les soldats de la garnison étaient des Irlandais et par conséquent de fervens catholiques. Il y a aussi deux couvens de religieuses (*Black* et *Grey-Nuns-Covent*), et un séminaire qui renferme une bibliothèque de 6,000 volumes, dans laquelle un Français est toujours admis avec bienveillance.

La *Parade* est une place en forme de carré-long, très agréablement située, bornée du côté de la ville par les casernes, et de l'autre par la montagne qui se déroule comme une masse de verdure. Elle est entourée de peupliers ; chaque jour, à l'heure de la revue, les promeneurs s'y rassemblent pour écouter la musique militaire : c'est une des plus délicieuses positions que j'aie rencontrées dans aucune ville. Au milieu du faubourg on aperçoit l'hôpital anglais, joli édifice construit à la manière des hôtels américains, avec des galeries à l'italienne, et son toit de fer-blanc qui scintille au soleil.

La place du marché est une rue large et bordée de boutiques, où sont réunies les marchandises de toute espèce. Au sommet de cette place qui descend par une pente rapide au bord du fleuve, en face des casernes, on a consacré une belle colonne de granit à la mémoire de Nelson ; on y a représenté ses victoires sur les bas-reliefs, et les inscriptions en anglais et en français apprennent que ce monument a été érigé à l'amiral par les dames canadiennes ; mais je crois qu'il en est de cette colonne, fruit des offrandes des dames de Montréal, comme de la statue en l'honneur de Wellington dans le parc de Kesington, à Londres. Je vis un jour de marché à Montréal, et c'est tout-à-fait une foire de nos petites villes de France : jongleurs, marchands d'eau de Cologne, saltimbanques de tous genres, rien n'y manquait.

Vis-à-vis cette place on aperçoit, au milieu du fleuve, les forts construits sur une île que le gouvernement a achetée pour en faire un arsenal. Les redoutes et les batteries sont entourées de glacis couverts de verdure, les acacias forment partout des bosquets délicieux, sous lesquels brillent le fusil du soldat et les tiges des paratonnerres placés sur les magasins de poudre. Aujourd'hui on nomme cet endroit *Isle Sainte-Hélène*, sans doute parce que le pic aride qui s'élève au milieu et les ravins sauvages creusés dans ses flancs, rappellent aux Anglais le rocher sur lequel se consumait cet aigle que les sentinelles suivaient sans cesse de l'œil ; de peur qu'il ne s'envolât au-delà des mers, et que l'ombre de ses ailes ne vînt obscurcir leur île tremblante.

Il me reste à parler de l'excursion sur la montagne ;

les amateurs s'y rendent à cheval et galopent à travers les collines ; mais pour explorer en détail ce pays pittoresque, il faut couper droit dans le flanc de la montagne et monter de roc en roc, en s'attachant aux érables, aux bouleaux blancs, aux sapins et aux acacias. A moitié chemin, nous trouvâmes une maison ombragée de cerisiers ; ce fut une halte bien agréable pendant une chaleur brûlante, et les cerises européennes que nous dévorions avec avidité nous donnèrent de nouvelles forces pour continuer notre marche. Un serpent-sonnette se glissa parmi les lianes que nous saisissions dans notre escalade, et peu s'en fallut qu'il ne blessât l'un de nous ; mais il fut poursuivi à coups de bâtons, et le paysan de la ferme le coupa en deux avec sa hache, pendant qu'il déroulait ses anneaux étincelans autour d'un hêtre. Ces rencontres rendent toujours plus attentif, aussi ce ne fut qu'après avoir bien reconnu les lieux, que nous nous réunîmes sur une pointe de rocher, pour jouir de la vue de la ville et de la rive droite du fleuve. Au sommet même de la montagne sont un vaste plateau et un étang ; on y trouve deux fermes entre les forêts escarpées qui ombragent les rocs voisins, et semblent une couronne de verdure sur ce front de granit. A mesure que l'on circule autour de ces créneaux naturels, l'œil s'étend avec délices sur le magnifique spectacle qui s'offre de toutes parts. Du côté de la ville, ce sont les maisons avec leurs toits blancs où se jouent les rayons du soleil, les clochers des églises, les mâts de navires ; la Parade et les promeneurs rassemblés au milieu des peupliers ; les faubourgs se confondant avec les forêts, le fleuve serpentant majestueusement autour de l'Isle Sainte-Hélène, dont on aperçoit les forts : dans le lointain, les plaines qui séparent la rivière Sorel du Saint-Laurent se perdent avec les montagnes de *Boucherville* et de *Bel-Œil;* et les maisons, les champs, les villages semblent autant de points sur cet immense tableau. Un peu plus haut se montre la *Prairie*, et les hameaux éloignés sur cette côte d'Acadie qu'il faut traverser pour aller rejoindre le Champlain, dont la vaste étendue sépare les autres montagnes escarpées, qui s'allongent à l'horizon comme des vagues ; on distingue aussi les deux bras que forme le Saint-Laurent quand il se divise autour de la grande île de Montréal. En se retournant du côté du nord-ouest, on suit le cours de cet autre bras du fleuve ; quelques habitations s'élèvent sur ses rives ; bientôt ce ne sont plus que des forêts sauvages, monticules noirs et bleus comme le firmament, océan de bois, de déserts, de plaines sans fin comme les steppes de l'Asie, les sables de l'Arabie : puis tout cela s'enfonce et disparaît à l'ouest, pour aller se perdre dans les glaces du pôle.

XXI.

Les Trois-Rivières.

La distance de Montréal à Québec est de 70 lieues environ, mais la rapidité des bateaux à vapeur rend ce trajet aussi court qu'agréable ; les matelots sont le plus souvent Canadiens, et les capitaines, Anglais ; il faut en outre des pilotes, car les lacs qui traversent le fleuve en deux endroits sont si larges, qu'il est nécessaire de connaître le gisement des côtes pour ne pas être exposé à s'égarer et même à retourner sur ses pas. Les barques qui remontent le courant sont attachées deux ou trois de front, pour mieux couper la vague ; dans les tourbillons qui se rencontrent assez fréquemment, la force des eaux fait refouler les chaloupes en arrière, malgré leurs voiles larges et multipliées; les steamboats eux-mêmes luttent quelques instans avant de pouvoir vaincre la violence du courant, et cependant il y en a, tels que l'*Hercule* et le *John Molson,* dont la force est de cent quarante chevaux.

Tous les villages que l'on rencontre sur le Saint-Laurent, depuis Montréal jusqu'à Québec, portent des noms français; sur toutes les enseignes on lit aussi ces vieilles appellations de la patrie, comme dit Châteaubriand; les mœurs des anciens habitans s'y sont conservées dans leur pureté, et les Américains, les Anglais, en un mot tous les gens qui ne connaissent ni la France, ni les manières si prévenantes de ses habitans, sont frappés de l'accueil ouvert et vraiment cordial que l'étranger reçoit dans les moindres hôtels.

En s'éloignant de Montréal on ne distingue plus que les clochers de la ville; surtout les flèches si sveltes de la cathédrale apparaissent sur les toits étincelans de blancheur, comme des mâts sur l'Océan; la montagne se dessine au-dessus des forêts et des champs comme une tortue sur la grève, l'île Sainte-Hélène semble un jardin au milieu d'un parc; puis le fleuve redevient large, majestueux, au milieu de son silence imposant. Les *Rapides de Sainte-Marie,* entre cette île et la ville, ne sont à proprement parler que des tourbillons sous-marins; mais on voit les bateaux lutter une demi-heure à la hauteur des premiers faubourgs de Montréal, balottés d'une rive à l'autre, sans pouvoir atteindre le port à cent pas devant la proue.

La *Longue-Pointe*, les *Verchères*, sont les premiers endroits que l'on découvre à gauche, puis la double pyramide du clocher de *Varennes*, qui du haut de la montagne ressemble à l'aigrette d'un géant Algonquin. *Point-aux-Trembles*, le *Bout-de-l'Isle*, *Contre-Cœur*, sont des villages ou des cabanes, moins curieuses par elles-mêmes que par leurs noms naïfs, tels que les donnent toujours les anciens habitans, qui se contentaient quelquefois de traduire leur signification indienne.

Le fort *Berthier* ou *Sorel*, que les Anglais nomment aujourd'hui *William-Henri*, attira notre curiosité, quand nous sûmes que quelques vieux Canadiens, anciens voyageurs des lacs d'en-haut, s'y étaient retirés; j'en vis un âgé de plus de quatre-vingts ans, qui ne cessait de regretter l'heureux temps, disait-il, où trente canots au moins partaient en flotille de Québec, et remontant le fleuve à la rame, s'enfonçaient à travers les lacs Ontario et Érié jusqu'au Michigan et aux forêts impraticables du Lac-Supérieur. L'équipage de ces chaloupes, construites dans la forme de celles des Indiens, était assez considérable pour que la moitié des matelots pût se reposer alternativement. Ils chantaient toujours en pagayant avec vigueur à travers rapides et tourbillons, intrépides comme les soldats français dont ils descendent, et soumis aveuglément au chef qui les dirigeait. Une de ces flotilles partie au 1.er mai de Québec, n'arriva à sa destination qu'en novembre ; ces navigateurs infatigables avaient ramé pendant six mois, sans prendre d'autre repos que les haltes de la nuit sur la lisière des bois, et portant leurs pirogues à force de bras, quand la navigation, comme aux cataractes de Niagara, était interrompue par des chutes. On stationnait pendant l'hiver sur le bord du lac Huron, parmi les Indiens, dont les pelleteries surchargeaient les embarcations ; et toute la flotte descendait gaîment au printemps, favorisée par les brises d'ouest et le courant : les rangs des matelots étaient souvent éclaircis par l'âpreté du climat, mais rien ne pouvait arrêter ces aventuriers qui, devenus octogénaires, ne rêvent encore que voyages, découvertes et expéditions.

La rivière de Sorel ou de *Chambly*, que nous suivrons plus tard en parlant du lac Champlain, se jette vis-à-vis le fort Berthier dans le Saint-Laurent ou plutôt le lac *Saint-Pierre*, long de 6 à 7 lieues, qui forme une baie au milieu du fleuve. Un peu plus bas à gauche tombe la rivière du *Loup*, arrosant des prairies d'une culture riche et variée, au milieu de laquelle paraît la petite ville de *Machiche*, et des jardins assez bien cultivés. Les rives du lac semblent de loin englouties au sein des eaux, et cet aspect d'un débordement général répand une monotonie fatigante sur ces pointes de forêts en apparence détachées de leurs bases, souvent impénétrables quand on est près du bord. De la droite du Saint-Laurent, la rivière *Nicodet* se précipite au fond d'une baie profonde, et les voiles des chaloupes sont à peine perceptibles sur cette étendue d'eau échancrée d'une multitude d'anses et de caps.

Celui qui a lu l'Histoire philosophique des deux Indes de l'abbé Raynal, suivra avec intérêt le cours du Saint-Laurent, de ses lacs et des rivières qui viennent s'y perdre; car ce furent autant de points de défense et d'attaque dans les guerres du Canada, il y a un demi-siècle. Les *Trois-Rivières*, principale place entre Montréal et Québec, et à moitié chemin entre ces deux villes importantes, joue surtout un grand rôle dans ces sanglantes et stupides batailles, où une nation acharnée contre la prospérité de sa rivale, songeait à lui enlever la possession d'un pays, sans penser au profit qu'elle pourrait retirer de sa conquête.

J'avoue que je fus bien trompé à la vue de ces Trois-Rivières, que je m'étais figurées une ville forte et florissante. Je n'y trouvai que quelques clochers en bois, un couvent d'une faible apparence, des rues comme sont celles d'un village de France, et des Sauvages étendus sur la grève à l'ombre d'un tuya, tandis que des enfans nous apportaient des paniers pleins de bluets et de cramberries pour deux sous. J'y repassai un jour de marché; et si la gaîté des habitans, leur tumulte bruyant et le grand nombre de pirogues attachées au quai donnaient un air vivant à la ville, il ne s'y retrouvait pas moins une profonde misère dans les haillons des mendians qui s'empressaient sur le bateau avec leurs mauvais fruits, et se prosternaient à la moindre aumône : contraste bien frappant avec les villes américaines où l'on ne rencontre pas un seul être au-dessous de la dignité de l'homme ! L'armée des Etats-Unis, en se retirant de Québec, y fut attaquée par les Anglais ; mais ceux-ci perdirent leur général et quelques officiers, dont la mort ne fut point compensée par le succès qu'ils espéraient.

Les *Rapides de Richelieu* n'ont pas l'apparence de ceux qui se trouvent dans le haut du fleuve. Le courant est impétueux, mais l'onde calme et unie se précipite sans bruit au milieu de son cours; ce n'est que sur le bord, que les rocs lèvent leurs têtes au-dessus de sa surface limpide, placés régulièrement sur deux rangs, comme la double chaussée au milieu de laquelle passe un canal.

Les navires et les chaloupes remontent difficilement ces rapides qui se prolongent pendant trois lieues ; souvent ils sont à l'ancre et attendent le vent et la marée ; les steamboats seuls vont toujours, labourant les eaux de leurs roues puissantes.

On a donné le nom de *Jacques Cartier*, qui le premier découvrit le Saint-Laurent, à un petit village à 10 lieues de Québec, à l'embouchure de la rivière qui porte aussi la même dénomination. Peu à peu les rochers grandissent sur les rives du fleuve, et il reprend cet aspect sauvage qui fait une si forte impression, en sortant du lac Ontario. Les montagnes se resserrent et s'entr'ouvrent brusquement pour laisser apercevoir sur un roc aigu les fortifications effrayantes de Québec, les *palissades* naturelles qui dominent ses faubourgs, les hauteurs inaccessibles de *Point-Levi*; on les voit encore se refermer comme un port, au milieu duquel sont mouillées plus de cent voiles ; enfin au-dessus de cette double pointe apparaissent les sommets nébuleux du mont de *la Tourmente*.

C'est à côté de *Sillery-Cove* qu'eut lieu la dernière bataille qui décida du sort de tout ce vaste territoire ; les Français s'y défendirent courageusement, mais Québec resta au pouvoir de la Grande-Bretagne. On voit encore auprès du champ de bataille les ruines de la première église qui fut construite dans le Canada.

Québec, long-temps masqué par les rochers qui dominent le faubourg de Saint-Roch, se montre tout-à-coup quand on double les pointes. Au pied de la ville tourbillonne un gouffre que jamais aucune brise n'a pu rider : c'est là, me dit le pilote, que sombra la dernière frégate française après une lutte désespérée, criblée de boulets, faisant eau de toutes parts. Jamais marins n'avaient choisi meilleur endroit pour ensevelir glorieusement leur défaite aux yeux mêmes d'un ennemi vainqueur.

XXII.

Québec.

Arrivé à l'un des points les plus intéressans de mon voyage, à la ville peut-être la plus remarquable par l'importance des faits qui s'y rattachent et le pittoresque de sa position, je me sens arrêté par l'idée de la tâche que j'entreprends, et la difficulté de rendre en détail et par ordre toutes les sensations que fit naître en moi l'aspect de la capitale du Bas-Canada. Aussi n'est-ce pas une description exacte des lieux que j'ai parcourus, mais une esquisse rapide des impressions que j'en ai rapportées, et que le voyageur se sent toujours tenté de confier à sa plume, comme une manière de fixer ses souvenirs fugitifs. A Québec, ainsi que partout ailleurs, je ne ferai donc que reproduire naïvement ce que j'ai vu et senti, laissant à d'autres plus capables le soin de décrire convenablement ces lieux si fertiles en évènemens, si abondans en sites pittoresques, si fortement empreints d'une nature puissante.

Québec, comme nous l'avons dit plus haut, se trouve placé sur la rive gauche du Saint-Laurent, à l'extrémité d'une pointe qui s'avance entre deux larges baies que forme ce fleuve majestueux. La ville basse, au milieu de laquelle on débarque, est construite à la manière anglaise; les rues en sont cependant étroites, longues et obscures, les wharves assez malpropres, ainsi que les abords du fleuve; le faubourg qui remonte vers Montréal peut avoir un mille de long, et n'est qu'une rue monotone, dominée par des rochers à pic, quelquefois par des touffes vertes de chênes et d'érables; on n'y voit que tavernes et cabarets où les matelots passent les jours et les nuits à boire, à fumer et à se battre. Puis ce faubourg se change en un chemin où les maisons sont plus rares et entièrement ombragées par l'épaisseur des arbres; là, sur les rochers aplatis que baignent les eaux, viennent aborder ces radeaux immenses qui se divisent en mille pièces; et les vaisseaux mouillés au milieu de la rade embarquent par une ouverture latérale des poutres énormes que peuvent à peine remuer les nombreux équipages, dont les chants joyeux se succèdent de navire à navire, et retentissent gaîment dans ce vaste bassin entouré de montagnes.

Lorsqu'on sort de ces rues sales et ténébreuses, l'air devient graduellement plus vif, plus léger ; la rue de la Montagne serpente à travers des maisons propres et bien alignées, des magasins riches et brillans ; mais à chaque minute il faut s'arrêter pour prendre haleine, tant la montée est brusque. Enfin, on arrive à une porte massive, d'une architecture européenne, dans le style du 16.ᵉ siècle ; outre la porte principale, il y a deux petites entrées latérales comme celles où l'on suspendait des herses dans les anciens châteaux ; au-dessus de cette porte règne un couloir assez vaste qui sert de corps-de-garde aux troupes anglaises. Celui qui arrive tout haletant dans cette première enceinte de murailles, au milieu de la *cité*, comme on appelait autrefois cette partie fortifiée dans les villes de guerre ; celui-là, dis-je, est bien dédommagé de ses fatigues lorsqu'à sa droite il s'avance jusqu'au parapet de la redoute qui couronne le roc à pic, et que, adossé à une pièce de canon, la tête appuyée sur une meurtrière, il peut promener ses regards sur cette vaste étendue qui se déroule à ses pieds.

La montagne sur laquelle est établie cette première batterie peut être de 400 pieds au-dessus de l'eau. La basse ville, où l'œil plonge à loisir, s'étend le long du fleuve avec ses quais inégaux, ses bateaux à vapeur, ses navires où s'agite une population active. A droite se déploie le *Cap Diamond*, le palais du gouverneur, puis tout au fond le faubourg, la rade et les voiles gonflées par la brise qui balance les mâts des vaisseaux; en face, sur la rive opposée, Point-Levi et ses hôtels américains entourés de peupliers présentent une promenade ombragée; les rochers qui les dominent semblent rivaliser de hauteur avec les fortifications de la ville; enfin, à gauche, du côté de la mer, l'*Isle d'Orléans* sépare le fleuve en deux bras, dont l'un disparaît bientôt derrière les rocs arides, tandis que l'autre arrose les plaines fertiles d'*Abraham* et les habitations semées sur ce vaste plateau : tout au fond de cet immense point de vue, le mont de la Tourmente dresse son front chauve, véritable borne entre cette civilisation empruntée à l'Europe et les déserts du Labrador. Tel est l'aspect du pays au premier coup-d'œil, des masses imposantes que le regard embrasse avec ardeur, et où l'âme du voyageur plonge comme le vol impétueux de l'aigle; mais celui qui résume, pour ainsi dire, toutes ses excursions hors la ville, sur le sommet de la montagne, peut distinguer au milieu de ces plaines la fumée qui s'élève des *Cascades de Montmorency*, à neuf milles dans le nord, et forme un réseau de vapeurs; le clocher qui se dessine tout blanc sous cette seconde chaîne de montagnes, dont le mont de la Tourmente est le dernier anneau. Ces maisons pittoresques au pied d'une colline escarpée au bord d'un lac, lui indiquent assez les Indiens du village de *Lorette;* et il ne peut se rappeler sans effroi ces sommets ténébreux, arides, inaccessibles, où rien ne pourrait vivre, où rien ne s'agite que l'aile du vautour, et qui vus de si loin ne laissent apercevoir que des rocs aigus où s'accrochent des lambeaux de nuages déchirés, comme si c'étaient autant d'écueils à travers cet océan de vapeurs.

Un soir j'étais sur ce plateau, suivant les effets du crépuscule si long dans ces climats. Peu à peu les ombres des montagnes s'étendaient dans la plaine ; les collines de Point-Levi et les mâts des navires ne se dessinaient plus que comme une masse sombre sur les eaux du fleuve ; les plaines semblaient un lac d'une eau verte ; dans la rade tremblait l'image renversée des murailles crénelées, des fortifications du cap Diamond et du palais du gouverneur, d'où retentissait la musique de ses gardes ; autour du roc sur lequel s'élève la haute ville, des chèvres suspendues aux racines des frênes et des bouleaux broutaient la mousse humide de rosée ; à mes pieds débarquaient 500 Irlandais émigrans, tumultueusement répandus dans les rues adjacentes ; deux steamboats partaient pour Montréal, et le bruit des roues ronflait à mes oreilles jusqu'à ce qu'ils fussent en dehors des pointes. Vers onze heures, la nuit avait succédé à cette lueur incertaine ; la sentinelle passait et repassait silencieuse devant la porte de la ville ; tout était plongé dans ce calme d'une belle nuit où l'âme, comme dit lord Byron :

Forgets her schemes of hope and pride,
And flies unconscious over each backward year.

Une lumière toujours croissante commençait à dorer les

objets les plus distans d'un reflet de pourpre, les eaux devenaient roses comme aux premiers rayons de l'aurore, les crêtes des montagnes semblaient des volcans au milieu des vapeurs transparentes qui les assiégeaient, et les voiles des navires étaient nuancées de couleurs changeantes. Je ne savais que penser de ce singulier phénomène ; le ciel était en feu, et cependant l'air était serein et calme, comme celui qu'on respire à une semblable élévation pendant une soirée d'été. Je passai une partie de la nuit à admirer ce ravissant spectacle qui n'était aux yeux des habitans qu'une chose fort ordinaire, une de ces aurores boréales si fréquentes en hiver. Je me figurais toute cette étendue couverte de neige, sur laquelle les rayons si limpides se fussent réfléchis en gerbes étincelantes ; ces montagnes autant de glaciers qui eussent renvoyé cette lumière éblouissante comme d'innombrables soleils ; en un mot l'horizon tout entier resplendissant d'une clarté magique, au milieu du silence de la nuit : et c'est pourtant le tableau qui s'offre bien souvent en cette saison à la sentinelle transie de froid au fond de sa guérite.

Le palais du gouverneur, ou *Château Saint-Louis*, bâti au sommet de la montagne, semble sortir du milieu du fleuve, creusé dans le roc même ; des piliers en pierre le soutiennent au-dessus du précipice, et autour de la maison s'étendent des jardins plantés sur des terrasses ; le point de vue du haut de ces charmilles doit être superbe : du côté de la ville est une vaste cour qui donne sur un square arrondi, charmant boulingrin, entouré d'églises d'une jolie architecture et ombragé d'acacias. Chaque jour la garde du gouverneur, habillée avec autant de luxe que les troupes royales de Londres, se réunit dans cette cour spacieuse ; les soldats manœuvrent, passent la revue, et la musique joue jusqu'à la nuit des airs mélodieux répétés par les échos de la rade, et que je reconnus encore pour appartenir à Weber et à Boyeldieu. Le square est la promenade la plus fréquentée en hiver, pendant les courses en traîneau ; le gouverneur attèle à son char deux orignals dressés comme des rennes de Laponie, qui devancent tous les traîneaux de la ville. C'est un spectacle bien neuf pour un habitant des pays tempérés de l'Europe, de voir une foule de chars et de promeneurs couverts de sombres fourrures, volant au grand galop sur cette plaine de neige éclatante de blancheur, où aucun pas ne résonne.

Les *Barracks* qui s'étendent sur le revers de la colline, du côté de la porte Saint-Louis, la principale et la plus haute de la ville, furent construites par les Jésuites ; aujourd'hui les troupes en ont fait des casernes, et leur cour, bien que trop exposée au vent du nord, n'en est pas moins dans la plus belle position, embrassant une partie du coup-d'œil si majestueux que l'on découvre de l'*Esplanade*.

L'église paroissiale française est la plus grande de Québec. C'est un édifice aussi du 16.ᵉ siècle, assez beau, et tout-à-fait dans le style des églises françaises de cette époque. Les autres sont des temples protestans, propres et bien tenus, mais sans ornemens et d'une architecture simple, quoique assez pittoresque. Les clochers surtout forment en l'air un groupe assez bizarre de pointes, de pyramides et d'aiguilles. La chapelle du séminaire contient une grande quantité de tableaux dont la réputation colossale doit être attribuée plutôt à la rareté des artistes dans le Canada qu'au talent des auteurs.

L'arsenal, admirable comme tous les ouvrages de ce genre, par la distribution et l'élégance des dessins formés avec les armes, contient de quoi équiper complètement au moins cent mille hommes : c'est donc avec raison que l'on peut dire que Québec est imprenable, étant aussi bien approvisionnée et fortifiée, dans une position déjà si favorable au plus long siège. Il nous reste à parler du cap Diamond, l'endroit le plus important de la ville, le sanctuaire de toute la force militaire, dans lequel on n'est admis qu'avec une permission spéciale du gouverneur.

C'est une pointe de rocher dont l'élévation surpasse les plus hauts édifices et toutes les fortifications de la ville; la citadelle, bâtie sur le bord même du précipice, présente à l'œil quatre bastions énormes couverts de bouches à feu, dont les têtes de bronze s'avancent en saillie au-dessus des murailles. Les remparts, d'une hauteur perpendiculaire de 40 pieds, sont construits en pierres de taille; et le fossé creusé dans le roc vif a près de 50 pieds de largeur. Il fait le tour des fortifications, décrit des angles autour des portes et descend des nouvelles murailles pour se joindre aux anciens ouvrages français.

En entrant par la porte voûtée, on rencontre une très longue suite de *casemates*. Ce sont des appartemens voûtés, en briques, et d'une telle épaisseur, que les bombes elles-mêmes ne peuvent les entamer. Elles ont 50 pieds de long sur 20 de large; la voûte a de 16 à 20 pieds d'élévation, et le jour y pénètre par une porte et deux petites fenêtres percées à l'intérieur de la citadelle; du côté de la ville chacune de ces chambres contient cinq meurtrières, extrêmement étroites en dedans, très larges et plaquées en fer par gradins à l'extérieur, afin que les boulets, en frappant sur ces angles, soient rejetés en arrière sans pouvoir pénétrer. Ces casemates sont au nombre de 40 environ, et toutes du côté du nord-ouest; le reste de la citadelle est inexpugnable à l'est par la hauteur des rochers; elles communiquent toutes entr'elles par des portes boisées, et quatre mille hommes de garnison peuvent s'y défendre à la fois, toujours à l'abri des boulets et des bombes. Le travail de ces fortifications est considérable, et l'aspect sombre de ces casemates d'où l'œil embrasse les plaines bornées par des montagnes interminables, l'épaisseur des murailles, la largeur de ces cours extérieures, l'air grave des sentinelles immobiles à leur poste, tout dans ce lieu présente quelque chose d'imposant et de terrible : comme ces châteaux, véritables aires d'aigles, d'où les barons s'élançaient sur les campagnes, portant au loin le fer et la flamme. Le nom de cap

Diamond, que les Anglais ont donné à cette citadelle, lui vient des morceaux de cristal scintillant au soleil parmi les pierres à chaux dont on a recouvert les fortifications. Autrefois il y avait un escalier taillé dans le roc pour descendre à la basse ville; mais aujourd'hui on a remplacé ce passage incommode pour les soldats par une machine à vapeur qui sert à élever au haut de la forteresse les pièces de canon et les pierres à bâtir. Au-dessous du fossé passe un souterrain qui conduit aux casemates; ces marches n'ont que deux pieds de largeur, et elles tournent en spirale avec autant de légèreté que les escaliers en fer des plus beaux hôtels de Londres. Sa longueur est de 30 pieds, et aux deux entrées on a creusé des guérites pour y placer des sentinelles de peur de surprise.

La citadelle renferme en outre une cour spacieuse avec un puits; c'est là que viennent manœuvrer les troupes. Les murailles lourdes et massives qui composent la *Batterie des Cavaliers* furent construites anciennement pour le palais du gouverneur français. Quelques débris de forteresses, des pierres renversées, des murailles écroulées, voilà tout ce qui reste de la domination des Français; mais ce qui ne pourra jamais disparaître du Canada, ce sont les mœurs douces et aimantes de ses anciens habitans, le caractère insouciant et heureux des laboureurs luttant contre les glaces et les fièvres sur le bord du Saint-Laurent; c'est surtout cette teinte française universellement répandue dans les cabanes et les villages, cette hospitalité simple et amicale, qui contraste si fortement avec l'aspect dur et sévère des troupes anglaises et l'éternel *qui vive* des sentinelles à la vue d'un étranger : tant il est vrai que, si dans un pays conquis la force appartient au vainqueur, il reste du moins au fond de l'âme d'une population qui n'a changé que de nom, les mêmes sentimens d'affection et de haine, la même conscience de sa valeur et de son influence. La politique anglaise a imposé un joug bien doux aux Canadiens; ils sont, disent les vainqueurs, plus libres que sous l'ancienne domination de la mère-patrie ; et pourtant j'entendais des hommes, dans la chaleur d'un souvenir, s'écrier avec enthousiasme : « Et malgré tout, nous sommes encore Français ! »

XXIII.

Les Chutes de Montmorency.

Quand on a laissé errer ses pensées avec ses regards du haut de l'esplanade, et qu'on a classé dans son esprit tous les environs de Québec, il faut partir avant le lever du soleil, suivre la muraille qui descend jusqu'au pied de la ville, et se diriger à cheval du côté du village indien de Lorette et des *Chutes de Montmorency*. Après avoir marché avec précaution dans des rues tortueuses et mal pavées, on rencontre un pont en bois très large et mal construit sur le *Wolf's-Cove*, presque à sec à la marée basse; puis la route devient belle et coulante : il n'y a plus qu'à galoper jusqu'au pied des montagnes où s'élève l'humble village des Indiens. Ils ont conservé, malgré le voisinage d'une grande ville, leurs habitudes simples et tranquilles ; leurs huttes ont une forme pyramidale, et ne consistent qu'en trois pieux réunis à leur sommet et entourés d'écorces de sapin et de bouleau : peut-être ont-ils des habitations plus solides en hiver. Quand j'entrais dans l'une de ces huttes, on m'offrait des pirogues avec leurs pagayes et leurs voiles, des ceinturons, des mocassins et des raquettes. Je n'ai jamais vu d'Indiens plus doux et plus affables envers les étrangers que ceux du village de Lorette et de Point-Levi. Ils passent une partie de leur vie à chasser le castor sur les lacs qui s'étendent dans les gorges des montagnes ; mais ces animaux deviennent de jour en jour plus rares ; il faut toute la patience d'un Indien pour rester assis pendant dix à douze heures, les yeux baissés sur une eau transparente, jusqu'à ce que la tête d'un castor y apparaisse. Il est vrai que jamais ils ne manquent leur coup, et les peaux ont aujourd'hui une valeur assez considérable pour dédommager le Sauvage de la perte peu précieuse de son temps, qu'il laisse couler sans y prendre garde. Le village de Lorette renferme une petite église catholique.

Quand on veut reprendre la route des chutes, on descend le revers de la colline parmi des champs passablement cultivés, et on voit le fleuve s'étendre à la droite jusqu'à l'île d'Orléans. Le village de *Beauport*, qu'il faut traverser, est formé de maisons en bois assez élégantes ; les arbres verts, plantés au milieu des jardins, se détachent agréablement sur les murs peints en blanc, et un ruisseau qui descend des montagnes coule dans les rues.

En sortant de Beauport, la route s'élève peu à peu vers les hauteurs d'Abraham, et là je ne pus, sans une profonde tristesse, fouler ces plaines, théâtre d'une sanglante bataille, d'un carnage horrible que suivit la défaite des armées françaises.

A quelques pas de la rivière de Montmorency, on laisse son cheval à une petite auberge comme celles des villages de France, où une pauvre veuve reçoit avec reconnaissance les voyageurs et les curieux, tandis que son fils s'occupe de la monture, et chante dans l'écurie en préparant le son et l'avoine. Il faut alors suivre à pied un sentier tortueux qui conduit à la rivière et la traverser sur un pont, pour pénétrer ensuite dans un champ dont le propriétaire vous met à contribution pour fouler sa récolte ; c'est de là qu'on découvre la plus belle vue des chutes et tout cet immense paysage.

La cataracte de Montmorency, après avoir formé quelques rapides sur des roches aiguës, se précipite de 240 pieds perpendiculaires au fond d'un abîme bouillonnant, où surgissent d'autres pierres grisâtres minées par les eaux. Sa largeur n'est guère que de 100 pieds, mais sa hauteur est si considérable que l'œil peut à peine distinguer les curieux qui sont au bas ; des tuyas enracinés dans l'épaisseur du roc tapissent l'intérieur de la cascade et reçoivent cette rosée abondante sur leurs rameaux verts. A quelques pieds du sol un bloc de granit en forme de pain de sucre qui se dresse du fond du gouffre, divise cette masse d'eau blanche comme des flocons de neige en deux cascades régulières, ayant chacune leur réseau de vapeurs; à la partie supérieure tourne un moulin, bâti sur des piliers avec une adresse qui fait frémir.

De là je pouvais voir les restes des fortifications et des retranchemens que les troupes anglaises avaient établis sur tout le rivage en 1759. D'abord les Anglais se tenaient sur l'île d'Orléans, qui s'étend vis-à-vis la rivière de Montmorency l'espace de plusieurs lieues. Leur général, Wolf, se réservant l'attaque de ces hauteurs défendues par Montcalm, envoya le général Morickton s'établir à Point-Levi, en face de Québec, pour pouvoir pendant ce temps agir contre la ville. Dans la nuit, Wolf arriva de l'île d'Orléans avec ses troupes, débarqua au pied des Chutes, et établit précipitamment une batterie sur la rive gauche; le général Morickton de son côté traversa le fleuve dans des bateaux et opéra son débarquement, quoique avec difficulté, à la faveur des ténèbres. Mais treize compagnies de grenadiers arrivées les premières, refusant de les attendre, se précipitèrent sans effet contre les batteries françaises, perdirent cinq cents hommes, et l'entreprise fut abandonnée. Ce fut alors que, trompant la vigilance de Bougainville qui surveillait la flotte ennemie, Wolf parvint, avec le bonheur qui le servit toute la campagne, à débarquer au ruisseau qui porte son nom (Wolf's Cove) et à choisir une position avantageuse. Quinze cents tirailleurs français essayèrent en vain de l'entamer, la supériorité des forces l'emporta; en deux heures d'une horrible mêlée, le sort de la bataille fut décidé, et les deux généraux en chef reçurent leur blessure mortelle. Wolf expira en voyant ses troupes victorieuses; et si Montcalm ne put avoir le même avantage, du moins eut-il la consolation de ne pas survivre à sa défaite. Ce combat a conservé le nom de *journée des plaines d'Abraham.*

C'est donc au pied même de ces Chutes qu'eut lieu la première attaque; et de plus de quatre lieues à la ronde les regards des habitans pouvaient contempler ce spectacle qui allait décider de leur pays. Au haut de la cataracte à gauche on voit les plaines se perdre à l'horizon jusqu'aux montagnes de Sainte-Anne et de la Tourmente; le fleuve, large d'un mille, est borné par l'île d'Orléans; à droite les prairies plus basses où se livra cette seconde bataille se dérobent en un vaste circuit jusqu'au Wolf's Cove, à huit milles de distance. Mais ce qui forme le point véritable du tableau, c'est cette ville majestueuse groupée autour de la montagne, les rues, les murailles crénelées qui la ceignent comme un turban, le cap Diamond qui couronne le tout comme une aigrette. Les rayons du soleil scintillent sur le haut des maisons, les pointes de clochers, les longues files de casernes; Point-Levi se détache sur l'autre rive du fleuve, et une flotte nombreuse repose à l'abri du port, encore toute noircie des glaces de Terre-Neuve et des tempêtes de Miramichi. Le mont de la Tourmente, qui fait le pendant de cette montagne vivante, semble, par les teintes sombres de ses flancs couverts de nuages, une image de l'ancien Canada, rivalisant de grandeur et de majesté sauvage avec le cap Diamond où la main de l'homme a élevé un monument si imposant de sa puissance.

Lorsque j'arrivai au pont de Wolf's Cove, mon cheval effrayé de l'exercice à feu sur les murailles, m'emporta ventre à terre dans les rues. Je me sentais enlevé par une force irrésistible à travers les sentiers qui gravissent la montagne : les maisons, les édifices passaient devant moi comme un rêve, et tout-à-coup j'arrivai sur l'esplanade où mon cheval s'arrêta. De-là je considérai une seconde fois avec admiration ces plaines, ces bois, ces montagnes d'où j'étais à peine sorti, où je croyais errer encore, tant ma course avait été rapide.

Point-Levi est un quartier américain sur la rive droite du fleuve, au pied d'une haute colline ; il y a des hôtels avec de belles galeries et des jardins, d'où l'œil embrasse distinctement toute la ville du côté de l'eau ; beaucoup d'habitans des Etats-Unis préfèrent y loger, un bateau à vapeur faisant la traversée toutes les demi-heures. Le village indien de Point-Levi est à deux milles dans l'intérieur.

XXIV.

L'Acadie.

―

Le gouvernement anglais a une extrême défiance des étrangers à Québec, et surtout des Français ; il leur faut, comme je l'ai dit plus haut, des permissions spéciales pour visiter les fortifications du cap Diamond ; et celui qui veut prendre une vue exacte de la ville et de ses remparts, est toujours inquiété par les sentinelles. J'étais sur l'esplanade par un beau jour de juillet, promenant mes regards émerveillés sur cette baie immense encore dorée des derniers rayons du soleil, tandis que les crêtes sombres des montagnes étaient plongées dans les ténèbres. Quel ravissant spectacle j'avais à mes pieds ! Les bateaux à vapeur chauffaient pour Montréal, et l'un d'eux devait m'éloigner pour toujours de cette antique capitale du Bas-Canada ; j'étais plongé dans une muette contemplation, cherchant à rassembler les idées qu'avaient fait naître en moi tant de vestiges d'une histoire oubliée et d'une puissance anéantie. Quand on est sur le point de dire un éternel adieu à une ville éloignée, quelqu'indifférente qu'elle puisse être, on éprouve toujours quelque chose d'amer, un regret vague et indéfinissable ; et le dernier regard jeté à la dérobée sur ces lieux que l'on a parcourus la veille en dit plus à l'ame que toutes les sensations précédentes : car alors tous les détails disparaissent, et le grand livre des souvenirs en se refermant gonfle toujours le cœur du voyageur.

J'étais donc sur l'esplanade, rêvant et admirant. Autour de moi écolier de la veille, jouaient des écoliers au sortir de la classe ; ils étaient vêtus de la manière la plus bizarre ; ils portaient d'immenses chapeaux de paille noire, une lévite à grands revers avec un liseret rouge, une ceinture de laine bariolée à la mode des Indiens, des bottes à retroussis plissées à la cheville du pied et soutenues par des lanières de cuir qui se rattachent à la ceinture ; elles sont destinées à marcher dans la neige. Ce groupe joyeux riait et fumait autour de moi ; c'étaient des enfans gais et simples, qui ne connaissaient que leurs montagnes et leur grand fleuve, pour qui l'Europe et ses villes peuplées n'étaient que des rêves, comme ces pays dont nous lisons si superficiellement la géographie dans nos classes. Quand ils furent tous rentrés au son de la cloche, je m'appuyai sur un canon et je me mis à dessiner au hasard. Or, que l'on se figure la taille raide et immobile d'un caporal anglais avec sa lance et son sabre pendant, décrivant un arc au-dessus de ma tête et dévorant des yeux les lignes à peine tracées sur un album! Il était là comme une ombre attachée à mes pas, suivant tous mes mouvemens, sans oser interrompre mon innocente occupation, partagé entre ce qu'il appelait sa consigne et l'embarras de la faire exécuter. Il voulut m'adresser la parole, je feignis de ne le pas comprendre, et lui dis que j'étais Espagnol. Tandis qu'il allait chercher au poste quelque caporal plus savant que lui, je suivis tranquillement ma route le long des remparts, et à son retour il ne trouva plus rien sur l'esplanade. Il y eut grande rumeur au corps-de-garde, mais j'étais déjà à bord de la *Dame du Lac*, où un autre spectacle m'attendait.

Le *Waverley* et la *Lady of the Lake* étaient en concurrence et devaient partir à la même heure. A bord des deux bateaux des saltimbanques se disputaient l'affluence des passagers; l'un avait tendu sa corde du mât de pavillon aux cheminées du steamboat, et exécutait, malgré le balancement des vagues et la force du vent, les fameux exercices des Champs-Elysées et du Vaux-Hall de Londres; sur l'autre, des mangeurs de serpens et de grenouilles s'unissaient à des jongleurs indiens qu'un vaisseau de la Compagnie avait débarqués avec sa cargaison de thé et de porcelaine. C'était un tumulte, une joie au milieu des groupes de spectateurs, à ne plus pouvoir distinguer la forme même des bateaux, si les pavillons et les banderoles flottantes n'eussent servi à les faire reconnaître. A minuit chacun fut embarqué ; nos bâteleurs oublièrent leur rivalité dans une taverne à l'enseigne des *Francs-Amis*, et le roulement des deux bateaux retentit seul au milieu du silence de la ville. Nous étions horriblement chargés, et la tempête qui nous surprit la nuit au milieu du lac *Saint-Pierre*, faisait craquer le bateau de manière à nous faire craindre à chaque instant de sombrer ; en même-temps les vagues nous agitaient d'un bord sur l'autre ; la machine, avec toute la force qu'exigeait le courant du fleuve, ébranlait l'intérieur du bâtiment ; le danger était imminent : mais le sommeil est le meilleur remède contre la peur, et il fut pour nous un baume salutaire.

Nous repassâmes aux Trois-Rivières, et au bout de quarante-huit heures d'une pénible navigation, nous revîmes encore la montagne et les rues étroites de Montréal. Après un court séjour dans cette ville, qui offre plus d'agrément au voyageur qu'on ne se le figure au premier aspect, nous nous dirigeâmes vers le lac Champlain, par la Prairie et Saint-John, en traversant ce qu'on appelle l'*Acadie*.

Personne n'ignore que la presqu'île comprise entre la baie de *Fundy* et le golfe Saint-Laurent, découverte par *Cabot*, reçut du Florentin *Verazani* le nom d'Acadie ; mais ce qui est moins généralement connu, ce sont les violences inouies, les moyens horriblement tyranniques employés par les Anglais pour forcer les anciens habitans et possesseurs français à quitter leur nouvelle patrie. Quand la force armée eut fait évacuer cette province par la puissance toute persuasive des baïonnettes, ce pays fut appelé *Nouvelle-Ecosse*, et les anciens colons de l'Acadie, errans, sans asyle, toujours repoussés par l'oppression des vainqueurs, se répandirent sur la rive droite du Saint-Laurent ; ce sont leurs descendans qui portent encore le nom d'Acadiens, et occupent les villages de Saint-John et la Prairie.

L'aspect de cette terre ingrate et froide, et de ses habitans ennuyés, n'offre pas grand attrait au voyageur ; ce ne sont partout que champs de patates et moissons languissantes ; les maisons sont généralement tristes, et les bestiaux semblent être la plus grande richesse du pays. Je ne saurais mieux comparer les mœurs des Acadiens et de leurs compatriotes du Saint-Laurent, qu'à celles des vieux Normands, à l'exception toutefois de cette soif de pillage, de cette ardeur par trop guerrière de ces anciens conquérans : au reste les Acadiens manient la hache de terre et de mer comme ils savent tracer un sillon. La récolte achevée, le chef de famille entreprend une goëlette (toutes leurs embarcations s'appellent ainsi) ; cette nouvelle arche s'avance rapidement, grâce aux secours des enfans ; puis, une fois finie, on y rassemble toutes les richesses de l'année, moissons et bestiaux ; la famille entière s'y loge comme elle peut, le colon prend le gouvernail, livre sa voile à la brise, et voilà la petite colonie acadienne qui vogue vers la triste côte de Terre-Neuve, y vend ses récoltes, les échange pour une cargaison de pêche fraîche, et revient en l'automne établir une nouvelle hutte, fonder une nouvelle ferme. Ainsi, l'Acadien, le Canadien, ou mieux le Français a puisé au fond des forêts du Nouveau-Monde ce qui lui manquerait en France, grâce à son heureux climat : le désir irrésistible de changer de lieux, de tout entreprendre, d'être dans une année cultivateur, marin, constructeur, pêcheur et charpentier. Il a perdu l'air gai, la physionomie expansive de nos paysans, mais ses membres robustes, endurcis à la fatigue, aux privations, sont dignes des anciens Francs; son visage grave et parfois mélancolique dénote l'homme consommé dans les choses de ce monde, qui n'a jamais su lire ni spéculer, mais éprouver et sentir. Ainsi, c'est au Canada qu'il faut aller chercher les traces de ce que nous fûmes jadis, quand la Gaule n'était que forêts à peine entamées par les bourgades et les villages : tant il est vrai que le climat influe d'une manière toute-puissante sur notre organisation, et que l'aspect de la solitude emplit l'âme au point de faire perdre les primitives idées de société !

La Prairie est un village assez considérable, situé sur la rive droite du Saint-Laurent, à un mille au-dessus de Montréal; la largeur du fleuve et les rapides rendent ce trajet de plusieurs heures. Le bateau lutte contre les vagues que forment les tourbillons avec une violence effrayante; quelquefois il reste plus d'une heure sans avancer d'un pas, puis bientôt il suit la diagonale de ces deux forces combinées : alors les passagers peuvent jouir à leur aise de la vue de Montréal, couronnée par les forêts verdoyantes de ses montagnes, sur lesquelles se détachent les sveltes pyramides et les flèches gothiques de la cathédrale.

Au soleil couchant j'aperçus le clocher de Saint-John, qui a la forme d'une tour carrée, mais sans ornemens remarquables, telle qu'on nous décrit quelque ruine arabe de l'antiquité la plus reculée. Il y a une demi-heure que nous suivons le bord de la rivière de *Chambly*, *Sorel*, *Saint-John* ou *Richelieu*, car on lui donne tous ces noms à la fois. Ses rapides (les inégalités du terrain les rendent très fréquens dans tout le Canada) murmurent agréablement à l'oreille du voyageur et se mêlent au chant des oiseaux d'eau qui abondent dans les marécages des environs de Saint-John. A l'horizon, on découvre encore deux à trois sommets des montagnes de Bel-Œil et Boucherville, à une immense distance à l'est de la rivière. Un pont de bois assez mal construit joint les deux rives et conduit à la caserne des troupes anglaises. Les habitans de l'antique village de Saint-John ont conservé scrupuleusement la langue et les habitudes des premiers colons, ils corrompent les mots anglais dont ils se servent le plus habituellement ; et il est à remarquer que ce sont ceux qui altèrent ainsi les expressions étrangères, qui sont le plus profondément enracinés dans leurs habitudes et leurs préjugés.

Ce village fut un point important dans la marche du

général Montgomery contre Québec ; il ne consistait alors qu'en un fort que le commandant américain, aidé du général Schuyler, vint attaquer pendant la nuit. Les Indiens Hurons voulurent s'opposer à leur descente, mais ils furent repoussés avec perte, et disparurent dans leurs forêts, comme ces mouches aussi rapides à céder le terrain à des ennemis plus forts que promptes à les attaquer. Il fallut cependant quarante-cinq jours d'un siège régulier et des tranchées conduites jusqu'au pied du fort pour le réduire. La garnison se composait de 500 Anglais et 200 Canadiens qui l'abandonnèrent enfin avec ses canons, ses mortiers et ses approvisionnemens. Aujourd'hui le fort, qui n'est plus qu'un petit pavillon carré entouré de pieux érigés en forme de palissades, et de fossés à sec, sert de logement à une compagnie de grenadiers anglais ; sur le bord de la rivière est un embarcadère aussi défendu par des palissades, où stationne un cutter armé de deux pierriers et d'une pièce à pivot, qui va de temps en temps établir une inutile croisière jusqu'au lac Champlain.

C'est ici, à l'entrée du Champlain, que s'arrête cette partie du Canada qui touche de plus près le voyageur français ; Saint-John est le dernier village où j'entendis parler ma langue, où je vis des paysans buvant au cabaret, attelant leurs bœufs avec un joug, de préférence au collier plus simple adopté par les Américains ; où le colon est encore superstitieux, où l'on vous demande naïvement si *France* est une ville plus belle que Québec, si Montréal n'est pas la plus splendide cathédrale de la chrétienté, et si la route la plus courte pour aller à Rome n'est pas de passer aux Illinois et à Mexico. Tout cela sans doute prouve une profonde ignorance ; mais ne vaut-il pas mieux encore, quand on voyage, trouver des gens qui parlent le même langage, sont bons, hospitaliers, prévenans; surtout quand, à quelques lieues delà, l'austère Américain, instruit, flegmatique, peu ou point communicatif, croit plus honnête de ne rien dire, et se concentre tout entier dans la fumée de son cigarre ou la mastication d'un morceau de cavendish? Le Canada n'est pas un agréable séjour ; les grandes villes doivent offrir une société recommandable, mais le climat sévère et l'aspect monotone des pins rendent le paysage horriblement triste ; le Saint-Laurent et les lacs sont sublimes de grandeur; les montagnes sont là comme partout, imposantes ; le pittoresque y abonde, renouvelé sous mille formes par tant d'accidens de terrain ; mais, au fond de tout cela, il y a quelque chose de fatigant, de pénible pour l'âme : ce peuple est conquis, les habits rouges ennuyés de la colonie y sont durs et brusques, les habitans n'établissent point de relations avec eux; et l'on ne trouve ni émulation, ni désir d'*improvement* chez les colons. La vie doit être longue à passer au sein de ces sombres retraites ; et en effet, comment peut-on être porté à s'épanouir au milieu d'une terre ingrate, qui, à peine échauffée d'un rayon d'août, reprend en octobre son manteau de glace, et élève entre chaque habitation une barrière de neige? Des voyageurs espagnols qui faisaient route avec nous, rebroussèrent chemin à Montréal, habitués qu'ils étaient à une végétation équatoriale ; ils reculèrent devant les roches granitiques et les cimes chauves des montagnes; et, si je n'eusse été Français, je ne sais pas même si j'aurais guidé mes pas errans au-delà de l'Ontario.

XXV.

Le lac Champlain.

Dans les plaines arides de la partie septentrionale du Mexique, arrosée de loin en loin par un ruisseau limpide autour duquel se groupent les caravanes et les Indiens, comme les Arabes du désert autour du puits de l'oasis, il est rare qu'une brise bienfaisante courbe les herbes des prairies, murmure dans les touffes vertes des sassafras et vienne agiter en passant cette nature brûlante. Le ciel, constamment bleu, ou traversé par hasard de lignes grisâtres qui semblent enflammées par l'ardeur du soleil, s'arrondit au-dessus de la tête du voyageur sous la forme d'un immense pavillon d'azur; tout l'horizon n'offre qu'une étendue à perte de vue, sans mouvement, sans respiration et sans vie. Dans les pays de l'ouest, au contraire, coupés à chaque pas de lacs profonds, de fleuves et de rivières, les eaux sont agitées par un vent soutenu qui semble chercher, en ridant la surface des flots, la voile du pêcheur ou les fleurs épanouies des plantes marécageuses.

Tel est le pays de forêts qui environne le lac Champlain; la rivière de Richelieu coule à pleins bords, ombragée de saules, de sycomores et d'acacias, au milieu desquels les herbes touffues s'enlacent aux buissons; et ceux-ci, étendant leurs bras épineux autour des grands arbres, présentent à l'œil une seule masse de verdure. On ne rencontre qu'un petit nombre de fermes canadiennes mieux cultivées, jusqu'à l'*Isle aux Noix*, dernier poste occupé par les Anglais. Une batterie principale sur l'île elle-même, et une seconde établie au sud-est sur la rive opposée, un hôpital, un chantier de construction pour les bâtimens de l'état, des palissades et une nombreuse garnison : voilà tout ce que les Anglais entretiennent à grands frais si loin de la métropole et des autres villes du Canada, et dans un poste éloigné de dix milles du misérable village de Saint-John. Un jardin planté avec goût sert de promenade au commandant; au lieu du débarquement on a construit un pavillon à la chinoise; là, le son des tambours retentit constamment dans les casernes, et sans cette activité perpétuelle dans laquelle on entretient les soldats, il est probable qu'ils mourraient d'ennui sur cette île isolée où rien ne les distrait de leur insipide faction, si ce n'est le passage accidentel d'un petit bâtiment de transport ou des sloops armés. Lorsque nous descendîmes dans l'étroit canal si bien défendu par les canons, un violent orage éclata ; les sentinelles dans leurs guérites allongeaient la tête par la lucarne, tandis que les dalles de la pagode vomissaient autour d'eux des torrens de pluie.

Quand on approche du lac Champlain, la rivière s'élargit, les rives s'élèvent, et bientôt s'ouvrent aux yeux du voyageur une mer profonde, des montagnes escarpées fuyant vers l'intérieur des terres en amphithéâtre, et offrant une végétation graduée, depuis les herbes abondantes et marécageuses de leur base baignée par les eaux dormantes du lac, jusqu'aux chênes rabougris, aux sapins torturés, et enfin aux mousses rampantes qui se cramponnent à leurs pics sourcilleux. Le premier objet que nous découvrîmes sur cet océan fut une voile basse qui semblait voguer seule, sans nacelle à laquelle elle se rattachât ; on eût dit les huniers à perte de vue d'un grand navire avant qu'on puisse distinguer les haubans et les bois de sa carène ; et cependant nous n'étions pas à deux portées de flèche de ce singulier esquif. Il fallut passer presque dans ses eaux pour voir une pirogue de peau de daim, si légère, que l'Indien, sa pagaye sous le bras, la remplissait toute entière en allongeant les jambes ; son arc était près de lui, avec ses autres armes et un paquet de fourrures ; dans la rapidité de sa course, la pirogue soulevait les vagues bien au-dessus des bords, et l'Indien nonchalamment couché souriait en nous regardant. Il changea sa bordée avec une telle précision, que chacun de nous ne put s'empêcher de frémir en voyant son mât s'incliner jusqu'à la pointe. Je comparais cette vie aventureuse et insouciante du sauvage à la carrière brillante et tumultueuse des grands, et je ne sais auquel j'aurais donné la préférence : .... mais la pirogue avait déjà disparu.

De tous les lacs de l'Amérique le Champlain est peut-être celui qui a le plus de réputation en Europe : en effet, il a vu de si sanglans combats sur ses eaux et dans les plaines qui coupent les montagnes du Vermont, que sa célébrité n'est que trop méritée. Les deux grandes îles qui s'étendent depuis l'extrémité nord-est du lac jusqu'à la rivière de *Savanac* et l'île de *Valcoor*, doivent être de délicieux endroits de chasse; les forêts fraîches et verdoyantes n'offrent qu'une masse de noyers et de nombreux arbustes, les uns couverts de fleurs, les autres tachetés de fruits qui pendent en grappes jusqu'à terre. Les oiseaux de proie descendent avec les premiers rayons de l'aurore du sommet des montagnes, et durant la chaleur du jour planent avec délices entre les deux îles de *South* et *North-Hero*; il n'est pas rare de voir les chevreuils et les cariboux s'élancer d'une pointe de rocher au milieu d'une anse retirée, et bondir ensuite dans les gorges des collines. Tout est silence sur ce beau lac, le ciel s'y réfléchit avec ses nuages et les teintes éclatantes du soir, les hérons et les grues lèvent leur tête au-dessus des joncs, la poule d'eau glousse en disparaissant sous les roseaux, la loutre inquiète rase la surface de l'eau, montrant à peine sa riche fourrure. Au milieu de cette nature qu'animent tous ces êtres vivans, il règne une paix profonde ; on se sent calme et heureux, comme si l'homme n'était jamais bien que loin de ses semblables : et cependant le second mouvement de la pensée, c'est le regret de n'avoir point à ses côtés un être animé avec qui l'on puisse partager ses sensations !

« Voilà *Plattsburg*, connaissez-vous la bataille de Plattsburg? » me cria brusquement un habitant de Philadelphie, en m'arrachant à ma contemplation pour me montrer le lieu du combat, et goûter la satisfaction de me raconter la victoire des milices des Etats-Unis sur les troupes royales de la Grande-Bretagne. Quoique je ne fusse pas très content de cette interruption, je ne pus m'empêcher de rendre justice à la connaissance parfaite qu'ont tous les Américains de leur histoire et surtout de la topographie de leur immense pays, bien que leur éducation ne soit pas en général aussi soignée ni aussi prétentieuse que les interminables études de nos collèges. Ce fut donc vis-à-vis Plattsburg, dans la baie de *Cumberland*, que le commodore *Mc. Donough* attendit avec sa petite escadre l'arrivée des vaisseaux ennemis ; en deux heures l'action fut terminée ; le bâtiment que commandait le capitaine anglais reçut cent boulets dans sa carène, et le Saratoga cinquante-neuf. La législature de l'état de Vermont offrit à Mc. Donough **200** acres de terre en récompense de sa victoire. Les Canadiens, victimes dévouées à l'ambition des Anglais, se défendirent avec un acharnement digne d'un meilleur sort, et selon eux l'avantage leur était acquis, lorsque les équipages des bâtimens des Etats-Unis retournèrent à la charge et incendièrent la flottille, où il ne restait plus que des mourans et des blessés. Le gouvernement de la Grande-Bretagne se montra généreux envers les milices canadiennes; et tel ancien capitaine, qui à seize ans obtint le commandement d'une compagnie, touche encore aujourd'hui une paie de mille dollars.

Plattsburg est situé sur le bord de la *Savanac*, au-dessus des chutes que fait cette rivière en tombant dans le lac. Ses rives escarpées sont couvertes de forts et de remparts pour la défense de la ville; les environs offrent aussi les ruines des anciennes redoutes, et les vestiges de la bataille qui se livra dans la plaine, au bord même du lac, en vue des deux escadres.

Burlington est encore une charmante ville de l'état de Vermont, élevée à mi-côte, en amphithéâtre, au fond de la baie qui porte ce nom. Elle a son port, ses bâtimens de commerce, qui passent à la rame au pied des montagnes qui les abritent du vent, ou glissent avec leurs voiles triangulaires le long du rivage découpé d'anses, de caps, de presqu'îles. Lorsqu'on gravit les pics qui dominent Burlington, on voit à ses pieds la ville naissante, ses rues à moitié tracées, les rivières qui viennent se perdre dans le lac et confondent leurs flots avec ceux des bras du Champlain; ensuite ce n'est plus qu'un labyrinthe d'îles où les pins s'élancent si perpendiculairement au-dessus de l'eau, qu'un bâtiment fit feu sur l'une d'elles, la prenant pour un navire à l'ancre : le nom de *Sloop-Island* lui en est resté.

En sortant de Burlington, le lac forme encore une baie assez étendue, puis il se retire successivement jusqu'à *Crown-Point*, peut-être le plus admirable point de vue de toute cette partie de l'Amérique, si riche et si étonnante d'ailleurs dans les inégalités de son sol. Les montagnes, découpées comme les fleurons d'une couronne, présentent un immense amphithéâtre, et s'élèvent par gradins jusqu'à la hauteur des nuages. C'était à la naissance du jour que cet imposant spectacle frappa mes regards. Les vapeurs décrivaient une ligne compacte autour des mornes arides, tandis que les rayons du soleil, glissant entre les arbres des îles, scintillaient sur la rosée des feuilles, et doraient en dessous ces évaporations tantôt blanches comme des flocons de neige, tantôt nuancées des couleurs du prisme, tantôt légèrement balancées d'un roc à l'autre. Un vent d'été les souleva peu à peu ; et à mesure qu'elles montaient à l'horizon, laissant çà et là des lambeaux de vapeur, comme les troupeaux déchirent leurs toisons aux ronces des forêts, elles s'étendirent immobiles au-dessus des rochers découverts, qui étalèrent alors dans toute sa splendeur la majesté de leurs formes.

Crown-Point était dans une position trop avantageuse pour n'avoir pas été fortifiée dans les temps de guerre, où chaque élévation de terrain devenait une redoute, chaque défilé de montagne un poste avancé. Il serait difficile, s'il n'était fastidieux, de décrire exactement les bastions pentagones, les fossés creusés dans les pierres, et les angles saillans de ces fortifications; car sur les lieux mêmes à peine peut-on distinguer ces travaux à moitié détruits, que semble étouffer encore l'aspect grandiose des montagnes voisines. Du moins on peut suivre sur le lac le lieu où se livra un second combat naval, plus long mais moins sanglant et moins décisif que celui de Plattsburg.

Deux briks, une goëlette et un sloop, suivis de quelques galères et chaloupes armées, composaient toute la flottille américaine, tandis que l'ennemi comptait un vaisseau de 28, deux goëlettes, et une vingtaine d'embarcations la plupart à fond plat, qui toutes portaient des pièces d'un calibre bien supérieur à celles des navires des Etats-Unis. Le commandant *Arnold* lutta quatre heures contre les Anglais qui commencèrent à plier; quand il voulut doubler *Chimney-Point*, pour entrer dans l'anse de Crown, les bateaux plats l'entourèrent en passant entre la côte et le brik; il fut assailli de tous côtés, et le reste de son escadre gagna le haut du lac, tandis qu'il se battit en désespéré jusqu'à ce que son navire eût pris feu.

Puis apparurent devant nous les sommets des *Mount Hup*, *Indépendance*, *Défiance*, dont l'histoire se rattache à la forteresse de *Ticonderoga*. Il faut débarquer en face de l'ancien fort, et gravir la colline sur laquelle il est construit, en traversant à l'ombre des acacias un chemin sablonneux et brûlant. Ce sont les ruines les plus caractéristiques que présentent les environs du lac : ses cheminées élevées et à moitié renversées frappent de loin les regards habitués aux scènes solitaires du Champlain ; des pans de murailles sont dérobés sous les ronces ; les caves servent de retraites aux reptiles immondes, derniers possesseurs de ces édifices autrefois splendides et si long-temps disputés. Le lac est au pied des remparts ; du côté de la terre, les acacias laissent retomber leurs branches en parasol et versent des torrens d'ombre autour de ces ruines ; nulle part je n'en ai vu d'aussi beaux. Au nord paraît le mont *Hope*, où se tenait la ligne des Anglais sous la conduite du général *Burgoyne*. On voit à quelque distance le pic pointu sur lequel fut tué le premier soldat anglais au milieu de toute l'aile droite qui s'avançait avec sécurité. Ce seul coup de fusil étonna toute la ligne qui répondit par une décharge universelle ; les Américains, animés par cette attaque subite, ripostèrent trois fois sans en avoir reçu l'ordre. On assure qu'il n'y eut personne de tué dans cette escarmouche, et chacun se retira dans ses retranchemens. Du côté des lignes françaises qui s'étendaient sur la hauteur des montagnes, dans la direction du lac George, on rencontre des restes de fortifications.

Sur la pointe la plus avancée, dans une direction perpendiculaire, au-dessus du lac, il existe des pans de murailles hexagones de 10 pieds de hauteur, avec un ouvrage en terre, percé de cinq à six meurtrières ; c'était la batterie des Grenadiers (*Grenadier's Battery*), aujourd'hui envahie par le lierre et les arbustes grimpans qui s'élancent des fentes du rocher, et cimentent ces ruines de leurs rameaux.

Le mont Défiance, que les Anglais parvinrent à occuper avec leur artillerie, a 800 pieds au-dessus du lac; il fallut creuser un sentier tournant d'un mille pour arriver jusqu'au sommet : de cette position avantageuse, leurs boulets firent promptement écrouler la citadelle de Ticonderoga.

Au milieu de ces montagnes paraît à son tour le mont Indépendance, séparé par un petit bras du Champlain, et qui continue sa chaîne de rochers jusqu'à *White-Hall*. Une batterie forte de plus de 40 canons s'étendait en zigzag le long du rivage, et du côté de l'ouest, celle du Fer-à-Cheval (*Horse-shoe Battery*), dont on peut suivre les vestiges. Dans la baie, à l'orient du lac, le commodore américain Arnold fut forcé de s'échouer sur les vases pour échapper à l'escadre anglaise. Les carcasses de ses bâtimens se conservèrent intactes jusqu'à la fin de la guerre : on les retira, ainsi que plus de 400 canons abandonnés dans ces différentes lignes de défense; mais la plupart avaient été encloués par les Anglais.

XXVI.

Le lac George.

Les anciennes lignes françaises (*Old french Lines*), qui traversent les hauteurs de Ticonderoga, ne sont autre chose que les restes des fortifications du camp de Montcalm, dont Cooper nous fait suivre les mouvemens avec une si poétique exactitude dans *Le dernier des Mohicans*. En descendant la forteresse de Ticonderoga, le Champlain, allongé comme un crocodile dont les anses sont les pieds et les îles les sinueuses écailles, disparaît derrière les ruines; à peine aperçoit-on dans le lointain son cours irrégulier serpenter à travers les montagnes du Vermont, du Canada et du New-York, puis se perdre en longues lignes blanches sous les vapeurs de l'horizon. Les sommets arrondis sur lesquels on voyage à l'ombre des acacias, sans cesse accompagné par le chant des oiseaux, forment un plateau que dominent de toutes parts les montagnes plus élevées dont nous avons déjà fait mention, et les pics bizarrement dessinés qui recèlent dans leurs flancs le délicieux *lac George*. Une rivière ou plutôt un faible bras du Champlain passe à travers les rochers, roule au milieu des blocs de pierre, tout couvert de pins rouges, de cèdres et d'arbustes, puis se précipite en cascade bouillonnante dans cette seconde nappe d'eau.

Celui qui dans les années de sa jeunesse, où l'imagination toute de feu saisit avec avidité les récits des pays lointains avec leurs mœurs nouvelles, leurs habitans sauvages, s'est plu à rêver à la lecture des romans de Cooper, et a tracé dans son esprit les images fantastiques de ces régions inconnues; celui-là, dis-je, quelle que soit la forme exagérée peut-être dont il a revêtu les objets de ses pensées, quel que soit l'aspect grandiose, sublime de poésie et de magnificence, sous lequel il s'est représenté les lieux témoins des exploits d'*Œil de Faucon;* celui-là pourra hardiment contempler les magiques effets de la nature américaine aux bords du lac George. Jamais ses songes ne l'auront élevé au-dessus de la puissante variété des rives de l'*Horican,* car c'est ce lac qu'une barbare civilisation a privé de ce nom sauvage en faveur de la royale dénomination de lac George.

Sous les tropiques, où les flots sont si tempérés que le matelot penché sur le bord voit les requins glisser sous la quille, ou bien dans les baies dormantes des Isles du Vent, il est impossible de promener ses regards sur une eau plus transparente que celle de l'Horican. Aussi toutes les montagnes à pic se réfléchissent-elles dans ce vaste miroir ; les oiseaux volant d'une île à l'autre, les papillons aux ailes diaprées, les serpens qui rampent aux flancs des rochers, tout se peint avec une clarté magique dans le fond sablonneux du lac, où nagent paisiblement les monstrueux habitans de ses ondes. Quand on jette une ligne, on la voit descendre et s'allonger toujours à une immense profondeur, jusqu'à ce qu'elle heurte enfin dans sa chute les coquilles auxquelles on croirait pouvoir atteindre avec la main. Les montagnes s'élèvent à mille pieds au-dessus de la rive, unies et aussi étincelantes d'azur et de pourpre, quand le soleil dore leurs flancs de marbre, que les écailles d'une tortue ; leurs sommets éloignés semblent bleus comme les flots de la Méditerranée : de profonds ravins les sillonnent, et un immense manteau de feuillage étend ses plis soyeux sur ces crètes arrondies. Quel est le cours du lac ? où sont les îles et le rivage ? quels sont ces monts entassés les uns sur les autres par la main des géants ? S'occupe-t-on de le savoir et de suivre une route tracée, quand autour de soi murmure, flotte, s'agite, étincelle un monde de poésie !

En quittant le rivage, deux sommets réguliers, *Roger's Rock* et *Roger's Sidle,* servent d'entrée au lac :

ce nom leur est venu du capitaine anglais *Roger*, homme audacieux, et célèbre dans les guerres du Canada, qui, perdu dans les glaciers, se laissa couler plus de 200 pieds sur un roc perpendiculaire, en appuyant dans la neige ses raquettes (*snow-shoes*). La pensée seule d'un tel acte d'intrépidité fait frémir, quand on voit la surface lisse de cette pointe sur laquelle ramperait à peine un lézard. Puis le lac s'élargit, les montagnes se dessinent plus clairement, enchaînées à gauche en une suite de vagues, et séparées à droite en trois pics principaux; un autre pain de sucre termine l'horizon, et autour de sa base, se groupent en amphithéâtre les pins et les forêts profondes de la grande terre.

Un malheur constant semblait s'être attaché à toutes les entreprises des Français dans les guerres du Canada; soit que ces escarmouches, ces attaques subites des Indiens fatiguassent le caractère impétueux de nos soldats qui ne trouvaient plus rien lorsqu'ils voulaient charger, ou se voyaient tout-à-coup investis et harcelés d'une grêle de flèches; soit que le changement subit de température dans ces pays de montagnes et la férocité des sauvages amortissent leur courage. Il est certain que de grands désastres accablèrent les armes françaises sur les bords de ces lacs; les eaux limpides de l'Horican se teignirent plus d'une fois de leur sang, et ses belles rives furent témoins du plus horrible massacre dont l'histoire ait à rougir: cette scène de désolation, on la reprocha long-temps à l'inactivité de Montcalm. D'abord

Dieskau, qui commandait la division du lac George, trompé dans sa route par les brouillards, se vit coupé dans sa retraite et complètement battu, après une suite de rencontres avec les Indiens : les postes avancés des Anglais, et en définitive les régimens de *Pomeroy* et *Witllecomb* terminèrent la journée. L'infortuné Dieskau, entraîné du champ de bataille par la fuite de ses troupes, s'arrêta au pied d'un sycomore, baigné dans son sang et souffrant cruellement de ses blessures ; tout-à-coup un Indien se présente à ses yeux, lui sourit avec une joie féroce ; et à l'instant où le général français arrachait sa montre de sa ceinture pour l'offrir au Sauvage comme une rançon, il eut la cuisse traversée d'une balle. Un piquet de soldats l'emporta sur une couverture, prisonnier, au fort William Henry.

Cette redoute n'était cependant qu'un ouvrage en terre, élevé à la hâte, dans laquelle le colonel *Monroe,* ce guerrier aux cheveux blancs, au caractère chevaleresque et inébranlable, résolut de se défendre jusqu'au dernier moment, assuré du secours des 6,000 hommes que *Webb* tenait inactifs au fort *Edward*. Monroe soutint le siège avec vigueur, dénué des secours qu'il attendait, manquant de vivres, entouré de blessés et de soldats affaiblis par les souffrances ; puis il vit ses canons démontés successivement par l'artillerie française, ses retranchemens enlevés d'assaut : plein d'amertume contre la jalousie de Webb qui le sacrifiait à son ambition, le colonel anglais fut obligé d'abandonner le fort. On lui accorda les honneurs militaires et on lui jura protection contre les Sauvages ; Montcalm s'était engagé sur son honneur à faire respecter les vaincus par ses féroces alliés. Mais ceux qui ont lu dans Cooper l'affreux attentat qui suivit cette reddition, et la triste activité avec laquelle les Indiens assouvirent leur rage, auront une trop juste idée de cette boucherie de 1,500 infortunés, hommes, femmes, enfans, égorgés sans défense sous les yeux de Montcalm, qui ne put rien obtenir de ces tribus avides de vengeance. Quelle que soit la part d'odieux qui en rejaillit sur le commandant français, cette sanglante journée est la plus hideuse page de l'histoire d'Amérique.

Quatre-vingts années ont versé leurs neiges et leur soleil sur le lac Horican depuis cette guerre, et il semble que la solitude ait repris tous ses droits. Tandis que nous voguions au milieu des îles innombrables, qui laissent à peine un passage entre leur labyrinthe de détroits, des aigles-pêcheurs à tête blanche se promenaient à l'ombre des arbres ; il fallait frapper l'eau avec un aviron, ou décharger un fusil, pour les voir étendre peu à peu leurs larges ailes, se balancer au-dessus du bateau en s'élevant à la hauteur des montagnes, puis redescendre immobiles sur un roc voisin.

Le hameau et l'hôtel de Caldwell (*Caldwell-House*), sont le lieu de station ; c'est-là que s'arrêtent les curieux qui arrivent en foule des eaux de *Saratoga* et de *Ballston*. Des galeries de cet édifice on domine tout le lac, et d'un seul coup-d'œil le voyageur embrasse tous ces sites merveilleux que nous avons assayé de décrire. Quand le soleil se fut couché derrière les montagnes de l'ouest, je me mis à errer au hasard sur le penchant de la colline du Serpent à sonnette (*Rattlesnake's Hill*), nom que méritent ces lieux élevés, où le premier mouvement que j'entendis fut celui de la queue d'un de ces reptiles. Les teintes de pourpre que versait le soleil du sommet des monts, se jouaient avec une pureté magique sur ces belles eaux ; les aigles regagnaient leurs retraites aux flancs des rochers, et peu à peu les ténèbres de la nuit s'avançaient du fond du lac, voilant sur leur passage les îles et la surface paisible des flots. Les châtaigniers alors en fleurs tapissaient depuis sa base jusqu'à sa cime la montagne au pied de laquelle je marchais, rêvant aux spectacles qui m'avaient étonné dans la journée, et tout entier aux impressions d'une si belle nature. Je voyais en image le grenadier français en faction au bord du lac, fredonnant sa chanson joyeuse, tout-à-coup interrompue,...... et au silence succédait un cri du fond des eaux. Lorsque j'arrivai sur les lieux où s'éleva le fort William Henry, je heurtai une petite croix de bois, et je m'aperçus que j'étais au milieu d'un cimetière naissant comme le village de Caldwell, où s'élevaient à-peu-près autant de tombeaux que de riantes demeures. La mélancolie que m'inspirèrent cette vue et les souvenirs du fort fut redoublée encore par l'obscurité de la nuit ; je regagnais lentement un asyle, tandis que les masses noires des montagnes me pressaient de leur ombre, et agitaient leur feuillage au-dessus de ma tête ; puis, dans le flanc des rochers, les loups hurlaient et le hibou poussait son cri funèbre.

O délicieux lac Horican! diamant d'une eau limpide enchâssé dans un anneau de montagnes, tu vivras éternellement dans le souvenir de celui qui a senti si profondément l'influence de tes rives!

XXVII.

Saratoga.

Il n'est pas de plus doux sommeil que celui qui succède aux fatigues d'un voyage fertile en émotions; aussi dormais-je profondément au penchant de Rattle-snake's-Hill, quand je fus éveillé par des chants aussi connus pour moi qu'étrangers dans ces contrées sauvages. C'étaient des chansons françaises, vives et bruyantes, que faisaient entendre à gorge déployée trois joyeux Parisiens, voyageurs comme moi dans les provinces du Nord. Je ne savais encore ce que je devais penser de cette scène inattendue, lorsque je les vis s'éloigner sur les bords du lac, chantant et riant toujours, au grand déplaisir des graves Américains de Caldwell-House, qui murmuraient hautement le long des corridors de ces élans importuns de la gaîté française. Ils disparurent bientôt au milieu des îles de l'Horican, et une jeune dame de New-York qui se rendait ainsi que nous aux eaux de Saratoga, me demanda avec la plus grande simplicité, si vraiment ces messieurs étaient des *gentlemen* français, et si telle était l'habitude à Paris d'éveiller tous les voisins par des éclats de rire et des chants aussi intempestifs.

En sortant du lac George, on gravit une colline en pente douce, ayant toujours en vue les îles et les montagnes qui se mirent dans les eaux, jusqu'à ce que sur la côte opposée on jouisse d'un autre coup-d'œil entièrement nouveau. Le chemin traverse une forêt de châtaigniers et de pins noirs qui se disputent la prééminence, luttant de teintes vertes et sombres sur les campagnes environnantes. A l'horizon on découvre quelques lignes blanches et arrondies comme les nuages d'été volant les uns à la suite des autres sous mille formes fantastiques, et dans lesquels on se plaît tant à voir des châteaux, des ruines, des palais qui s'écroulent brusquement pour former des rochers, des forêts, et quelquefois même des dragons ailés, des gnomes et des démons. Cependant les vapeurs lointaines restent immobiles ; toujours mêmes reflets sur leurs crêtes d'un blanc de neige : il y a une réalité imposante dans ces sommets nébuleux des glaciers du *New-Hampshire*, auxquels on a donné le nom de *montagnes Blanches*. La distance du lac George à ces régions élevées doit être au moins de soixante-dix milles, et cependant elles se distinguent nettement au-dessus des collines boisées et bleuâtres qui se succèdent jusqu'à l'Hudson : les montagnes Blanches étaient connues des Indiens sous le nom d'*Agocochoock*.

Le pays que nous parcourons maintenant, et qui paraît aujourd'hui si animé par les voyages fréquens des curieux et des malades aux eaux de Saratoga, fut longtemps le théâtre des plus sanglantes escarmouches entre les troupes européennes et les Indiens. L'inégalité du sol, les défilés des montagnes, les ruisseaux encaissés qui serpentent au hasard, perdus sous des forêts impénétrables, les sentiers à peine frayés dans un labyrinthe de petits lacs, de cascades et de rochers : tels étaient les incidens qui favorisaient les Sauvages. Tantôt ils se tenaient en embuscade, tantôt, suivant à la trace un ennemi errant et découragé, ils le harcelaient jour et nuit ; leurs flèches meurtrières sifflaient aux oreilles des grenadiers français de l'avant-garde, et portaient un coup mortel aux officiers que leur zèle entraînait à la découverte. Quelquefois, tandis qu'une division entière, campée dans un vallon, dormait sans crainte sous la surveillance des sentinelles, un groupe d'Indiens couché dans les herbes, ou rampant sur la mousse qui couvre la crête des montagnes, calculait à loisir les feux du bivouac, les tentes, la force exacte du camp, et passant inaperçu à dix pas des vedettes, allait rendre compte de sa mission au général ennemi : heureux encore quand la hache du Sauvage, plus rapide qu'un tigre, ne renversait pas d'un seul coup la sentinelle perdue; et alors le vainqueur continuait sa route, suspendant à sa ceinture la blonde chevelure d'un soldat européen.

Les *Gleenn's-Falls*, à quelques lieues de Saratoga, sont une effrayante cascade, coupée au milieu par un roc creusé au-dessous et formant une grotte inaccessible. Le torrent se précipite avec fureur en faisant un circuit où l'eau écume et jaillit; puis, reprenant son cours au-dessus de la cataracte, la rivière continue de couler au milieu des sapins chétifs et desséchés dont elle dévore les racines. La meilleure description de ces chutes se trouve encore dans *Le dernier des Mohicans*; et cette grotte si romantique, autour de laquelle tourbillonne le gouffre de Gleenn's, c'est avec un ravissement mêlé d'une profonde émotion que je la reconnus pour la mystérieuse caverne où *Bas de cuir* et ses compagnons défièrent si long-temps la rage des *Mengos*.

Là, c'est encore un paisible moulin qui a envahi ce passage jadis impraticable; sur le pont qui traverse la rivière au-dessus du *Water-Mill*, on ne rencontre que d'honnêtes fermiers des environs, avec leurs chariots chargés de fruits, ou l'élégante voiture qui conduit aux eaux les riches négocians des villes. On me fit remarquer avec enthousiasme combien l'industrie américaine a eu à lutter contre le torrent; pour moi je préférerais encore voir le rocher nu, aride, la caverne fermée par les ronces, et les îles ombragées de sapins et de chênes, au risque de trouver les Mohawks et les Iroquois escaladant les branches et s'y balançant comme des démons, en vomissant la mort autour d'eux.

Les contrées voisines du Canada conservent, ainsi que nous l'avons vu, l'aspérité des premiers temps ; le Champlain, dans son immense longueur, sert de transition entre cette rudesse du nord et les états plus tempérés de New-York et de Vermont. Puis vient le lac Horican, avec sa végétation toute particulière, ses châtaigniers, assez rares dans le reste de la province et presque inconnus dans la plus grande partie des états du Nord. Ses rochers sont plus rouges, les veines de marbre plus étincelantes, et le serpent à sonnette, peu répandu au-delà de l'Hudson, semble se plaire au fond de ses grottes solitaires. A peine a-t-on quitté le lac, que la nature sévère reprend son empire ; les sapins couvrent au loin une terre sablonneuse et stérile, les collines paraissent d'un bleu foncé, et à une grande distance on les prendrait pour les eaux de la mer : telle est la région sombre d'aspect et d'une mélancolie attristante, au milieu de laquelle se trouve le plus délicieux village de l'Amérique, le rendez-vous des fashionables de tous les états et de toutes les nations qui habitent ce vaste hémisphère. On sort d'une forêt silencieuse, et autour de soi bourdonne et murmure un monde civilisé, que dis-je? paré de tout ce que le luxe européen peut produire depuis Londres et Paris jusqu'aux rives de la Méditerranée et du Bosphore !

Saratoga n'est qu'un village ou plutôt un groupe de maisons semées presque sans ordre, dans une plaine entourée de collines, auprès de sources nombreuses dont la salubrité était connue des Indiens bien avant que ce genre de remède fût à la mode aux Etats-Unis. Cooper nous fait voir les deux Mohicans ouvrant le sein de la terre avec leurs couteaux, pour en faire jaillir cette source bienfaisante, long-temps cachée par un ruisseau qui coulait au-dessus; ce qui explique la manière singulière qu'employèrent les deux Indiens pour se procurer l'eau de cette seconde source : elle porte aujourd'hui le nom de *Congress-Spring*. On attribue généralement plus de vertu à cette eau qu'à toutes les autres; une pinte contient 80 grains de sel, 6 1/2 de chaux et de magnésie, et son goût est légèrement ferrugineux. La source de *High-Rock*, à quelques pas de là, est une eau calibée.

Celle qui mérite le plus d'attention, le *Round Rock Spring*, s'élève sur le sommet d'un roc arrondi, par une ouverture de cinq pieds de diamètre. Ce bassin naturel, large de six pieds à sa base, se termine par un cône; il a été formé par une agglomération continuelle de couches de chaux dont cette eau est fortement saturée. Il monte toujours, et quand on écorne le rebord de cette urne dans laquelle la nature s'est plu à renfermer son trésor, on voit quelque temps après le vide rempli par une substance calcaire qui reprend peu à peu la couleur et la substance du roc. Autrefois l'eau coulait du sommet de la pierre, mais elle se tient depuis long-temps à la surface, et on attribue ce changement à une crevasse faite dans la partie inférieure du roc, par la chute d'un antique sapin.

Les hôtels de Saratoga sont un vaste parallélogramme, construit en bois, entouré de galeries toutes peintes en blanc, comme le reste de l'édifice et les colonnes qui soutiennent le toit. Cette colonnade est couverte d'une guirlande de jasmin jaune, qui fleurit une grande partie de l'été; celui des Florides y mêle aussi ses calices empourprés. Des allées de peupliers ombragent les galeries du côté de la rue; et un jardin où abondent les sassafras odorans, les catalpas, les tulipiers de Virginie, forme des berceaux délicieux qui rappellent les rives du Mississipi. Quand la cloche du dîner retentit sous les longs corridors, la foule sort en bourdonnant de ces bosquets de verdure; deux et trois cents étrangers prennent place autour des tables richement décorées. Le soir, tandis que les rideaux éclatans s'agitent d'une brise parfumée, les plus brillantes toilettes remplissent le salon, le son des instrumens se mêle au bruit de la danse, les lustres répandent leur clarté éblouissante sur les lambris dorés et les masses de fleurs; et le bal se prolonge jusqu'à ce que la pâle lueur du matin étende sa fraîcheur sur les forêts voisines. De ce frémissement d'une joie universelle résulte, pour celui qui aime à penser en dehors du tourbillon, une mélancolie enivrante qui le conduit involontairement jusqu'au sommet de ces collines solitaires, où les échos ne lui apportent plus que des bruits confus, des sons qui se perdent avec la voix des vents.

A six milles du village se trouve encore un de ces lacs délicieux dont l'Amérique est si abondamment pourvue : là se font ces grandes parties de pêche ; on s'y rend à cheval de Saratoga et de Ballston ; la journée d'un fashionable Américain doit y être au moins de 9 à 10 piastres. Les rives du lac sont tour-à-tour embellies par une culture avancée : riant aspect des champs si rare, depuis les environs de Montréal ; puis les montagnes, les collines sévères ombragées de forêts, découpées de rocs, reprennent leur empire. Une pointe de rocher, à peine jointe au rivage par une langue de terre, s'élève tout-à-coup à 180 pieds au-dessus des eaux ; elle est couronnée d'arbres, et celui qui ose s'aventurer dans les bois auxquels elle est adossée, peut goûter, sans port d'armes, le plaisir de la chasse aux cailles et aux faisans.

C'est tout près de ce lac, à Schuylersville, à 12 milles de Saratoga, que Burgoyne se rendit avec 6,000 hommes au général *Gates*. Les Anglais avaient tenu six jours, exposés au feu des Américains campés sur les hauteurs. Malgré l'acharnement qu'ils avaient mis dans leurs opérations, brûlant, ruinant tout ce qui se présentait sur leur passage, les vaincus furent admis à une capitulation, et généreusement traités par ces vainqueurs qu'ils méprisaient tant.

Ballston et le village de *Spa* rivalisent avec Saratoga pour la salubrité de leurs eaux et l'affluence des visiteurs. *Sans-Souci* est le point de réunion le plus en faveur ; Ballston a aussi son lac et ses promenades comme Saratoga, et les sources, surtout celle qui porte le nom de *Lafayette-Spring*, sont d'une qualité remarquable. On y trouve dans un même endroit trois fontaines d'une nature entièrement différente; cette dernière est d'une excessive fraîcheur, elle contient de l'oxide de fer et du gaz acide-carbonique. L'ancienne source, *Old Spring*, était la plus généralement connue de tout le pays; on prétend que les Indiens avaient appris à apprécier ses qualités par l'exemple des chevreuils, qui la fréquentaient en si grand nombre que leurs pas avaient formé des sentiers dans toutes les directions. Enfin la fontaine saline, ou des Etats-Unis, auprès de Sans-Souci, renferme beaucoup d'oxide de fer, et différens sels, dans une égale proportion (1).

---

(1) Les eaux de Sans-Souci ne furent découvertes qu'en 1817, car autrefois ce pays n'était qu'un immense désert rendu dangereux par le voisinage des Cinq-Nations : les Onondages, les Onéidas, les Iroquois, les Tuscaroras et les Algonquins. Voici les différentes variations que les sources ont éprouvées depuis l'époque récente de leur découverte; on peut juger combien de changemens elles ont dû subir pendant tant de siècles qu'elles sont restées inconnues.

D'abord, dans l'été de 1817, le bras du ruisseau de *Kaidorosseros*, qui traverse le village de Spa, monta à une hauteur extraordinaire, et le courant se creusa un nouveau canal un peu à l'est du premier. Le premier lit resta à sec, et quatre sources jaillirent alors à côté les unes des autres, toutes dans un espace de 30 pieds carrés, et toutes quatre aussi de nature différente; l'une ressemble à l'ancienne source, mais elle contient plus de gaz acide-carbonique et mousse comme le Champagne; la seconde contient beaucoup de sel de Glauber, et a un grand rapport avec celle de Saratoga, Congress-Spring; la troisième est saumâtre comme l'eau de la mer; et la quatrième n'est qu'une fontaine douce et fraîche. Une plate-forme s'éleva et couvrit ces

Tous ces lieux de plaisir ne sont fréquentés que pendant la belle saison, où ils offrent une promenade délicieuse et une vie animée, qui contribuent bien plus encore que la nature des eaux à guérir les malades, dont la plupart sont attaqués de consomption causée par les changemens subits de température. En hiver les hôtels sont fermés et abandonnés, les villages déserts ; aucune voiture ne fait voler la poussière des routes, les lacs ne sont plus sillonnés de canots et de pirogues élégantes ; et ces blanches murailles, ces colonnes que n'entourent plus les thyrses de fleurs s'harmonient dans la teinte uniforme et glacée des neiges qui envahissent ces lieux.

---

sources, puis on plaça dans les deux premières des tonnes en bois pour en élargir l'ouverture. Pendant trois ou quatre années ces eaux attirèrent toute l'attention des visiteurs, et la première surtout semblait réunir tous les suffrages ; mais elles finirent par perdre leur saveur et leur vertu, et les quatre sources coulent maintenant réunies dans un même ruisseau d'une eau limpide et douce comme la fontaine qui coule d'une montagne.

(*Northern Traveller.*)

SOUVENIRS

ATLANTIQUES.

LES VILLES.

I.

Retour à New-York.

Lorsqu'au mouvement des vagues qui nous balançaient en vue de terre, mon premier regard dévora ces rives lointaines à peine perceptibles, je sentis le brouillard qui revêt les songes de l'imagination se dissiper peu à peu; la réalité, comme les objets palpables qui arrachent au sommeil, vint heurter ces images confuses; et je chancelais en imprimant mes pas sur ce rivage, auquel je donnais enfin le beau nom d'Amérique..... Puis à ce sentiment de plaisir qui s'empare de l'esprit à la vue d'un autre hémisphère, succède une sorte d'inquiétude : les yeux se promènent timidement sur ce monde inconnu où le voyageur, qui n'a entendu pendant tant de nuits que des bruits de vagues, écoute étonné des sons qui n'ont jamais frappé son oreille; où tout parle autour de lui un autre langage; où terre, océan, nuages que chasse la brise, et jusqu'à la brise elle-même, tout est changé. Entraîné dans une sphère nouvelle, l'étranger se soumet aux sensations qui l'assiègent; parmi les habitans de cette terre dont il est devenu l'hôte, il erre comme un enfant égaré. Tel serait à peu près celui qui, sans avoir passé par les différens âges qui façonnent l'homme du berceau à la tombe, se verrait lancé dans la vie avec ses facultés développées, comme un vaisseau livré à la mer avec ses agrès et ses voiles.

Il est vrai que cette virginité d'impression est bien prompte à se détruire, et que l'habitude jette des racines plus étendues que profondes. Cette inquiétude, cette vague terreur, je l'avais éprouvée au plus haut degré; mes premières excursions dans l'intérieur des Etats-Unis avaient été aussi timides que les pas du chasseur au milieu d'un marais sauvage : mais cette première sensation s'était usée à travers les montagnes du Canada; et c'était maintenant avec un regard assuré, un cœur avide de repos, que je redescendais l'Hudson. A mesure que j'approchais de New-York, je sentais la joie d'un voyageur au terme de sa course ; car il n'est pas de plus doux sommeil que celui du matelot entre les deux quarts de minuit et du matin. Peu à peu les clochers de la ville se replacèrent devant mes yeux, je vis les rues se réformer, le Castle-Garden, la Battery, reprendre leur place pittoresque au bord du fleuve ; les navires qui se tenaient à l'ancre tout pavoisés, je les pris pour autant de paquebots chargés de lettres de France, et je comblais de souhaits heureux ceux dont les voiles blanches disparaissaient en-dehors de *Sandy-Hook*. Puis quand l'eau verte de l'Atlantique souleva à l'horizon ses vagues d'azur, je saluai l'Océan comme un ancien ami.

Je trouvais le séjour de New-York vraiment délicieux. La chaleur était excessive, mais les environs de la ville, les vallées enchanteresses qui entourent la baie sont des promenades ombragées, pittoresques comme les rives des lacs ; le soir, la brise de l'ouest rafraîchit les rues et traverse Broadway dans toute sa longueur, murmurant dans la cime des peupliers qu'elle agite d'une extrémité à l'autre de cette immense rue ; les barques de l'Hudson glissent plus doucement sur les flots apaisés, et une foule de canots de plaisir avec leurs voiles élégantes animent toute l'étendue de la rade. Les white-hallers avec leurs péniches allongées rivalisent de rapidité, leur réputation d'excellens rameurs les engage à des joûtes fréquentes ; le canot qui remporta le prix sur la yole d'un capitaine anglais a été déposé dans l'intérieur du Castle-Garden, avec cette inscription : « les white-hallers vainqueurs, 25 mai 1824. »

Les orages sont fréquens dans toute l'Amérique, et peut-être plus encore aux environs des villes. Quand une chaleur étouffante a répandu le calme sur les forêts voisines, quand tout semble endormi sous le poids d'une brûlante atmosphère, les nuages s'amoncèlent au sommet des montagnes, et couvrent la terre d'un manteau de deuil. Peu à peu le soleil disparaît, une teinte rouge et livide s'étend en reflets sur le ciel, les flots limpides répètent ces sombres avant-coureurs de l'ouragan; puis la nuée éclate, le feu se croise, décrit des zigzags à travers les forêts, les clochers de la ville, les mâts des navires; un bruit sourd accourt du fond des montagnes, roule dans leurs flancs ténébreux, et d'échos en échos se confond avec le mugissement de la mer. Les barques effrayées carguent leurs voiles, les vaisseaux à l'ancre doublent leurs amarres, et tout-à-coup les vagues écument comme un troupeau de chevaux sauvages qui secouent leur crinière. D'épaisses ombres couvrent l'horizon, la pluie tombe par torrens, inonde les rues, et bouillonne en cascades jusqu'à l'Océan qui les engloutit. Le tonnerre ébranle la terre, les éclairs se succèdent, et le globe de feu se précipite étincelant dans l'onde, où il s'éteint. Alors malheur au chasseur sans abri qui s'est retiré sous les pins dont la tête agitée appelle la foudre; malheur aux canots dont la voile légère s'agite en lambeaux. Mais l'orage est aussi prompt à se dissiper que rapide à ravager la nature. Une brise s'élève et chasse bientôt les nuages qui fuient en grondant, les voiles tendues des vaisseaux se gonflent à l'envi à la pointe des mâts : tout semble renaître, rafraîchi par la pluie d'été. Les oiseaux voltigent en gazouillant sur les branches où ruissèlent les larges gouttes d'eau, et le port n'est plus qu'une masse de voiles déployées, que les rayons pâles du soleil viennent sécher à leur tour. Que l'air est frais alors sous les bosquets d'Hoboken et de Brooklin ! que le ciel est brillant, parsemé d'étoiles sur son azur plus serein !

Après quinze jours de repos à New-York, je songeai à me remettre en marche et à explorer la partie civilisée de l'Amérique, ses villes peuplées, florissantes, ses ports où s'accumulent tant de richesses. Mais ce second départ fut plus pénible encore pour moi ; car l'agréable séjour que j'avais fait dans la capitale des Etats-Unis, au sein d'une famille hospitalière, avait énervé mon courage. Ceux qui comme moi auront été accueillis sur ce rivage américain par une voix amie, ceux qui auront goûté toutes les douceurs d'une sincère hospitalité à 1200 lieues de la France, concevront combien est profonde l'amitié que l'on ressent pour ses hôtes, et ce qu'il y a de charme à frapper à cette porte toujours ouverte, lorsqu'on arrive fatigué et content d'une course lointaine. Les réunions, ornées de tout ce qui peut embellir nos salons d'Europe, transplantées sur le sol de l'Amérique, sont de précieux trésors pour un Français. Puissent donc les vœux que forme pour vous un voyageur de retour sous le toit paternel, être entendus de celui qui peut tout, et vous rendre un jour le bonheur que vous avez procuré à un enfant étranger, ô vous qui lui auriez fait une autre patrie,

S'il pouvait en être deux !

II.

New-Haven.

Il faut traverser toutes les rues commerçantes de New-York, suivre pendant une demi-heure les files immenses de navires qui bordent les quais, et subir tous les inconvéniens d'un port aussi actif que celui de la capitale des Etats-Unis, où, selon Cooper, sont rassemblés plus de vaisseaux que n'en renferme la marine entière d'aucun royaume de l'Europe, l'Angleterre exceptée; il faut se faire jour à travers les chariots, les bêtes de somme, les nègres, les voitures et les matelots, pour arriver enfin à travers un marché populeux, jusqu'aux steamboats du Sound. C'est de là qu'un étranger peut se faire une juste idée de l'importance de la ville, et juger par les chants confus de tant d'équipages, à quelle innombrable quantité de carènes se rattachent ces cordages aussi serrés que les bambous du Mississipi, ces mâts, véritable forêt flottante.

La rivière de l'Est, ou le *Long-Island Sound* (détroit de la Longue-Isle), est un bras de mer qui sépare cette partie de l'état de New-York du reste du continent, et va rejoindre l'Atlantique à la pointe de *Montawk*. Le flux et le reflux de l'Océan se font sentir dans les eaux du Sound avec une violence effrayante; et celui qui a vu bouillonner les vagues autour des roches dont la tête à moitié cachée menace les navires qui dérivent, entraînés par sa force irrésistible, se rendra facilement compte des manœuvres inquiètes de la *Coquette* et de la *Sorcière des Eaux* (1), et le dédale d'écueils au milieu desquels elles continuaient leurs poursuites, tour-à-tour menacées et protégées par le danger lui-même.

La ville s'éloigne majestueusement et abaisse à l'horizon ses clochers, ses édifices, et les mâts de ses navires véritables monumens des Américains. Quelques hôpitaux, tels que le *Penitensiary*, sont les derniers points qui paraissent au milieu d'une nature puissante reprenant ses droits, et comme retranchée derrière les rochers ari-

---

(1) *L'Ecumeur de mer* de Cooper.

des où elle semble défier la main des hommes. Mais bientôt cette immense cité, comme l'antique Lutèce, dans *Notre-Dame de Paris*, fera crever sa ceinture de fleuves, de rochers, de forêts ; et ces asyles de la douleur et du repentir, isolés du tourbillon des joies du monde qui les a produits et lancés comme une lave hors de son volcan, ces points de mire lointains seront englobés à leur tour dans des maisons resplendissantes et des palais.

Les deux rives du détroit ne présentent, jusqu'à l'entrée de la baie, que des rochers plus ou moins élevés, sortant tout-à-coup d'une vallée verdoyante chargée de moissons, de pointes aiguës et de prairies que l'eau baigne en murmurant ; les inégalités du sol semblent suivre la bizarre variation du lit de la rivière, comme s'il n'était lui-même qu'une gorge étroite envahie par la violence des eaux. La forme des récifs et des tourbillons qu'ils occasionnent se multiplie à chaque pas ; tantôt les navires tournent entraînés, et les voiles aplaties sur les mâts se regonflent brusquement pour céder encore à l'impulsion du torrent ; tantôt c'est un courant fixe dans sa marche, auquel la quille obéit : le pilote alors, immobile à la barre, plonge ses regards sur les ondes troublées, cherchant à lire sous leur surface sa course difficile, que le requin lui-même pourrait à peine reconnaître. Ici, les rocs sont pointus comme une tête de lance ; là, on dirait le dos d'un souffleur endormi ; plus loin, quand la vague s'affaisse et ruissèle sur un bloc de granit, l'écume jaillit et bourdonne aussi blanche que les flots de la mer pendant la tempête : pourtant aucune brise n'agite les herbes du rivage.

Quand on est sorti de ce dangereux détroit, et qu'on a sans accident passé la porte de l'Enfer (*Hell-gate*), le premier et le plus redoutable de ces gouffres, il y a une grande jouissance à voir fuir rapidement les trois îles que forme le Sound. A gauche commence l'état de *Connecticut*, coupé par la rivière qui lui donne son nom. Elle descend des rochers lointains du mont *Holyoke*, traverse le pays montagneux qui va joindre les chaînes du Champlain ; après avoir baigné les quais de *Spring-Field*, de *Hartford*, de *Middletown*, villes et villages qui prennent chaque jour une nouvelle extension, les eaux blanches du Connecticut viennent se perdre dans celles de l'Océan, et porter à la grande ville le riche tribut de ses rives.

Un peu au-dessous de l'embouchure de cette rivière s'étend une baie large et profonde, défendue par des masses de rocher au sommet desquels brille un phare : le marin qui voit la nuit étinceler cette lumière sur les eaux, plie ses voiles, jette ses ancres, en attendant le jour pour s'aventurer dans les récifs qui le séparent du port. C'est tout au fond de cette rade que se trouve la jolie ville de *New-Haven ;* elle est située dans un terrain plat, hérissé de pierres ; mais les collines escarpées qui la dominent répandent dans les soirées d'été leur ombre opaque sur les squares ; et pendant la saison des neiges elles sont une barrière contre le vent qui souffle des lacs et de l'Océan glacial. Il y a surtout une place, en boulingrin carré, qu'entourent des masses épaisses d'ormeaux, et aux quatre coins de laquelle sont un monument léger de forme, plein de jeunesse ; un collège, une église et le *State-House*. New-Haven a conservé, plus qu'aucune autre ville des états du nord, ces gracieuses allées d'arbres dont les cimes vertes et fleuries se mêlent si agréablement aux toits aplatis des maisons américaines. En remontant la ville, distante d'un mille du lieu de débarquement, et jointe à la baie par un quai, on trouve le nouveau cimetière situé, selon l'habitude protestante, au milieu même des quartiers les plus populeux ; les peupliers et les cyprès élèvent leurs pyramides de verdure parmi les tombes de marbre noir, les croix où sont sculptées des larmes, et çà et là un souvenir plus pompeux de quelque illustre défunt. Le vieux cimetière (*old-burying-ground*) n'a conservé que deux anciens monumens d'une faible apparence, qui, selon une tradition dont il serait difficile de garantir l'authenticité, renferment les dépouilles de Whalley et Dixwell, tous deux juges à ce tribunal redoutable d'où Cromwell fit sortir l'arrêt de mort de Charles Stuart.

Les deux rochers qui dominent New-Haven et sa baie, portent le nom de *West* et *North-Rocks*. De l'autre côté, cette pointe élevée, qui monte majestueusement à l'horizon, n'est ni plus ni moins que le *Mont Carmel*, transplanté avec les montagnes, les fleuves, les villes de l'ancien monde sur le nouvel hémisphère :

tant il est vrai que les deux Amériques, abondantes en tout ce qui existe, sillonnées de lacs grands comme des mers, de fleuves sans sources, hérissées de montagnes incommensurables, peuvent à elles seules reproduire, dans des dimensions exagérées, tout ce que renferment ses trois sœurs aînées réunies ensemble.

Au sommet du *West-Rock* est une caverne profonde, qu'on nomme *Judge's Cave* (la Cave du Juge); en entrant on y lit cette inscription en anglais : *S'opposer aux tyrans c'est obéir à Dieu.* Une violente commotion de la terre a formé cette grotte ténébreuse, obstruée de broussailles et soutenue par deux colonnes de pierre; celui qui met le pied sous ces crevasses humides, enveloppées de sept autres rochers en amphithéâtre, ressent le même sentiment d'horreur qui fait frissonner à l'entrée d'une prison : c'est là que se réfugièrent Goffe et Whalley, tous deux régicides, tous deux errant loin de leur patrie sous le poids d'une condamnation. On ne sait pas au juste combien d'années ils y vécurent, soutenus par les soins d'une famille hospitalière voisine, qui leur envoyait des vivres chaque nuit par un enfant mystérieux, ignorant peut-être lui-même le but de sa mission : la chronique rapporte seulement qu'une double lumière leur apparut un soir, pendant qu'ils reposaient sur leur lit de mousse, et qu'ayant pris cette clarté pour les yeux d'un tigre ou pour quelque chose de surnaturel, ils s'enfuirent épouvantés hors de la caverne, où jamais ils ne remirent les pieds.

III.

Newport.

En dehors de la baie de New-Haven, un groupe d'îles semées dans le détroit semblent fuir pêle-mêle vers la côte, et le nom de *Thimbles-Island* rappelle les brigandages qu'exerça long-temps sur les rivages du Connecticut le fameux pirate *Kidd*. Ne serait-ce point ce même corsaire qui a fourni à Cooper le sujet de la *Sorcière des Eaux*, dont les scènes les plus intéressantes se passent au milieu des Thimbles et derrière la pointe de Montawk ; et le *Red-Rover*, dont nous voyons le navire avec ses sabords rouges se balancer gracieusement à l'ancre au-delà du port de *Newport*, n'est-il point fondé non plus sur quelque ancienne tradition des pêcheurs du Sound? Le peu de goût qu'ont les Américains pour le surnaturel et l'invraisemblable porterait à croire que ces romans, bien qu'éloignés de nos mœurs, n'en sont pas moins appuyés sur une base de vérité qui ajoute à leur intérêt, et en fait une peinture vivante d'usages qui ne sont plus. Déjà nous avons suivi à travers les montagnes du Champlain et de l'Horican, la marche hasardeuse des Mohicans; pourquoi ne verrions-nous pas des souvenirs historiques dans ces corsaires, dont la trace, sitôt effacée par le sillon d'écume, ne s'en grave que plus profondément dans l'esprit inquiet des matelots? Or voici ce qui arriva vers l'année 1829 sur les mêmes parages; et le rapprochement de circonstances est si frappant que je ne puis résister au désir de le rapporter ici.

Newport est une des plus anciennes villes d'Amérique; mais, comme il arrive toujours, tandis que les unes prennent un accroissement rapide, d'autres restent stationnaires puis tombent tout-à-coup, car ne pas avancer c'est reculer, en présence d'une civilisation qui marche à pas de géant; Newport a eu le sort de ces anciennes cités qui ne se recommandent plus que par le souvenir de leur puissance : ainsi, au milieu d'une forêt d'arbrisseaux rayonnans de sève, un vieux chêne abattu par l'orage soulève la terre de ses racines, et laisse autour de lui le vide immense de ses grands rameaux renversés. Cependant la rade de Newport était, avec celle de *Norfolk* en Virginie, une des meilleures que possédassent les Etats-Unis. De quelque côté de l'horizon que soufflât la tempête, un navire était sûr de se ranger à l'abri de ses hautes collines de granit, et son ancre mordait avidement un fond de vase sablonneuse. Vis-à-vis ce quai si long et si étroit, à l'extrémité duquel le tailleur boiteux du *Corsaire Rouge* venait faire ses observations sur le vaisseau suspect, s'élèvent des rochers à la cime arrondie ; c'est là qu'on voit encore les ruines de la tour où se noue l'intrigue de cette même histoire. Au milieu du détroit, *Good-Island* était défendu par le fort *Woolcott* ; à l'entrée de la rade, une batterie bien armée pouvait couper le passage aux vaisseaux ennemis, et croiser son feu avec celui des redoutes de *Dumpling's* et du fort *Adams*.

Pendant mon séjour à Boston, j'avais remarqué, dans mes promenades du soir autour de ses quais réguliers et bien bâtis, un petit brick, élégant dans ses agrès, léger dans ses voiles, et d'une forme svelte comme tous les bâtimens destinés à faire le cabotage des états du nord aux villes du golfe du Mexique. Il portait, disait-on, une riche cargaison de piastres pour la *Vera-Cruz;* et, malgré le mystère que l'on semblait attacher à sa destination, le bruit s'en répandit rapidement. Je le vis partir par un beau clair de lune, doubler les pointes qui forment le port de Boston et l'entourent comme un lac ; je le suivais des yeux, tout blanc de sa riche parure de voiles, joyeux coursier qui couvre son frein de son écume et se cabre à l'impression de la bride. Quand il fut bien loin, que ses huniers ne pouvaient se distinguer que par leur mouvement régulier et le rayon pâle que leur envoyait la lune, je rentrai pensif avec de tristes pressentimens; car j'aime d'affection un joli navire de retour d'un pays lointain, enchaîné à la barre d'un quai, et se balançant à chaque marée, impatient de rejoindre la haute mer; puis quand il s'éloigne, que sa place est encore vide au port, je le suis long-temps dans mes songes au milieu des tempêtes de l'Océan; mais s'il revient à son ancienne station, je me presse au-devant de lui, mon œil satisfait parcourt ses vergues noircies, ses cordages usés par la lame : c'est un ami que j'ai retrouvé.

Le petit brick était donc parti. Je regagnai Newport, et ma première course fut dirigée au pied de la tour. De-là j'embrassai le port avec ses mâts çà et là jetés dans la rade, les forts voisins, les quatre clochers de la ville et l'ensemble de ses maisons réunies par masses compactes, d'où se croisent à angles aigus de petites rues irrégulières mal pavées. Un grand navire long et haut de bord, tournait sur son amarre; bientôt déployant à la brise du soir son immense brigantine, il fila lentement en dehors de la pointe; puis tout-à-coup, chargeant les épars de voiles démesurées, de bonnettes flottantes, il disparut. Je n'avais remarqué sur le pont que l'équipage peu nombreux d'un navire de commerce; quoique distingué dans ses agrès, et construit de manière à voler sur les vagues de l'Atlantique, il semblait plutôt réunir tous les avantages qui se trouvent répartis dans les vaisseaux de chaque nation, que porter un caractère particulier. Aussi les uns assuraient qu'il était français, les autres prétendaient que ses couleurs étaient espagnoles; pour moi, je ne pus découvrir qu'une grande variété de visages et de costumes parmi ses matelots; et, à la précision de ses manœuvres, il était facile de voir qu'il était habilement commandé. Cependant je me rappelai depuis que la taille élevée de celui qui semblait le capitaine, s'était déjà trouvée en contact avec moi : aussi, soit prévention, soit souvenir, j'oserais affirmer qu'il était sur le quai de l'Inde (*India-Wharf*), de Boston, quand le brick l'*Amédée* appareilla.

J'avais parcouru tout l'intérieur des Etats-Unis, et j'arrivais six mois après à la Nouvelle-Orléans, heureux de retrouver enfin des bâtimens qui me rappelaient l'Europe et la mer; car jamais un voyageur n'est dépaysé quand il voit à ses pieds les flots de l'Océan, route immense sans doute, mais au-delà de laquelle l'autre rive est sa patrie : il semble qu'il n'y ait plus pour atteindre le port, aussi éloigné qu'il puisse être, qu'à s'asseoir sur le pont du vaisseau et à rêver. Je parcourus rapidement des yeux cette triple rangée de navires alignés comme des bataillons, par ordre de force et de grandeur; quelle fut ma surprise en retrouvant à l'extrémité du port, en dehors de ces glorieux enfans de la mer, la carcasse abandonnée du malheureux petit brick; ses cordages moitié coupés formaient un nœud inextricable sur le pont ensanglanté, ses mâts étaient brisés à coups de hache, les coffres défoncés et vides. Voici ce qui me fut raconté par un matelot à l'égard de la perte déplorable de l'Amédée.

« Une goëlette partie de la Havane aperçut au point du jour un groupe de deux navires arrêtés ensemble, au milieu desquels on ne pouvait rien distinguer. L'un, c'était le plus grand, disparut précipitamment vers le sud, et l'autre, comme un animal blessé à mort, sembla rester sur le champ de bataille, laissant flotter au hasard ses voiles mal affermies ; les mâts tombèrent à la mer, et aucun mouvement n'annonça les efforts de l'équipage pour relever les agrès. Un horrible spectacle frappa les regards de ceux qui montaient la goëlette, quand ils vinrent à bord. Des tables dressées sur le pont étaient humides de vin, de liqueurs et de sang ; des cadavres lancés à la mer surnageaient mutilés, d'autres étaient écrasés sous le poids des coffres ; le capitaine, percé de trois coups de lance, était cloué au pied du grand mât, sa tête entr'ouverte retombait sur son sein : les pirates, dans leur barbarie, avaient voulu qu'il pût, du point le plus élevé de son navire, contempler les cadavres de ses matelots, et expirer dans les plus cruels tourmens, à la vue du banquet joyeux et des bruyantes orgies des assassins. »

Le grand navire de Newport me revint à la mémoire : je n'accuse personne de cet horrible attentat, mais je n'aime pas à voir un bâtiment qui change de couleurs comme un caméléon, et dont l'équipage présente toutes les nuances depuis le pâle Norwégien jusqu'au noir de jais du nègre de Congo.

IV.

𝕻𝖗𝖔𝖛𝖎𝖉𝖊𝖓𝖈𝖊.

Le détroit du Sound regagne la mer avant d'arriver jusqu'à Newport, et continue ensuite de s'arrondir en baies bizarrement découpées jusqu'à *Providence*. Les environs de Newport sont des collines peu élevées, arides et d'un aspect monotone, quoique tempéré dans son uniformité par le mouvement des navires et surtout, aux environs de la rivière de Connecticut, par des habitations florissantes. A l'extrémité d'une pointe avancée de quelques milles au milieu de ce bras de l'Océan, sur une côte pierreuse qui offre des dangers à la navigation, on a construit un phare de forme ronde, connu sous le nom de *Mitchel's light House*. Quand un ouragan rase les rochers en sifflant sur leur surface unie, il bat les flots du détroit avec violence, et sa fureur, qui ne rencontre aucun obstacle, s'accroît avec la distance qu'il parcourt. Les vagues tourbillonnent, mugissent, ébranlent la tourelle sur sa base de pierre; et, au lever du soleil, le pilote qui veille à son poste trouve à chaque pas des oiseaux morts en se frappant la nuit autour de la lumière fatale.

Après avoir dépassé la pointe de Montawk, on aperçoit à droite la mer, la pleine mer, avec sa ligne lointaine fortement détachée sous le ciel, et à l'horizon quelques nuages de voiles jetés au hasard sur cette étendue sans bornes. Bientôt l'autre pointe vient masquer ce coup-d'œil imposant, cette échappée par laquelle on lit d'un seul regard tout l'Océan, comme un rideau tiré sur la scène; enfin tout disparaît : le rivage grisâtre, les bouquets torturés de sapins et de genévriers reprennent leur place sur le couronnement des collines. Les habitans prétendent que jadis leur pays était aussi ombragé, aussi riche de végétation que les contrées environnantes, et c'est la guerre qu'ils accusent d'avoir dépouillé cette terre de sa riche parure de forêts. Quoi qu'il en soit, la rage de faire de l'argent, de *make money*, selon l'expression énergique dans laquelle se peint le caractère essentiellement industriel des Américains, cette nécessité, aidée des flammes de l'incendie, premier degré de défrichement dans le Nouveau-Monde et l'accroissement rapide de la population ; tant de causes de destruction réunies en feront plus encore que la guerre : mais si les résultats en sont incomparablement plus utiles, du moins le pittoresque, la beauté des sites, cette nature âme de toute poésie et source de tous les arts, cette seconde vue des choses perçues par les yeux de l'intelligence, en ont cruellement à souffrir.

Newport et Providence se partagent le titre de capitale de l'état de Rhode-Island. La première de ces deux villes a perdu une grande partie de son commerce; ses rues presque délaissées, joint à l'aspect antique de ses maisons délabrées, ne donnent pas une haute idée des plaisirs et des ressources que peut y trouver un étranger. Peu à peu les habitans désertent leur triste demeure, car les hommes sont, comme les pigeons de l'Amérique, habitués à vivre en troupes nombreuses. Quand l'essor est donné, les nids surchargent les arbres, les feuilles disparaissent, les branches plient et se dessèchent; c'est un bourdonnement, un tourbillon d'activité et de vie : villes d'oiseaux sur les rameaux dépouillés, qui ne sont pas plus promptement improvisées que ces grandes cités des États-Unis; puis, quand tout est absorbé aux environs, les habitans de l'air reprennent leur vol, émigrent, cherchant du haut des airs une place favorable, et s'y abattent fatigués, avides de repos, esquissant dans un jour le gigantesque dessin d'une forêt transformée en squelettes d'arbres. Combien ai-je rencontré de villages en bois, sans un meuble dans l'intérieur des cabanes! Aux angles réguliers de ces maisons, échafaudées sur des chênes vivans, des tulipiers blancs de fleurs, des noyers chargés de fruits, étaient déjà inscrits des noms de rues. La ville avait une place, et au milieu s'élevait un écriteau avec cette inscription : *Cork, Dublin, Edimburg*, ou noms semblables, selon l'origine des émigrans. Newport, comme toutes les villes du littoral de la Nouvelle-Angleterre, avait été bâtie par des réfugiés compromis en Europe, dans les dissensions religieuses auxquelles donnait naissance cette foule de sectes bâtardes divisées entr'elles à leur apparition dans le monde : véritable féodalité dont les chefs se partagèrent les âmes, les tyrannisèrent, et se mirent à guerroyer comme des barons.

Un quaker, exilé volontairement de la Grande-Bretagne pour les mêmes causes, s'établit le premier à Providence, et s'y vit bientôt entouré d'amis qui l'y vinrent rejoindre. Aujourd'hui c'est une ville florissante, riche, belle, qui plaît à voir. Le port se présente agréablement, défendu par de hauts rochers blanchâtres sur lesquels se dessinent les navires de long cours disposés en amphithéâtre ; à l'embouchure de la rivière qui porte le même nom que la ville, se trouvent les bassins, et les mâts plus sveltes, plus élégans des petits *coasters*, rangés autour des wharves. Les rues sont spacieuses et d'une propreté remarquable, caractère distinctif, au reste, des moindres villages de la Nouvelle-Angleterre, qui feraient presque honte aux états du centre et aux provinces méridionales (1). Il est vrai que lorsque je

---

(1) Les Etats du Nord, qu'on appelle aussi la Nouvelle-Angle-

traversai Providence, le temps était sec, le ciel bleu et serein, le soleil radieux; peut-être était-ce cette disposition d'un jour éclatant sur les maisons de brique, les clochers blancs et les façades peintes des édifices publics, qui communiquait la gaîté de ses rayons aux objets sur lesquels il se reflétait. On conserve toujours une impression favorable des lieux qui se présentent à l'œil, pour ainsi dire, dans leurs habits de fête, couronnés de lumière, parés de manteaux nuancés de toutes les richesses d'un beau soir, à l'heure où les nuages s'arrondissent dorés dans leurs contours transparens, légers et mobiles sur l'immobilité d'un fond d'azur. Alors tout respire, tout s'accentue et prend sa forme particulière. Dans les pays chauds, c'est l'ombre qui s'allonge, grandit et répand la joie à larges flots; car là le soleil est un tyran qui ne souffre rien sous sa puissante haleine, qui aspire la vie et ne rend que la mort. Dans les climats tempérés au contraire, la transition plus douce, comme tout ce qui constitue leur essence mitoyenne, se modifie lentement. Au lieu des masses opaques de ténèbres sous les épais bosquets d'arbres, la plupart à feuilles épanouies comme des parasols, les branches délicieusement ciselées en trèfle laissent percer un demi-jour suave et mys-

---

terre, s'étendent depuis la frontière du Canada jusqu'à Rhode-Island inclusivement; ceux du Centre sont formés de l'état de New-York, la Pensylvanie, la Delaware et le Maryland; les provinces méridionales, depuis la Virginie jusques y compris la Louisiane, sont les états du Sud; toutes ces contrées nouvelles en dehors des grands lacs et vers le haut du Missouri portent le nom de Pays de l'Ouest.

térieux ; ce n'est plus le flambeau de midi , ce n'est pas encore la limpide clarté de la lune, c'est le crépuscule lent dans sa marche et progressif dans ses effets : telles sont aussi les saisons, milieux entre les extrêmes, inconnus dans les régions méridionales.

A Providence commence la nature presque différente de la Nouvelle-Angleterre : les forêts soyeuses de *Pins-du-Lord*, les cimes azurées des montagnes et des Collines Bleues (*Blue Hills*); un air pur, vif et sec, que vivifie souvent une brise du nord. La route, vers Boston, est d'une beauté comparable aux *Turnpike-Roads*, des environs de Londres ; les bosquets l'ombragent agréablement et recèlent mille oiseaux dont le chant mélancolique ou joyeux s'harmonise avec les lieux environnans. Les vallons coupent et varient le sol ; du sommet on distingue des bois d'un vert tendre à reflets nuancés, des maisons élégantes au milieu de moissons et de vergers, des prairies avec des troupeaux ; de loin en loin des clochers de village, une école isolée vers laquelle arrivent par des sentiers différens les écoliers répandus dans l'intérieur ; au fond de la vallée coule un ruisseau dont les rochers interrompent la course, irritent les flots, forment des cascades ; et bientôt résonne le marteau régulier d'un moulin.

Pantuket est un charmant village dans une pittoresque position, à peu près semblable aux hameaux du Dauphiné dans sa partie montagneuse et fertile en mines. Cette heureuse situation ne pouvait manquer d'attirer l'attention des manufacturiers qui sont à la piste de ce qu'ils appellent un *water-power* ; à Pantucket passe la rivière de *Blackstone*; comme toute rivière d'Amérique, elle franchit des collines escarpées : partant il y a des chutes, partant des usines, partant un village et du commerce. On y a établi d'immenses manufactures la plupart destinées au travail du coton.

V.

𝔅𝔬𝔰𝔱𝔬𝔫.

Il y a trois siècles, le chasseur errant à travers les forêts du Massachusett, au milieu de ces collines encore bleues de leur primitive parure de feuillage, ne rencontrait rien sur sa route sinon quelques traces d'Indiens. Du sommet des montagnes il pouvait découvrir la majesté de l'Atlantique, tantôt calme, tantôt battant le rivage de ses vagues courroucées : mais partout régnait le silence profond d'une nouvelle contrée, au sein de laquelle l'Européen n'avait pas encore porté la hache et l'incendie. Au fond d'une rade défendue par une multitude d'îles sans nom, montait la fumée des huttes sauvages; et les *Peaux rouges* appelaient ce village *Shawmut*. Quelques Anglais vinrent s'établir sur cette terre fertile, douce au travail, rafraîchie l'été par les brises de l'Océan ; trois pics lointains bornaient l'horizon du côté de l'intérieur, c'était pour eux les limites du monde connu : ils donnèrent à ce groupe de plantations le nom de *Trimountain*. En 1630, le gouverneur de la colonie obtint de la suprême cour d'Angleterre le droit de remplacer cette appellation par celle de Boston, en mémoire du révérend John Cotton, qui avait émigré le premier sur cette côte, de la ville de Boston dans le Lincolnshire. Telle est l'origine de cette importante cité de la Nouvelle-Angleterre, qui montra l'exemple en secouant le joug de la métropole.

Cette partie tempérée de l'Amérique fut une des premières colonies dont le grand nombre jeta sans le savoir le fondement d'autant d'états aujourd'hui indépendans. Dans les environs de Boston on remarque un progrès sensible, non dans la manière proprement dite d'ensemencer les terres et d'augmenter les récoltes (car ce n'est pas à nous Français de juger l'agriculture d'un peuple essentiellement laboureur, nous chez qui la source intarissable de richesses que nous offre la fertilité du sol est abandonnée avec mépris à des mains ignorantes et routinières), mais dans le goût exquis que les habitans commencent à répandre au milieu de leurs vergers surchargés d'arbres utiles, et entourés de gracieux sycomores, de pins et de genévriers. Les Américains paraissent enfin comprendre qu'après avoir défriché la terre en la dépouillant de ses forêts, il fallait planter, rajuster cette parure par quelques touffes d'arbres en harmonie avec la primitive végétation, et mêler des bouquets de fleurs à ces sévères moissons. La Nouvelle-Angleterre rappelle la Normandie par l'heureuse variété de sa culture, le feuillage vert et opaque de ses grands chênes; et plus encore les comtés méridionaux de la Grande-Bretagne dans ses prairies délicatement découpées par des arbres verts, et ses cottages propres et ombragés, avec leurs étangs où se reflètent les collines lointaines en teintes fortement prononcées, telles que le pinceau de Constable nous a appris à les connaître. Si l'on veut étendre la comparaison sur toute cette partie de l'Amérique, nous trouvons dans les environs de Saint-John, sur la frontière du Canada, l'image trop frappante des tristes campagnes de l'Irlande; et les poétiques montagnes du Champlain, du Vermont, du lac George, seront l'Ecosse encore neuve, encore jeune, avec ses antiques traditions régénérées par la plume de Walter-Scott.

Il faut donc traverser un pays nouveau, complet dans sa nature, avant d'arriver à Boston, ville classique de la haute société américaine, ville toute formée, ayant son caractère essentiel, son type particulier, plus fortement tracé que partout ailleurs. Une raison ou une suite naturelle de cette physionomie distincte, c'est que peu d'étrangers s'établissent à Boston : on n'y compte pas trois Français, et il ne s'y trouve qu'un petit nombre d'Américains des états éloignés : aussi tout semble coulé dans le même moule; tout est grand, large, régulier, correct comme chez les Anglais; tout respire le patriotisme d'une grande ville qui n'a qu'une même volonté, qu'une même ambition, celle de se suffire à soi-même, d'être capitale dans sa sphère, et à l'abri des dangers d'une centralisation funeste.

Les sciences, les arts et la littérature, repoussés des rives brûlantes du Mississipi, où le *dolce far niente* et l'ombre sont toute la vie, des états actifs et spéculateurs du milieu, des sociétés tumultueuses, moitié européennes, moitié yankees de New-York, semblent s'être réfugiés entre les murs de Boston. Les écoles y abondent : on en compte dix principales de deux à trois mille élèves chacune, indépendamment de l'Université de Cambridge, dont il sera question plus tard; et, en comprenant toutes les institutions primaires, leur nombre passe deux cents. Les journaux, en grande partie quotidiens, s'élèvent à trente-cinq; les *magazines* ou recueils périodiques, destinés les uns à la musique, les autres à la poésie, le reste à la religion, aux sciences médicales et à l'agriculture, forment un ensemble de trente-quatre publications.

L'Athénée (*the Athenæum*) renferme une bibliothèque de 25,000 volumes dans les langues les plus usitées, et une collection de 13,000 médailles au moins de toute espèce, recueillies à grands frais en Europe. La galerie des beaux-arts est une addition faite à cet établissement, dont la primitive destination était un *meeting*, assemblée de gens lettrés, réunis dans le but de se communiquer leur instruction : cette nouvelle galerie est occupée par l'Académie des sciences et arts et sa bibliothèque particulière, la Société médicale et une *mechanic Institution* avec ses appareils. C'est là aussi qu'a eu lieu l'exposition de peinture. La Société historique du Massachusett (*Massachusett's historical Society*), a été fondée dans le dessein de conserver et de compléter les matériaux utiles à l'histoire générale de la province, d'encourager l'industrie et d'éclairer les habitans. Déjà vingt-trois volumes ont prouvé que cet établissement presque naissant n'était pas aussi stérile que tant d'importantes académies de l'autre continent.

Voilà pour la partie littéraire et scientifique, pour l'esprit d'un peuple ; maintenant il reste à observer ce qu'a fait le cœur au milieu de cette tendance vers le but si noble de s'instruire et d'instruire les autres ; si cette disposition s'est traduite en institutions favorables à l'infortune. Nous trouvons vingt-huit associations consacrées les unes à fournir un asyle à ceux que des malheurs moraux ou physiques ont chassés de la société, les autres à élever les orphelins, quelques-unes à distribuer les bienfaits d'une médecine simple parmi les indigens : toutes en un mot ont une même pensée, soulager l'humanité souffrante, répandre l'instruction gratis chez ceux auxquels il ne manque souvent que l'argent nécessaire, pour devenir de grands hommes. Il faut remarquer, à l'égard de cette quantité innombrable d'associations de différens genres que la diversité de sectes explique jusqu'à un certain point, ce généreux concours de toutes les classes et de tous les religionnaires. Une autre admirable société c'est celle de l'*improvement* des prisons, qui s'occupe spécialement de la véritable manière de punir un coupable, sans le plonger au fond d'un cachot, où dégradé, couvert de chaînes et de honte, marqué du sceau de la vengeance humaine, seul avec son crime, ou lancé au milieu d'un troupeau atteint de la même lèpre, il devient, par misanthropie ou par l'exemple, ce que le concours de fâcheuses circonstances l'ont fait par hasard.

Ce qui n'obtiendra pas un égal succès à Boston, ce sont les quatre sociétés musicales qui s'efforcent, en répétant les chants sacrés de Haendel, les symphonies entraînantes de Haydn et de Beethoven, de propager chez les froids descendans des Anglais ce germe musical qui leur semble refusé : étrange fatalité que ni l'enthousiasme de convention, ni les sommes énormes dépensées en concerts, en chanteurs et en leçons, n'ont jamais pu vaincre ! Ainsi, dans le parc de Saint-James, à Londres, la musique des gardes, marquant la mesure grave et solennelle de la marche, n'a pas le pouvoir de modifier le pas imperturbable d'un Anglais !

Il est à regretter que l'architecture gothique ne soit pas universellement adoptée en Amérique : sous son ciel brumeux, les pointes dentelées, les ogives finement recourbées de ces dessins du moyen âge se détachent si heureusement ! Déjà nous avons rencontré, éparses dans les villes et les villages, quelques traces égarées de ces sublimes monumens de la vieille Europe ; à Boston, au milieu des clochers pyramidaux, pagodes insignifiantes, blanchies et grattées, avec leurs colonnades monotones, leurs chapitaux corinthiens, surgissent çà et là les clochers à trèfles ornés d'arabesques, les ogives hasardées dans cette foule de fenêtres carrées, et des portails aux vitres de couleurs éclatantes comme des diamans. La *Hanover-Chapel* surtout, en cailloutage, laisse circuler sur ses ailes une galerie percée de créneaux moitié mauresques qui font un agréable effet, quoique l'édifice en lui-même ne soit pas d'une apparence imposante. L'église de *Summer-Street* est d'un autre genre, plus sévère, plus simple, imitant assez bien les murs massifs de construction égyptienne, percés de deux à trois de ces rosaces immenses et arrondies, d'où naquirent plus tard les gracieux trèfles multipliés à l'infini et modifiés par les siècles jusqu'à la fleur de lys. Le temple de *Federal-Street* est un exemple rare et précieux des flèches gothiques simplement travaillées, établies avec goût aux portiques et aux clochetons de la flèche principale : ce n'est pas une œuvre complète, un type à caractère, mais c'est du moins un essai ingénieux, incomparablement supérieur au grec jusqu'ici copié si maladroitement. De ces cinquante églises au moins qui lèvent leur front au-dessus des toits de la ville, et, détachées du bleu des montagnes, semblent toutes contempler l'Océan, il n'y en a que deux ou trois destinées au culte catholique. C'est dans l'une d'elles que le respectable M. de Cheverus, aujourd'hui évêque de Montauban, fit long-temps entendre sa voix éloquente ; une douce tolérance au sein de tant de sectes différentes lui mérita l'estime de la population entière de Boston ; et, quand il fut appelé en France à de plus hautes fonctions, les larmes de ses anciens amis coulèrent avec les siennes : on eût dit une même famille pleurant son père.

Les banques sont aussi des monumens aux Etats-Unis : un peuple essentiellement commerçant en fait son temple, son *adoratorio ;* voilà ce dont il est fier, ce dont il se glorifie aux yeux des étrangers : aussi le premier objet sur lequel on attira mon attention, ce furent les colonnes, d'une seule pièce en granit, qui forment l'entrée d'un de ces édifices ; elles ont coûté, dit-on, 1,600 piastres chacune : car c'est encore une habitude des Américains, dans leurs conversations et dans leurs écrits, de mettre le prix à côté de la chose, ou plutôt d'en estimer la beauté d'après sa valeur.

Faneuil-Hall-Market s'élève avec son clocher et ses fenêtres étroites, étonnées de se voir couronner d'une pyramide. L'intérieur du marché ressemblerait plutôt à un temple protestant : le soir, les trente-neuf colonnes qui soutiennent le plancher et marquent les boutiques, sont éclairées par des lampes ; un parfum de pêches et d'oranges se mêle à celui des ananas et des bananes ; et, jusqu'à la partie occupée par les bouchers, tout est propre et symétriquement arrangé, de sorte que Faneuil-Hall-Market est quelquefois une promenade. La partie supérieure est destinée aux ventes publiques.

Le vieux Capitole (*old state-house*), aujourd'hui délaissé, fut construit au centre de la ville, au haut d'une longue rue faisant face à la mer ; il a été remplacé par un bel édifice d'un style grec assez imposant, surmonté d'un dôme. Le nouveau est construit sur la partie la plus élevée de la ville ; de vastes salles, des escaliers élégans, se développent à droite et à gauche ; en face, on aperçoit la statue de Washington, placée au milieu du temple ; sur sa base on lit le nom de Canova, quoique les Bostoniens attribuent cet ouvrage au sculpteur anglais Chantrey. Le héros américain est debout, vêtu de la tunique grecque ; sa main droite tient un rouleau de papiers sur lesquels il a tracé les lois de la république : ses traits austères, calmes, pleins d'une noble fierté, inspirent à l'étranger la vénération due à ses vertus ; à l'habitant de l'heureux pays dont il a fondé l'indépendance, la reconnaissance qui l'a proclamé le Père de la Patrie. Dans les murs de ce temple sont incrustées les pierres monumentales sur lesquelles on inscrivit en caractères presque gothiques les causes de la révolution, la première émeute à l'occasion de l'impôt sur le thé, et la justice expéditive que se fit le peuple abandonné à lui-même, en pillant et coulant bas le navire anglais mouillé dans la rade. Ces pierres, enlevées de leur première place aujourd'hui couverte de maisons, furent sauvées par quelques hommes assez instruits pour comprendre tout le vandalisme de ceux qui vendirent à de froids spéculateurs cette terre consacrée ; aujourd'hui, au milieu du brillant Capitole, elles semblent dans leur tombeau, muettes, sans localité et sans vie.

On arrive par un escalier tournant à la rotonde, dont la coupole est de bronze : c'est de là que l'œil embrasse cette immense cité, ses clochers nombreux, ses quais allongés, régulièrement bâtis, encombrés de navires ; les chantiers de construction, où dorment des frégates désemparées ; les rues largement dessinées, les balcons et les fenêtres du haut desquels le riche inactif voit ruisseler une population laborieuse. A l'horizon, les montagnes ondulent comme des flots, bleues et vertes de l'azur du ciel, du feuillage et des forêts, marquetées de maisons, de villages et de ruisseaux; devant soi, l'Océan encaissé dans la rade par des rochers, fuit vers la haute mer à travers une multitude d'îles, où brillent çà et là les cabanes des pilotes, les feux des phares, les pavillons des signaux. A ses pieds on a le *Common*, immense prairie coupée par l'inégalité du sol, ombragée de quelques érables ; au milieu s'étend un bassin. C'est un diminutif des parcs anglais, un square sur une grande échelle : les enfans s'y répandent avec joie au sortir de l'école, lancent dans l'air des ballons, se mêlent en courant aux paisibles promeneurs, et leur distribuent quelquefois une balle malencontreuse. Un soir, c'était le samedi, grand jour de fête chez les *School-boys*, je m'étais assis au pied d'un grand ormeau, arbre séculaire, aussi antique que ses compagnons des montagnes bleues. Des enfans se roulaient en gambadant sur les boulingrins, d'autres faisaient voguer sur l'eau du bassin des flottes de coquilles de noix, d'autres enfin armés d'une *jew's-harp* (une bombarde), répétaient le *Yankee doodle*, de ce ton nazillard qu'un journal de Boston préférait à toute la musique du *Barbier de Séville*. Au milieu de cette joie universelle, s'avançait, triste et rêveur, un enfant aux cheveux blonds, pieds nus, l'air égaré; quand ses yeux bleus se portaient sur un de ces groupes, il y avait sur son visage une démangeaison enfantine d'aller jouer, mais il semblait retenu par une pensée intime et profonde, comme il s'en inscrit quelquefois sur un front de dix ans. En s'approchant de moi resté seul au pied de l'arbre, un livre sur mes genoux, les regards fixés sur les nuages, l'enfant me considéra avec attention, et soupira; sentant peut-être plus de sympathie pour un autre enfant seul comme lui et rêvant inaperçu, il me tendit la main, en s'écriant avec force : « *Oh! sir, I am a Dutch-boy.* » Je lui fis plusieurs questions en anglais; mais il ne comprit rien, et il répétait avec une expression attendrissante de malheur: « *I am a Dutch-boy!* » Quand ma main laissa tomber dans la sienne un misérable schelling, je le sentis y imprimer un baiser brûlant, et les larmes coulaient en larges gouttes sur ses joues si fraîches : j'eus peine à retenir les miennes. Puisqu'il faut si peu de chose pour rendre la vie à un être souffrant, n'oubliez donc pas, si vous traversez le Common de Boston, n'oubliez pas le *Dutch-boy!*

VI.

Environs de Boston.

—————

C'est donc dans la Nouvelle-Angleterre, comme nous venons de le voir, que se développent avec plus de force ces grandes théories de la vie sociale, ces institutions nobles et libres, qui sont toutes le résultat d'associations particulières, non dérivées du gouvernement qui englobe chaque chose, mais bien constituant elles-mêmes la base de ce gouvernement, loyalement appuyé sur des citoyens concourant d'un commun accord au bien-être, à la prospérité et à la gloire de leur patrie. La cause de cette supériorité des états du nord sur le reste de la république, semble venir de sa plus petite étendue, bornée comme elle l'est par le New-Brunswick et les montagnes du Champlain, resserrée au sud par la colossale influence de New-York : les Yankees ont donc pu répandre la civilisation et les bienfaits qui en découlent sur toutes leurs provinces, tirer tout le parti possible de la fertilité du sol, puis enfin extraire de cet *improvement* généralement répandu la prospérité morale qui en est le plus beau fruit. Au contraire, les pays du milieu et les immenses territoires de l'ouest et du midi, s'élargissant avec l'ouverture de l'angle dont le *Maine* sera le sommet, ne peuvent encore, malgré l'activité des colons, les travaux gigantesques entrepris à grands frais et poussés avec ardeur, jeter que des oasis dans leurs déserts les plus reculés, et semer des noyaux d'agglomération ; comme les arbustes sur les grèves des fleuves grandissent, se multiplient et forment des îles qui finissent par joindre le rivage.

Le terrain sur lequel s'élève aujourd'hui la belle ville de Boston, n'était jadis qu'un marais en forme de presqu'île, qui ne tenait au continent que par une langue de terre très étroite. Cet isthme est à la fois la route qui joint le village de *Dorchester* à la ville et le grand *Turnpike-Road* de Providence. Dorchester occupe une vaste étendue de plantations ; c'est plutôt une suite de *settlements* (établissemens), renommés pour la richesse du sol. Les Indiens y avaient un village qu'ils nommaient *Manattan*, car il est à remarquer que les émigrans s'établirent assez ordinairement sur les ruines des *wigwam* des sauvages ; soit parce que ceux-ci avaient soin de choisir les lieux fertiles, soit par ce besoin qu'éprouvent les hommes, en abordant dans un pays nouveau, d'occuper la place de ceux qui les ont précédés. En approchant de la ville, on rencontre *Roxbury*, charmant village semé çà et là sur une colline chargée d'arbres verts et de vergers, lieu le plus fréquenté pendant les grandes chaleurs de l'été. *Norfolk-House* est le point de réunion, le rendez-vous des promenades à cheval ; c'est un hôtel élégant, avec des jardins d'où l'œil embrasse vers l'ouest la plaine verdoyante de *Jamaica*, qu'arrosent des sources dont l'eau refoulée dans un aqueduc se répand dans les fontaines de Boston.

Ce côté est le seul par lequel on puisse arriver sur la terre ferme jusqu'à la ville, qui se rattache au continent par six ponts en bois jetés dans des directions divergeantes. L'un conduit à ce qu'on appelle *South-Boston*. De là le voyageur peut diriger sa course sur Dorchester, en suivant la côte ; et, gravissant les collines successives qui coupent la plaine, s'asseoir sur les ruines d'un fort en terre, ayant à sa droite *Savin-Hill*, délicieuse habitation au bord du rivage, à sa gauche la ville groupée en amphithéâtre et couronnée de son Capitole, en face la pleine mer.

Le pont, qui s'étend dans une direction diamétralement opposée et par conséquent droit au nord, réunit à la ville celle de *Charlestown*, qui en est un faubourg, peuplé de 7,000 habitants ; là sont les chantiers de construction pour les frégates, et une foule d'anses et de bassins au milieu desquels il est difficile de retrouver sa route. A l'est coule la rivière *Mystic*, traversée aussi de deux ponts en bois.

La plus agréable excursion que puisse faire un étranger aux environs de Boston, c'est d'aller visiter Cambridge, célèbre par le *Harvard College*. Il faut traverser la rivière *Charles*, puis suivre pendant une heure une route unie et roulante parmi les plus riantes campagnes. Sur un plateau élevé de 500 pieds au-dessus de la plaine se présente l'université, composée de trois collèges différens, magnifiques édifices en granit, ombragés d'acacias, de sycomores et de pins élancés ; entourés de jardins, de bois et de prairies, où les jeunes gens viennent respirer l'air du matin. Rien ne sent la contrainte dans ces cours spacieuses ; les enfans, à cet âge où la liberté est le premier besoin, se répandent en flots joyeux sous les allées du parc ; et certes ce sont bien les plus heureuses années de la vie, celles que l'on emploie à l'étude au milieu des beautés de la nature, et non comme nous autres Européens, resserrés dans des corridors aussi obscurs que ceux des cachots, entrevoyant la lumière une fois par mois, quand toutefois le maître le juge convenable : comme si la santé devait se calculer d'après la science. En tournant à gauche, derrière un bois à travers lequel les trois collèges ne se distinguent que par les pointes étincelantes de leurs paratonnerres, on arrive bientôt auprès de la même *Charles-River*; mais cette fois sur une rive escarpée qu'ombragent des forêts de pins du lord. La terre est sèche et sablonneuse comme dans tous les lieux où croissent les arbres verts ; et les dessins que forment ces troncs élancés, couverts de leur écorce résineuse, s'allongent en allées régulières, comme si le râteau d'un jardinier eût pris la peine d'unir le sol et d'aligner ces charmilles. Puis en continuant de côtoyer la rivière, alors marécageuse et bordée de prairies, on rentre dans la ville tumultueuse par un autre pont.

On compte jusqu'à vingt et une forteresses ou redoutes construites pendant les guerres de l'Indépendance dans les environs de la ville qui fut le foyer de l'insurrection. Tous les sommets, les cônes bleus des montagnes voisines étaient environnés de canons ; tantôt c'était un simple ouvrage en terre entouré de fossés, tantôt une ligne de retranchemens sur le bord des rivières, des camps fortifiés. Ce fut sur la colline de Bunker (*Bunker-Hill*), que se livra la sanglante bataille dont le nom lui est resté ; un obélisque en granit, large de 50 pieds à sa base et haut de 220 pieds, doit en perpétuer le souvenir. Les Anglais se maintinrent long-temps sur ce point important, et repoussèrent trois fois les assaillans ; mais Washington parut, et dans quelques jours les troupes de la Grande-Bretagne n'avaient laissé sur le champ de bataille que des morts et des prisonniers. Lafayette a posé en 1825 la première pierre de cet obélisque. Il est beau de voir l'ancien ami, le compagnon d'armes de Washington, consacrer sa victoire en ajoutant à ce monument le sceau d'une autre immortalité.

Il est d'usage aux Etats-Unis d'aller passer les grandes chaleurs de l'été dans une ville du nord : ainsi les Louisianais remontent le Mississipi, les colons de la Caroline se réfugient à Baltimore, les habitans de Baltimore à leur tour remontent vers New-York et Boston. Cette dernière ville surtout est le point principal vers lequel se dirigent ceux qui fuient les climats méridionaux ; on y trouve plus que partout ailleurs ces lieux de retraite, comme on les appelle en anglais, où se passe la morte saison. A Boston, l'été est sec ; les brises d'ouest, régulières pendant six mois, rafraîchissent la ville ; l'ombrage des environs, moins sévère que celui des provinces voisines, flatte les indolens colons du midi. A ces beaux jours succède brusquement le froid piquant du vent du nord ; les feuilles jaunies par la gelée tombent et jonchent le sol ; cette haleine des lacs d'en haut sèche devant elle les arbustes et non les forêts, car celles-ci sont vertes, éternellement vertes : aussi suffit-il d'un jour pour dépouiller ces premiers qui, sans traîner une lente agonie d'automne, voient tout ce que l'été a produit disparaître d'un seul coup. Mais pendant les belles soirées d'été, je ne sais ce qu'on peut comparer aux îles de Boston. Les quais, comme nous l'avons vu, sont réguliers, bien bâtis ; les wharves profonds et ornés de maisons régulières ; le quai de l'Inde, celui au milieu duquel se montre la Bourse et ses signaux pour les navires, sont sans contredit, avec ceux de Baltimore, ce qu'il y a de plus beau dans ce genre aux Etats-Unis. Au-dessus des quais, les rues montent vers la colline ; les unes serpentent avec grâce en imitant les *circus* de

Londres ; d'autres, avec leurs larges trottoirs, fourmillent de passans ; les banques, les clochers, les portiques se succèdent, et toutes ces pointes se groupent enfin autour de la coupole bronzée du Capitole. Quand on s'éloigne vers la mer, cette forme d'amphithéâtre, type de toutes les belles villes du monde depuis Constantinople jusqu'à la Nouvelle-Orléans, s'accentue par la perspective, et chaque édifice se dessine clairement sur la pureté du ciel. Au milieu des îles, on se sent glisser sur les flots de l'Océan par un mouvement si doux, que l'on serait tenté de se croire sur les eaux de l'Horican. Quelquefois paraît un grand navire dont les voiles élevées se gonflent de la brise violente que les rochers évitent aux petites embarcations ; le fier bâtiment vole à travers les rochers à fleur d'eau, traverse les passages les plus dangereux, fuit et diminue peu à peu, s'affaisse à la hauteur de la colline, puis des aiguilles et des clochers, et se confond enfin au milieu des autres voiles. Un soir j'étais assis sur le roc aride auprès duquel est la seule passe qui permette aux vaisseaux de haut bord d'entrer en rade, et si étroite qu'il suffirait d'y couler un brick pour fermer le port ; vers la haute mer s'élevait une voile bizarre, incohérens lambeaux de toile, étrange confusion au milieu de la symétrie qui distingue les navires américains. Plus je fixais les yeux sur ce point, moins je pouvais découvrir quel était ce nouvel habitant des eaux, offrant une large carène dépourvue de ces mâts élevés, de ces espars ouverts comme les bras d'un athlète. Ce ne fut que lorsqu'il fit tout nuit que la pesante embarcation reparut près de moi ; c'était un noble navire, d'une forme majestueuse, autour duquel se montraient une foule de têtes, dévorant des regards cette terre promise; je levai les yeux et je vis que les mâts, les agrès, tout avait disparu dans une tempête : quelques débris de voiles attachés à la hâte poussaient péniblement vers le port deux cents emigrans mourant de faim.

VII.

Le New-Jersey.

—

Maintenant revenons à New-York, point central d'où se dirigent toutes les excursions. Nous avons déjà vu que la largeur de l'Hudson sépare seule l'état qui porte le nom de cette ville importante, de la province du *New-Jersey*, resserrée entre le grand fleuve, la mer et la Delaware, et s'étendant entre les deux immenses états du New-York et de la Pensylvanie, comme un ruisseau entre deux plaines. Ainsi Hoboken, Paulus-Hook, la Quarantaine et les délicieuses vallées de Staten-Island, qui forment les principales promenades de la ville, appartiennent à une autre province ; et, tandis que l'état de New-York va se perdre en s'élargissant vers le nord-ouest jusqu'aux rives des lacs d'en-haut, le New-Jersey et le Connecticut, qui ne comptent encore aucune place bien importante, s'allongent vers la pointe méridionale de leur voisine, la resserrent à leur tour et tracent aux flancs de la colossale cité un cercle de riches plantations qui servent à l'alimenter.

Staten-Island est donc une île séparée de Long-Island par la baie, et du reste du continent par le bras qui se perd sur la droite dans la baie de Newark, et continue de suivre son cours à gauche jusqu'à l'Atlantique, à laquelle elle se joint par le *Perth-Amboy*. Ces détroits, plus larges que des fleuves, et cependant variés par l'agréable aspect des habitations ou plutôt des *villas* américaines, forment des baies profondes, baignent des plaines marécageuses ou prennent tout-à-coup la physionomie imposante de l'Océan, vers lequel ils se déroulent calmes et majestueux, couverts de barques de pêcheurs. Les huîtres abondent sur le fond pierreux de la baie de Newark ; les canots de pêche, au nombre de plus de cent, se fraient une route à travers les joncs des marais : de loin on prendrait cette flotille, tantôt allongée sur une file, tantôt arrondie en cercle, d'autrefois se séparant dans des directions divergentes, pour des oiseaux aquatiques faisant leurs évolutions sur les grands lacs. Les riantes vallées de Staten-Island où croissent les sycomores, puis plus haut les pins rouges et sur le sommet les genévriers, se développent majestueusement à la gauche, et les maisons aux galeries blanches se décèlent derrière les sombres touffes de verdure. Pendant l'automne, les brouillards du matin couvrent de leur teinte uniforme tous les objets environnans ; parfois, au milieu de la brume, on découvre faiblement les mâts, les voiles à peine gonflées des bâtimens qui gagnent la haute mer ou cherchent le port. Quand le soleil commence à percer du côté de l'orient les vapeurs errantes sur la mer, les vaisseaux de la Quarantaine sont les premiers points opaques que découvre l'œil étonné du voyageur ; au fond de la rade, derrière lui, la masse plus serrée des cordages lui annonce la ville dont les quais et les maisons peintes apparaissent lentement, d'abord voilés de leurs flocons transparens, puis étincelans des rayons du jour sous leur dôme suspendu à la pointe des édifices, et se balançant entre les sommets éloignés des Catskill. Bientôt, du milieu de cette mer universelle dans laquelle les brouillards avaient plongé l'horizon, se montrent à leur tour les plaines du Jersey ; et les canaux, qui serpentent au hazard du pied des montagnes, se distinguent encore par la trace de brume qui flotte à leur surface et répète leur cours dans les airs. Enfin, quand chaque chose a pris sa couleur, les côteaux de Staten-Island, plus paresseux à secouer le manteau de la nuit, sortent glorieux de dessous les nuages du matin ; les feuilles rafraîchies de la rosée brillent d'un éclat nouveau, tandis que les vitres des maisons, semblables à des miroirs ardens, réfléchissent les feux du jour sur les flots du détroit.

Les clochers de Newark se font voir à une grande distance au-dessus des plaines, à travers les saules de la *Passaïc*. C'est une ville commerçante, dans une position aussi pittoresque qu'avantageuse, arrosée par la rivière Passaïc, qui descend des montagnes et forme des chutes qui tiennent le premier rang parmi les nombreuses cataractes des Etats-Unis, après toutefois celles de la Niagara. Le cidre de Newark a la réputation d'être le meilleur de l'Amérique.

Les prairies se succèdent encore jusqu'aux rochers qui interrompent la verdure uniforme du paysage. J'aimais à voir la faux du faneur se promener au milieu de cette vaste étendue, et la récolte se grouper en dôme comme dans nos campagnes de France. Les teintes foncées des saules, des arbustes, de l'herbe elle-même, faisaient ressembler ce bassin entouré d'une ceinture de rocs, à ces petites plaines qui coupent de temps en temps les pics sourcilleux des bords du Rhin, et rachètent par leurs couleurs plus brillantes l'aridité des montagnes : l'attendrissement avec lequel deux jeunes enfans arrivant d'Allemagne, jetaient des regards humides de larmes autour d'eux, me fit songer à ce rapprochement.

New-Brunswick est le lieu où s'arrêtent les bateaux. Là, une quantité de voitures proportionnée au nombre des passagers, attend ceux qui continuent la route jusqu'à Philadelphie. Le capitaine du steamboat divise les voyageurs par six, et arbore à son mât autant de flammes qu'il a à bord d'escouades ainsi formées : aussi les voitures sont-elles toujours exactement prêtes ; les malles portent le numéro du propriétaire ; et, sans qu'on s'aperçoive du moindre embarras au milieu d'une telle complication de bagages, chacun est sûr de trouver sa place qui l'attend et ses effets chargés. Un autre avantage, c'est que, les Américains habitués à rouler sur la terre comme sur l'eau ne choisissant aucun siège de préférence, on est à l'abri des éternelles discussions sur les coins et les places de fond.

Mais en revanche il existe un grave inconvénient, c'est l'imprudence des *drivers* qui, non contens de galoper à travers les fondrières, se font un jeu de heurter les voitures en concurrence, et compromettent la sûreté des voyageurs. Lorsque nous arrivâmes au premier relai, le stage venait de verser, et un malheureux Américain, qui avait eu l'épaule fracassée, se fit soigner pendant deux mois aux frais de l'entreprise ; du moins il intenta un procès à cet effet. Deux routes différentes se rendent à Philadelphie, ou plutôt vont rejoindre la Delaware, et cette distance qu'il faut traverser par terre n'est qu'un portage : c'est ainsi qu'on appelle en Amérique l'intervalle qui sépare deux rivières, d'après l'ancien usage de porter les canots à force de bras d'un fleuve à l'autre, dans le temps où la seule manière de voyager était de suivre le courant en pirogue. Le premier chemin traverse *Trenton*, capitale du New-Jersey, l'autre aboutit à *Bordentown*, petite ville que la résidence de Joseph Bonaparte, comte de Survilliers, rend plus intéressante pour un voyageur européen.

L'habitation de l'ex-roi d'Espagne est une suite de bâtimens à l'italienne, entourés de bassins où se penchent les saules pleureurs, arbres privilégiés des bords de la Delaware, les catalpas et les plus délicieux arbustes que produise le sol fortuné des Etats-Unis. Une grille en fer laisse apercevoir le principal corps de logis, ses rideaux richement brodés, les lambris dorés des grandes salles, et sur les côtés les habitations plus modestes des subalternes. Le parc est immense et borné au sud par la Delaware. Au sommet d'un côteau ombragé de forêts s'élève un observatoire en forme de pagode; c'est la promenade favorite du comte. Un riche musée de tableaux, le plus bel ornement de cette demeure presque royale, a été brûlé il y a quelques années dans un incendie attribué à la malveillance. Les réclamations assourdissantes d'une foule de réfugiés, se disant tous colonels ou généraux, avaient épuisé les richesses du comte de Survilliers; forcé de mettre un terme à ses libéralités, il reçut des lettres anonymes où on le menaçait, s'il ne répondait à des demandes tant de fois réitérées : quelques jours après, le feu se manifesta à son musée, qui devint la proie des flammes. Les arts eurent à regretter la perte d'un grand nombre de précieux tableaux des meilleurs maîtres espagnols, que Joseph avait sauvés de son naufrage politique.

Au reste, la générosité bien connue de Joseph lui a mérité l'estime générale des habitans de Bordentown; on cite de lui plusieurs traits dignes d'une âme noble, qui sent tout le prix du repos, après avoir traversé les hautes régions de la vie humaine. On respire autour de cette délicieuse habitation un air pur et libre qui suffit pour rendre heureux même celui qui a siégé sur l'un des trônes de l'Europe. Les colons du New-Jersey paraissent aimer le comte de Survilliers, et souvent devant un roi déchu l'Américain se découvre par respect, oubliant son républicanisme austère.

La cloche du bateau annonce en même temps le départ et le dîner des voyageurs : on se range autour des tables, et les roues labourent la Delaware. Il y avait à bord plus de deux cents quakers, hommes et femmes, qui arrivaient d'un *camp meeting,* tenu en plein air dans le Connecticut, où plus de huit mille religionnaires s'étaient assemblés pour écouter des prédications : ceux-ci retournaient à Philadelphie, capitale de toutes les têtes rondes et de tous les puritains. Ils étaient assis sur le pont, silencieux, les mains jointes, faisant tourner machinalement leurs pouces, attitude caractéristique d'un quaker.

La rive gauche continue d'appartenir au New-Jersey, la droite devient la Pensylvanie. Jusqu'à Philadelphie se succèdent les villages les plus rians de toute l'Amérique, la plus riche culture qui puisse avoisiner une grande ville. *Bristol, Salem* et une foule d'autres villages, ombragés de saules pleureurs et de peupliers, bordent les deux côtés du fleuve; et les vergers cachent leurs *patates douces* si savoureuses sous les pommiers, dont les fruits monstrueux se balancent au vent comme les oranges des

Florides. Il ne reste plus la moindre trace de ces forêts qu'habitaient jadis les Delawares, les enfans du *Lenape* et les tribus indiennes auxquelles appartenaient les bois et les montagnes que *Penn* entreprit de cultiver. Tout a disparu de cet antique aspect sauvage : aujourd'hui ce sont les fermes opulentes de l'Angleterre sous le ciel bienfaisant du midi de la France.

VIII.

Philadelphie.

Une foule de barques glissaient silencieusement autour de nous, le soleil se couchait, et les eaux transparentes de la Delaware, légèrement soulevées par le reflux de l'Océan, se teignaient tour-à-tour des derniers rayons du jour et de l'azur des cieux. Il régnait sur les deux rives du fleuve un silence profond ; aux villages succédaient des forêts de saules, des prairies coupées de marécages, sur lesquels planait en passant quelque aigle noir regagnant les montagnes. Des colonnes de fumée montaient à l'horizon, dérobant çà et là les pointes des clochers ; à travers les arbres de l'île surgissaient les mâts des bâtimens et leurs voiles à demi tendues ; par intervalles on distinguait le bruit confus qui se dégage des grandes villes et monte dans l'espace comme les vapeurs du soir. Puis peu à peu l'obscurité voila de ses ombres les masses lointaines des maisons; et, quand nous débarquâmes au pied de *High-Street*, une file de réverbères formait un cordon de lumières à travers les ténèbres ; à droite et à gauche s'ouvraient d'autres allées non moins silencieuses ; seulement quelques groupes d'étrangers, respirant la fraîcheur sous les tentes qui abritent l'entrée des hôtels, animaient par hasard la ville des Frères.

Les classiques architectes de nos jours, qui ont pour idée fixe la ligne droite et les surfaces planes, qui sourient de pitié devant l'arche écrasée du Bas-Empire, le plein cintre roman, l'ogive du moyen âge et les dessins plus délicats de la renaissance ; qui taxent de mauvais goût les vitraux flamboyans comme le soleil qui se couche, les rosaces à larges rayons, roue magique et colossale sur laquelle roulent les voûtes hardies des cathédrales ; ces hommes froids dont la main glacée s'en va nivelant et détruisant, renverse de son piédestal l'antique statue dans son armure de pierre, polit soigneusement les ciselures fantastiques des flèches aériennes de nos clochers, gratte les colonnades surchargées de monstres bizarres, de merveilleuses et poétiques créations : ceux-là qui trouvent beau de mépriser ce à quoi ils ne peuvent atteindre, et rêvent des villes aussi vides, aussi plates que leur cerveau, qu'ils viennent admirer à travers les rues de Philadelphie l'effet de ces théories dont ils sont engoués! Encore n'auront-ils pas cette excuse que peuvent alléguer les Américains qui ont fait par simplicité, je dirais presque par idée de grandeur, ce que les vandales du 19.ᵉ siècle ont inventé en Europe, en désespoir de cause. Certes, il s'en faut que Philadelphie, malgré la monotonie de ses rues régulières éternellement droites, porte un caractère mesquin; chez elle c'est l'expression d'un esprit froid et calculateur, d'une manière de voir géométrique et compassée, de la fierté de ces républicains qui, forts de leur puissance commerciale, de l'accroissement rapide de leurs villes, s'inquiètent peu de leur donner une forme particulière, et taillent carrément sur un monde tout entier ouvert devant eux. Si l'on joint à cela que les États-Unis n'eurent point d'enfance comme les autres peuples, et naquirent tous formés, par conséquent ne se laissèrent point impressionner par cet âge de l'imagination, cette verve de jeunesse par laquelle passent les nations ainsi que les hommes ; on concevra facilement que leur marche ne peut être la même. Les extrêmes se rapprochent : un pays nouveau se trouve être au niveau d'un pays usé, mais avec cette différence, que l'un sera peut-être un jour ce que l'autre a cessé d'être pour la vie.

La Delaware baigne les quais de Philadelphie : ce ne sont à proprement parler que des wharves bâtis sur pilotis. L'autre rive du fleuve a conservé sa nature champêtre; les maisons n'ont pu franchir sa largeur et emprisonner ses eaux dans leurs murs ; point de pont qui enchaîne son cours : une île sépare les flots blanchâtres de la Delaware, et les touffes de saules qui ombragent les prairies s'ouvrent agréablement aux regards fatigués de celui qui descend High-Street. Cette rue, appelée aussi *Market Street*, est large de 100 pieds, et un marché long d'un quart de mille au moins en occupe le milieu : c'est sans contredit le plus bel édifice qui existe en ce genre aux États-Unis. Le toit et les piliers des magasins fuient à perte de vue entre les deux rangées de maisons élevées, et vont se perdre jusqu'à la douzième rue ; pendant le jour, on dirait une ruche, à entendre bourdonner les passans qui circulent à travers les boutiques ; la nuit, c'est un immense tombeau tendu dans toute la largeur de la ville. A l'extrémité du marché commence une série d'innombrables chariots descendus des montagnes de la Pensylvanie, avec les productions de l'intérieur. Les conducteurs établissent leur demeure passagère sous la toile du waggon, puis on les voit, aidés de quatre et six chevaux vigoureux que fouette un nègre en sifflant, s'enfoncer dans les routes escarpées, les précipices des *Alleghanys*, chargés d'émigrans que l'Angleterre et la Suisse vomissent par milliers. A un mille de la rivière finit cette seconde espèce de marché, mais la rue continue encore, les maisons deviennent de plus en plus rares, et enfin on arrive, à travers un tourbillon de poussière, au pont de bois jeté sur la *Schuylkill*.

Market-Street partage la ville par la moitié : les rues

transversales, à partir de la seconde (la première, *Water-Street* exceptée), prennent le nom de première, seconde, ainsi de suite, jusqu'à la vingtième environ ; les deux quartiers principaux se distinguent alors par nord et sud. Les rues parallèles à celle du marché reçoivent leur dénomination d'après les arbres qui y sont plantés ; les *alleys*, les *lanes*, d'après les arbustes (*shrubs*) qui les ombragent. Il suffit donc de tracer environ seize lignes droites de la Delaware à la Schuylkill, et de les couper par vingt autres lignes perpendiculaires pour avoir le plan de cette immense ville.

Les promenades manquent à Philadelphie ; *Washington-Square* est à bien dire la seule, et encore est-elle peu fréquentée : mais il est difficile de trouver un plus gracieux jardin, de plus riantes verdures que celles de ses sassafras, des brises plus parfumées que celles de ses lauriers et de ses tulipiers aux larges fleurs. Toutes les fois que j'allais rêver au square, je m'y trouvais seul, ou par hasard je rencontrais au pied d'un lilas un étranger comme moi ; car pour les Américains, ils ne se promènent pas.

A une lieue de la ville, sur la Schuylkill, on a établi des *water-works*, immenses machines hydrauliques destinées à porter aux fontaines les eaux plus douces de cette rivière. Resserrée par une digue de pierre qui la traverse en entier, elle retombe en nappe pesante sur les roues d'une pompe qui la refoule elle-même à la hauteur voulue. Les galeries autour de l'édifice sont pavées avec luxe; des jardins plantés de catalpas, des belvédères, des bassins forment une charmante promenade rafraîchie par la vapeur de la cascade; la machine est du travail le plus précieux, les escaliers en bronze permettent de circuler entre ses roues gigantesques qui mettent les cylindres en mouvement. Le voyageur fatigué s'assied au sommet du labyrinthe, à l'ombre de la pagode, embrassant d'un seul coup-d'œil la rivière et les accidens de ses bords, les water-works étincelans comme un palais; vers le sud les clochers de la ville, et parmi les champs, les défrichemens et les restes des forêts abattues, quelques *fences* ou barrières qui tracent déjà les rues projetées. En descendant du côté de la rivière, entre les deux courans d'eau, s'offrent le canal et les embarcations traînées par des chevaux; les chemins s'enfoncent dans les forêts d'érables, et les ponts, fermés comme une galerie souterraine percée de croisées, se succèdent autour des mines de charbon si abondantes en ce lieu.

Sur les bords de la Schuylkill sont des bosquets d'érables, des collines à perte de vue, seuls endroits où l'on puisse respirer pendant les mourantes chaleurs de la canicule. Les eaux de la Delaware, à peine agitées par le reflux de la mer, réfléchissent sans les absorber les rayons brûlans du soleil; les rues sont trop larges pour répandre l'ombre si courte de midi. C'est alors que la ville paraît déserte; les toiles qui s'étendent devant les magasins répandent une fraîcheur qui fait envie au passant exténué de fatigue; çà et là, sous l'ombre d'un peuplier encore debout, au coin d'une place, dort un nègre insouciant; autour des pompes s'assemblent les conducteurs de waggons, les enfans errans, les chiens sans maîtres. Que reste-t-il à faire au voyageur pendant ces heures difficiles? rien que dormir, s'étendre sur les canapés du *bar room* de son hôtel, lire les journaux, et de temps en temps boire un verre de *soda-water* ou de *ginger-beer*. Assez souvent de gros nuages noirs qui semblent peser sur l'atmosphère, éclatent en orages, et les éclairs sillonnent leurs flancs ténébreux avec une furie inconnue en France. Les maisons tremblent des éclats de la foudre, l'eau tombe en larges gouttes et disperse avec ses vapeurs la poussière suffocante des places publiques, jusqu'à ce que, bouillonnant le long des trottoirs, elle répande sa fraîcheur si ardemment désirée : alors on voit les habitans sortir de leurs maisons et remplir les rues, comme les insectes qui éclosent du sein de la terre pendant les nuits humides du printemps.

Je n'ai pas rencontré de villes aux Etats-Unis où l'on vive, dans les hôtels du moins, d'une manière plus confortable qu'à Philadelphie; à huit heures, le déjeûner, poissons, viandes, confitures, gâteaux et café, le tout amalgamé selon l'habitude américaine; à midi, le goûter (*luncheon*); à deux ou trois heures, le dîner substantiel, varié pendant l'été de melons d'eau, de melons *français*, et terminé par les pêches au lait; à sept heures, le thé, avec le bœuf fumé, le poisson sec, les tartines de beurre et les *sweet-meats*; enfin, à neuf heures, le souper, composé des débris du dîner : ce repas se prolonge tellement que, partant à minuit pour Pittsburg, je fus fort étonné de trouver la table encore servie, et un groupe nombreux d'amateurs faisant flamber le punch et le vin chaud.

Les monumens de Philadelphie sont entièrement dans le caractère de la ville et de ses habitans, la plupart quakers, et par conséquent ennemis de tout ce qui tient à ce qu'ils appellent la vanité humaine. Le State-House est un bâtiment de brique d'un aspect sévère, et qui ne mériterait aucune attention, si ce n'était que, dans le salon faisant face à la rue, fut signée la déclaration de l'Indépendance. On a rassemblé dans le même édifice le muséum de *Peale*, remarquable par sa riche collection d'animaux, mais la plupart conservés sans goût : un squelette de mammouth en est l'objet le plus curieux. Le *Masonic-Hall* est un temple gothique avec des niches, des clefs de voûte travaillées avec un soin dont il est rare de trouver de nos jours un plus heureux exemple. Les galeries de tableaux n'offrent pour ainsi dire rien qui mérite l'attention; les Etats-Unis n'ont point de véritables artistes, ou du moins ceux qui se distinguent de cette foule de peintres vulgaires, traversent l'Océan, et vont chercher en Europe les inspirations des grands-maîtres. *Benjamin West* est né à Philadelphie, où l'on voit encore son beau tableau du Christ guérissant les malades : ses autres ouvrages se trouvent répandus en Angleterre, et les plus précieux sont au musée des Antiques, à Londres.

Les institutions bienfaisantes, telles que les hôpitaux, les *asyles* pour les sourds-muets, les orphelins et les veuves, sont assez nombreux dans la ville charitable de Philadelphie. Les églises cependant paraissent moins abondantes que ne le comporte une population de 150,000 habitans, de tant de sectes. La raison en est sans doute que les quakers ont des temples peu apparens, qui échappent à l'observation des étrangers. Pour les théâtres, il n'y en a qu'un seul, occupé pendant quelques semaines par la troupe française de la Nouvelle-Orléans.

IX.

Les Quakers.

Qu'est-ce qui n'a pas remarqué, dans les villes importantes de l'Angleterre ou le moindre village des Etats-Unis, ces hommes calmes et silencieux, vêtus d'habits à la française, avec culotes et bas gris, sans boutons de métal sur toute leur personne, la tête couverte d'un feutre gris à larges bords ; les femmes, en robes étroites et mesquines couleur noisette, un chapeau même nuance, relevé comme une coquille et fermé en entonnoir, des manches aussi serrées et des tailles aussi hautes que du temps de l'Empire ? Quand une fois on a vu un de ces singuliers personnages circuler avec ses manières et sa physionomie d'une autre époque, au milieu d'une population active et nouvelle, il est impossible de ne pas reconnaître un quaker du plus loin qu'on l'aperçoive, sans pour cela être capable d'expliquer au premier coup-d'œil ce qui le distingue des autres hommes. Pourquoi l'Indien, dans sa démarche fière et soutenue, se décèle-t-il aussi même sous des habits européens? C'est qu'il y a encore au fond du cœur de l'homme quelque reste de cet instinct primitif qui n'est pas encore éteint chez l'Européen civilisé, surtout chez celui qui se laisse impressionner facilement, et qui est accordé au plus haut degré aux races plus rapprochées de l'état de nature. Demandez-le plutôt aux Sauvages, qui, fixant leurs yeux sur mon front noirci et mon costume créole, se disaient en hochant la tête : celui-là c'est une peau blanche de l'autre côté du grand lac.

Si chacun porte dans son allure le caractère particulier que lui imprime le climat du pays qui l'a vu naître, les traits du visage chez chaque individu ne sont-ils pas modifiés aussi par les impressions de l'âme? Ces sensations intimes dérivent elles-mêmes d'une idée fixe et dominante vivant au fond de cette âme : sa religion. Le catholique (et il est rare d'en trouver un type parfait), dans la sérénité de ses regards, le calme de sa physionomie, décèle la foi profonde dans des principes doubles, pour ainsi dire, qui règlent l'extérieur, les actions de sa vie entière, les relations sociales et individuelles, d'après des croyances révélées qu'il éprouve et suit en lui-même avant de les refléter au-dehors ; le luthérien, le calviniste est grave, il réfléchit, pèse, combat, et ne semble jamais arrêté dans ses idées : et, en effet, quand trouvera-t-il une fin à ses éternelles contestations, libre qu'il est d'interpréter sa loi à sa manière ? Le méthodiste, prêcheur et avide de prosélytes, est grand parleur, inquiet, et discourt à tout propos ; le Juif porte, au dire même des plus tolérans religionnaires, une marque de réprobation qui le poursuit depuis les tentes du désert et les villes d'Allemagne, jusqu'aux provinces des Etats-Unis ; l'Indien superstitieux semble écouter les voix d'en-haut, tressaille au moindre bruit, cherche à lire dans le globe de la lune, et se laisse abattre par un songe ; le quaker enfin, à qui il ne manque que la révélation pour être catholique, est sentencieux, puisqu'il agit d'après des formules ; triste, puisque le monde au milieu duquel il est errant lui paraît insouciant et corrompu.

Au point où en sont les choses aujourd'hui, il faut avouer qu'un costume étrange est souvent défavorable aux yeux de bien des gens : il est impossible de ne pas rire au premier moment, quand on rencontre un silencieux quaker avec sa silencieuse compagne. Cette uniformité de costume, en outre, trompe et déroute celui qui cherche à découvrir si son compagnon de voyage est un savant tout occupé de ses méditations, ou un laboureur tranquille et calme parce qu'il ne pense à rien. Mais sous le rapport social, disséminés dans les grandes villes, leur influence peut être salutaire en ce qu'ils guérissent çà et là quelques-uns de ces innombrables maux qui rongent les sociétés nombreuses ; et au milieu de l'ambition générale, du tourbillon des intrigues, leur imperturbable sérénité repose l'œil : c'est une île déserte vers laquelle rien n'attire, mais qui du moins est solide au sein de la liquide plaine de l'Océan. Leurs institutions sont essentiellement philantropiques ; ils ont recommencé en Amérique la tâche si noble des premiers chrétiens, l'abolition de l'esclavage. La plupart riches, parce qu'ils ne dépensent rien, ils rachètent souvent des nègres dans les provinces méridionales, et les ramènent serviteurs libres au sein des états où cet atroce usage est aboli. Une association s'était formée pour renvoyer sur la côte d'Afrique, libres et assez instruits pour sentir les bienfaits de la liberté, ceux des noirs qui étaient parvenus à force de travaux à se racheter eux-mêmes des mains de leurs maîtres. Répandre le sang est un crime aux yeux des quakers ; aucun d'eux ne sert dans la milice, et en temps de guerre ils paient une somme au gouvernement. L'égalité, mais cette égalité véritable qui nivelle tous les hommes et leur interdit le luxe, règne au plus haut degré chez ces religionnaires républicains ; ils ne connaissent d'autre manière d'apostropher un homme que par le mot « toi » : ami ou ennemi, riche ou pauvre, étranger ou concitoyen, tout le monde y passe. Souvent on a vu d'élégans voyageurs regarder avec un air de mépris et d'orgueil choqué celui qui l'interpellait si familièrement ; je ne vois pas cependant ce qui peut blesser de la part d'un homme qui donne le nom de frère même au nègre rejeté de la société, et, jusque sur les rives du Mississipi, foule aux pieds le plus enraciné de tous les préjugés.

Il y a donc dans la conduite des quakers quelque chose de fier et d'indépendant, qui marche à travers les siècles sans se laisser modifier par eux ; ils se rapprochent en plusieurs points des Chinois, et comme eux ils restent stationnaires, impénétrables à ce qui les environne ; conservant, au milieu du torrent qui roule ses cailloux et les arrondit, leurs usages, leurs mœurs, jusqu'à leurs vêtemens, si exactement remplacés par d'autres semblables, qu'il semble qu'un quaker porte toute sa vie le même frac, les mêmes souliers à boucles. Mais quand ils se trouvent rassemblés dans une ville, comme à Philadelphie, et que leur influence pèse sur toute une province, alors il en résulte aux yeux des étrangers cette uniformité, cette monotonie générale, qui ferait prendre l'imposante capitale de la Pensylvanie pour une communauté. Cette intolérance du protestantisme, qui suspend les théâtres, arrête les postes, ferme les magasins, se scandalise d'une réunion musicale, paralyse jusqu'à la pensée les jours de fête, et, comme disent les garçons de café à Londres, défend à la bière de mousser le dimanche ; cette intolérance est le grand défaut des quakers. D'ailleurs, pour les spectacles, ils n'en admettent aucun ; les réjouissances publiques, ils n'y prennent aucune part : tout ce qui tend à flatter la vanité d'une personne, à l'honorer, à lui prouver même sa reconnaissance, tout cela est un crime à leurs yeux.

On les dirait aussi inaccessibles à la douleur qu'au plaisir. J'ai vu dans les rues de Philadelphie passer le cortége d'un quaker défunt : les proches suivaient le cercueil, tristes, abattus, soucieux, mais sans verser une larme ; aucun chant funèbre n'accompagnait le corps; les amis suivaient en grand nombre, rangés sur les trottoirs à perte de vue, calmes et silencieux. Il régnait un recueillement si profond, que, sans le bruit de ces pas pesans frottant le pavé comme les premiers grains d'un orage, on n'eût pas détourné la tête : les femmes étaient à gauche, vêtues de blanc, les hommes à droite. Quand ils revinrent du cimetière, la nuit étendait ses voiles sombres sur les rues spacieuses; ils passèrent dans le même ordre : ils semblaient des fantômes promenant leur linceul, tandis que, à leurs chapeaux larges et aplatis, on eût dit une suite de ces évêques du moyen âge rangés dans les anciennes cathédrales entre les colonnades du chœur.

Suivant eux, il est impossible et même coupable d'essayer de rendre une image de la Divinité. Ils n'ont pas à proprement parler de prêtres fixes : celui qui se sent inspiré se lève, monte en chaire, et prêche. J'ai passé le dimanche à minuit dans des villages de Pensylvanie, dont les temples étaient encore éclairés : les habitans blâment hautement ces assemblées nocturnes, et prétendent qu'il s'y passe des choses que les quakers ont le bon esprit de voiler des ténèbres de la nuit. Je ne sais si cette assertion est juste, mais il est vrai que ces êtres singuliers ne jouissent pas généralement dans la société, avec laquelle ils tranchent si fortement, d'une réputation de vertu et de probité. On leur reproche aussi d'être riches, sans utilité (cela vient du peu de dépenses auquel ils sont exposés), d'amasser des trésors qui s'enfouissent et deviennent perdus pour le bien général ; ensuite, ils se refusent à aider leurs compatriotes dans les grandes solennités. Voici ce qui arriva dans une occasion extraordinaire.

Lorsque Lafayette, appelé à grands cris par les Américains, auxquels on reprochait en Europe de laisser dans l'oubli leur héros, se détermina enfin à revoir les Etats-Unis, ce fut pour lui une suite de triomphes tels que jamais potentats de l'Orient, ni conquérans de tous les siècles n'en virent dans l'éclat de leur puissance ; car il leur manquait ce qui en fit le plus bel ornement : cette reconnaissance intime, cette joie, cette allégresse spontanée qui n'avait point été commandée dans la proclamation de l'ordre du jour. A New-York, le vieillard marcha sur des tapis de fleurs, depuis le State-House, où s'était tenue la première assemblée du congrès, jusqu'au Castle-Garden ; là, un bal de 4,000 personnes l'attendait ; et tout ce que l'Hudson, la Delaware et l'Océan portaient de steamboats, forma une flotte grondante, semblable à des lions qui se fussent disputé l'honneur de traîner le char d'un souverain. L'orgueilleuse Boston étala sa milice guerrière, qui se vante de tenir le premier rang parmi les milices des vingt-six provinces, et fit tonner du Capitole cette artillerie, aujourd'hui inoffensive, qui balaya les Anglais du sommet de la colline. Quand ce fut le tour de Philadelphie, la partie de la ville, qui ne se croyait pas, comme les quakers, répréhensible aux yeux de Dieu en glorifiant un être créé qui marchait pour eux immédiatement après Washington, rivalisa de zèle pour recevoir dignement le vainqueur de *Brandwine*. La voiture de Lafayette devait être attelée de quatre chevaux couleur café, du plus grand prix ; deux appartenaient à un magistrat, mais les autres, soigneusement enfermés dans les écuries d'un riche quaker, étaient là dans une citadelle imprenable. Il fut impossible, malgré toutes les supplications, de l'amener à ce qu'il prêtât volontairement ses chevaux pour traîner en triomphe un homme, un mortel ! pendant bien des jours on sollicita vainement. Les autres quakers applaudissaient à la fermeté de leur co-religionnaire. Enfin, un soir le propriétaire des deux coursiers si enviés, sortit furtivement et se présenta chez le maire. Frère, lui dit-il, viens à minuit, mon écurie ne sera pas fermée à clef. Il fallut un semblable compromis avec sa conscience, pour que le quaker consentît à participer indirectement au triomphe.

X.

Le Delaware.

———

Quand on a séjourné quelque temps dans une ville souvent peu remarquable, mais qui présente un souvenir, un regret vague et indéterminé, une mélancolie suave et douce comme il s'en trouve dans le cœur de l'homme à l'aurore de la vie, on éprouve une profonde tristesse à voir fuir ces toits hospitaliers sous lesquels on a passé, voyageur obscur : au contraire, si c'est une cité vaste et populeuse au milieu de laquelle on a partagé avec mille et mille compagnons inconnus le nom d'étranger, si c'est surtout une ville de convention, vers laquelle chacun se dirige sans savoir pourquoi, et qu'on admire sans sympathie, l'indifférence remplace un instant les pensées plus intimes; on se laisse aller vers de nouvelles régions, flottant entre le passé et l'avenir. Ce fut donc avec une immense avidité de voir en avant que je quittai Philadelphie; Baltimore me souriait en idée. La Delaware, calme comme la ville où tout reposait encore, était plongée dans les vapeurs diaphanes du matin; les marsouins animaient seuls les tourbillons du courant autour de la quille des navires; en descendant le fleuve, je voyais les rues se succéder uniformément et les quais se réfléchir sur les flots; à l'extrémité de la ville parut enfin le chantier sous lequel se construit un vaisseau de 140 canons, le plus grand qui ait encore arboré les couleurs américaines; puis la campagne recommence, tandis qu'à l'horizon fuient pêle-mêle les clochers des temples, les toits des édifices publics, les tours des manufactures, des machines à vapeur, les cimes des peupliers et les cheminées des maisons.

Les rives de la Delaware sont basses et généralement bien cultivées; çà et là des marais s'étendent à travers les chênes et les saules; les aigles volent par troupes sur les joncs, d'où s'envolent les grues voyageuses, les hérons empourprés, les martins-pêcheurs au bec rose, au plumage diapré. Les voiles semées en avant sont comme des jalons qui indiquent le cours du fleuve serpentant au hasard. Quand nous passions avec la rapidité de l'éclair auprès des bâtimens qui montaient péniblement vers le port, j'aimais à voir le visage des passagers dévorer des regards les arbres du rivage, les fruits des vergers si doux après une longue traversée. Rien ne met plus de pensées dans l'ame que cette marche lente, mais exempte de dangers, d'un navire qui a passé l'Océan et semble s'arrêter avec plaisir pour contempler les rives d'où furent arrachés les arbres qui le formèrent. Alors toute tempête est finie, plus de vagues, d'ouragans, de trombe subite; la terre est là, on espère :.... mais quand la réalité est-elle aussi douce que l'espérance?

L'état de New-Jersey continue d'occuper la rive gauche, regardant vers le sud Philadelphie, au nord New-York; car il n'y a qu'un fleuve entre lui et chacune de ces deux grandes cités. A droite commence le Delaware, la plus petite province de l'Union après Rhode-Island. Il n'embrasse que trois comtés : *New-Castle, Dover, Wilmington;* et avant d'arriver jusqu'à l'Océan, *Maryland* et la *Virginie* le coupent encore dans leur largeur, et restreignent ses limites déjà si échancrées par les deux plus grandes baies des Etats-Unis, la Delaware et la Chesapeake. Nous débarquâmes à New-Castle, charmant village d'où l'on peut apercevoir le fleuve élargi, se confondant pendant vingt lieues avec l'Atlantique; mais conservant la dénomination de *Delaware-Bay*. L'intérieur de cet état paraît aussi bien cultivé que le Jersey; des fences croisées avec goût séparent les champs, les patates douces entourent les habitations, le terrain semble aussi léger que le sable limoneux du Mississipi. Les forêts, dont il reste quelques vestiges, commencent à se couronner des lianes méridionales, si gracieusement suspendues en dômes de fleurs sous les bosquets du Maryland. Dover est la capitale : c'est là que se tiennent les assemblées du sénat, dont une ordonnance a récemment aboli la milice dans les trois comtés. *Frenchtown*, autre village où reprennent les bateaux jusqu'à Baltimore, est situé à l'embouchure de la *Susquehanna*. Je n'ai rien vu de plus original que le lieu d'embarquement : d'abord il faut attendre, pour partir, que la marée, refoulée depuis le cap Henri (car l'Océan est à 80 lieues de là), permette de passer sur les vases. Les oiseaux de proie, aigles, vautours, faucons, viennent hardiment se reposer sur les toits des maisons et les clôtures des champs ; vers la droite, aussi loin que la vue peut s'étendre, la Susquehanna resserrée, à mesure qu'elle s'éloigne, par des collines élevées, finit par se perdre entre les sommets bleus des *Apalaches;* à gauche s'ouvre sa rade immense, avec des îles de verdure, de longues grèves découpées de mille autres rades plus petites, mais qui sur l'échelle moins vaste de nos fleuves seraient encore dignes de remarque. Le *Salpetre-Creec*, les *Middle* et *Black-rivers* s'enfoncent au milieu des forêts : on voit un sloop sortir de ces abris ombragés comme les corsaires des rochers de Saint-Domingue, et voler sur les eaux de la Chesapeake. A peine aperçoit-on les rivages, c'est une mer, et le coup-d'œil imposant de cette admirable baie sous un si beau climat ne dément point le nom gracieux et la célébrité de Baltimore. J'attendais donc avec impatience le moment où je découvrirais la ville désirée, dont les maisons sont tapissées de jasmins ; les bâtimens lointains détournaient à la pointe la plus avancée et se perdaient dans les eaux de la *Patapsco ;* nous les voyions depuis long-temps, quoiqu'une très grande distance nous en éloignât encore. Marchant à grands pas sur le pont, j'entendis des cris partir d'une chaloupe qui passait près de nous ; un noir se débattait sous les coups d'un homme blanc ; je crus un instant que l'Africain allait d'un seul coup anéantir son adversaire, mais non : le bourreau était le maître, la victime, un esclave ! Ce fut le premier désenchantement que j'éprouvai en abordant une terre où règne encore l'esclavage. La tristeste me reprit, les nègres qui travaillaient à mes côtés me faisaient compassion et horreur ; je voyais en eux des êtres que l'on avait achetés, vendus ; des être dégradés, et par-dessus tout malheureux, frappés d'anathême, vraie race de Caïn !

XI.

Baltimore.

———

J'AIME arriver dans une ville nouvelle, le soir, lorsque les ténèbres voilent déjà les détails de ses formes et piquent ma curiosité en laissant se dessiner au hasard de grandes masses sombres, au milieu desquelles l'œil plonge curieux et désappointé. Alors, je suis nonchalamment le portefaix chargé de mes bagages jusqu'à l'hôtel, jetant çà et là un regard avide, comme celui qui se voit forcé d'ajourner au lendemain une jouissance long-temps désirée; puis je fais quelques pas dans ma chambre, je mets la tête à ma fenêtre jusqu'à ce que, fatigué et pleinement convaincu qu'il n'y a rien à voir ni à entendre, je m'étende dans mon lit en attendant le point du jour. Ordinairement éveillé de bonne heure et joyeux, je descends avec précipitation les escaliers encore solitaires, pour respirer l'air frais de l'aurore et faire une reconnaissance des lieux. Il y a encore une grande satisfaction pour celui qui a passé de longues nuits sur une impériale de diligence, à entrevoir, dès le point du jour, le terme de sa course : il oublie la rosée glaciale de la nuit, la poussière de la veille, les cahots, la raideur de ses membres disloqués ; et, arrachant son bonnet de nuit, il restaure un peu sa toilette fanée pour faire son entrée triomphale. Je n'oublierai jamais la profonde impression que me fit, par une première matinée de mai, l'aspect fantastique des clochers de Westminster et de Saint-Paul de Londres, vus des collines qui dominent Greenwich, laissant poindre une flèche délicate, un dôme brillant, au milieu d'un océan de vapeurs blanches comme la neige, et tendues en réseau diaphane depuis les mélèzes verdoyans de la vallée jusqu'aux rives de la Tamise.

On ne voyait donc encore, lorsque je traversai les larges rues de Baltimore qui entourent la haute ville, que quelques esclaves se rendant à leurs travaux, les chariots qui portent le lait du matin et les glaces des Apalaches ; du côté de *Pratt-Street*, autour du marché et des quais, commençaient à s'ouvrir quelques boutiques; les melons d'eau, les pastèques, les pêches soigneusement renfermées dans des paniers couverts de fleurs de jasmin, répandaient leur parfum sur les places publiques où se réunissaient les vendeurs; les équipages des navires lavaient les ponts luisans, frottaient les sabords, essuyaient la rosée sur les doublures de cuivre; la mer était calme, les bateaux à vapeur dormaient dans le silence du port, et les pavillons de l'observatoire signalaient les voiles lointaines de quelque navire qui remontait lentement la Chesapeake. Ce simple coup-d'œil sur la ville entière me ravit ; les premiers rayons du soleil faisaient pressentir une journée brûlante, et les hirondelles s'élevaient à la hauteur des nuages, dépassées à leur tour dans leur vol par les aigles dont l'aile démesurée n'était plus qu'un point noir à peine perceptible. Les rues étaient propres, les maisons d'un blanc uniforme, qui sied bien aux villes du midi ; les larges trottoirs ombragés de toiles tendues devant les magasins, offraient un abri aux promeneurs ; puis peu à peu tout cela vint à s'animer ; les marchés furent remplis d'une foule active de toutes les couleurs : cultivateurs bronzés de l'intérieur du Maryland, pâles juifs allemands de Hambourg et de Brême, créoles des Antilles au front jaune, aux cheveux d'ébène, vermeils Américains des provinces du nord, noirs esclaves, hommes de couleur libres, depuis le congo dégénéré jusqu'au griffe et au quarteron ; c'était une variété de visages au milieu de laquelle l'œil s'égarait, saisissant à la hâte une nuance qui lui échappait, aussitôt remplacée par une autre.

Baltimore est par sa position géographique une ville de transition entre le nord et le midi. Cependant ce dernier caractère semble y dominer, surtout pendant la saison des chaleurs, où elle sert de refuge aux négocians étrangers que la fièvre jaune chasse des états méridionaux. Les maisons sont aussi moins hautes, moins vastes, car dans un climat brûlant, on sent le besoin de vivre à sa façon, non pas dans un second ou troisième étage, pour être encore plus rapproché du soleil : mais il faut alors une cour, un jardin, de l'ombrage enfin, et c'est ce qui fait le charme des habitations de la Caroline et de la Louisiane, dans lesquelles on passe agréablement sa vie entière, loin des villes et de leur luxe tumultueux, souvent même entouré de forêts, de nègres et d'Indiens. Les quais commencent du côté du sud, au pied de Pratt-Street, rue immense dans toutes ses proportions, et continuent jusqu'au faubourg du nord, séparé par un ruisseau marécageux qui dépare la beauté des quartiers voisins. Ces wharves sont remplis d'une innombrable quantité de petits navires destinés au cabotage, et renommés par toute l'Amérique pour leur élégance, la pureté de leurs formes et leur rapidité. Souvent les goëlettes de Baltimore sont vendues aux îles neutres, où on les transforme en corsaires. Les Hollandais de Curaçao, les Suédois de Saint-Barthélemy, les forbans de l'île de Cuba, les Mexicains, trop indolens pour construire, tous viennent s'approvisionner à Baltimore. Le bâtiment part pour une destination vraie ou supposée, et semblable à un esclave arraché à sa terre natale, il la quitte pour jamais, passant de main en main, disputé, pris et repris jusqu'à ce qu'il périsse dans un naufrage, ou porte sur ses vergues sanglantes les commandans pendus que le vent balance comme des bonnettes mal orientées. Le commerce du Maryland s'étend en outre aux Grandes-Indes, à la mer du Sud, à tous les ports de l'Amérique septentrionale, à la côte d'Afrique, où l'on ne sait trop ce qu'ils vont faire; enfin, ils partagent avec les autres villes des États-Unis les voyages d'Europe et même de l'Asie, échangeant leurs cargaisons de blé et de tabac contre les toiles de Riga et les riches tissus de Smyrne et d'Alexandrie.

Le luxe de Baltimore est bien entendu. C'est une manière anglaise modifiée selon les lieux, moins froide que les villes du nord, moins vaniteuse que les riches habitations des bords du Mississipi; un goût parfait préside aux plus petits détails, et le Français éprouve une certaine jalousie à se voir ainsi surpassé par des hommes qu'il serait tenté de croire presque barbares ou tout au moins vivant parmi des barbares. Les maisons de propriétaires sont assez ordinairement élevées de plusieurs marches en larges dalles; quelquefois elles se trouvent placées au centre d'un petit jardin, et le jasmin prenant ici la place qu'usurpe le lierre sur nos ruines européennes, enlace les contours des fenêtres, entoure les cheminées, semant sur de belles feuilles découpées les calices de ses fleurs. La partie basse de la ville est toute commerçante, toute marchande; les tavernes occupent les environs du port, et regorgent de nègres ivres, se boxant avec des rires et des cris infernaux. Le marché va aboutir au quai principal où se tiennent les plus grands navires; les vendeurs sont sur deux rangs, et les waggons forment de chaque côté une seconde allée ; les cultivateurs font avancer la toile des chariots au-dessus d'un banc importé, le brancard tourné en sens opposé sert à enfermer les chevaux entre la voiture et le trottoir : ainsi s'établit un second marché dont les blanches tentures se détachent sur le fond azuré de la mer, et les piles de melons s'élèvent de chaque côté comme les boulets et les obus dans un parc d'artillerie. Au haut du Centre-Market est une fontaine assez élégante bâtie en marbre.

Les hôtels si soignés des autres villes des Etats-Unis n'ont rien qui puisse être comparé au magnifique *Barnum-Hostel* de Baltimore : on n'a jamais construit sur une plus grande échelle aucun de ces édifices destinés à recevoir en passant les voyageurs de tous les pays, cette classe d'hommes errant à travers le monde et difficiles à l'excès dans leurs habitudes exigeantes, comme s'ils n'étaient pas accoutumés aux privations qu'ils rencontrent à chaque pas. Tout ce qui peut être nécessaire à la vie, agréables passe-temps, utilités indispensables dans les voyages, se trouve rassemblé et classé avec goût dans ce vaste parallélogramme orné d'un triple rang de spacieuses galeries à l'intérieur, et desservi par des corridors sonores où retentissent la cloche du dîner et les pas pesans des nouveaux venus encore fatigués de la route. Les salles à manger donnent sur les galeries ; des tables de deux cents couverts sont servies avec luxe : le café du matin, le thé du soir, le punch de minuit, sont présentés dans des coupes d'argent ; et les brises, tempérées par la fraîcheur de l'eau répandue dans la cour, viennent agiter les rideaux gracieusement relevés sur les balcons. Les chambres de bains, les bureaux pour les steamboats et les diligences, les magasins de parfumerie et de *fancy goods* occupent le fond de l'hôtel, et une vaste salle (*reading room*), où sont réunis environ soixante des plus intéressans journaux de l'Union, offre un délassement pendant les grandes chaleurs du jour; le soir, chacun se répand dans les galeries, erre dans les corridors, se rassemble dans les *parlours*, fume dans le *bar-room*, ou se promène dans le square sur lequel donne la principale entrée de l'hôtel.

Au milieu de cette place on a élevé un monument aux braves défenseurs de la patrie, tués dans la glorieuse journée où les Anglais, déjà bloqués dans la baie de Chesapeake par la flotte française, furent repoussés en revenant de cette expédition contre Washington, dans laquelle se manifesta si bien leur rage impuissante. C'est une colonne placée sur un piédestal; aux quatre coins sont des aigles fièrement appuyés sur leurs serres de marbre, comme les sphinx et les griffons mystérieux des Egyptiens; la colonne est cannelée, mais circulairement ornée d'une double banderole qui se croise et qui porte inscrits les noms des citoyens morts. Sur le sommet est une Liberté debout, les ailes éployées, le visage tourné vers l'Océan, d'où vinrent les ennemis, et vers lequel elle les refoule du regard: dans ses mains elle tient une couronne civique, récompense digne de ceux dont les noms brillent sur le monument immortel.

Aujourd'hui les nouvelles constructions se retirent sur le sommet de la colline qui couronne la ville, d'abord parce que la vue pittoresque de l'embouchure de la Patapsco et de toute la rade rend cette position délicieuse, ensuite par cette habitude raisonnée d'établir des points éloignés vers lesquels se dirigent peu à peu les habitans : ainsi se grossissent, s'allongent, se modèlent les grandes cités. Quand on construisit le *City-Hall* de New-York, bien en-dehors de ce qui formait alors la limite de Broadway, chacun se récria ; c'était, disait-on, un monument qui devait former le centre de la ville : et aujourd'hui le colosse a tellement grandi, que l'édifice ne va pas même au tiers de sa longueur. Boston a franchi de toutes parts la ceinture de marais qui l'entoure ; elle déborde par ses six ponts sur le continent, comble les terres marécageuses et fait sortir des villages du sein des eaux ; Philadelphie, comme un ressort tendu, est prêt à rejoindre la Schuylkill, et va dans quelques années s'appuyer sur deux fleuves. Baltimore assiége donc aussi sa colline, et l'orne de nouvelles constructions fraîches et brillantes, de temples, de clochers et de fontaines. On serait tenté de ne pas ajouter foi au miraculeux accroissement de cette ville. En 1829, on célébra son centième anniversaire ; or, il y a cent ans, ce n'était qu'un village de deux cents habitans, son port renfermait un brick de **200** tonneaux : aujourd'hui c'est une population de **95,000** âmes, et son tonnage s'est augmenté dans la même proportion. Mais une vérité difficile à faire comprendre aux Américains trop enflés d'une si brillante prospérité, c'est que ce vent favorable commence à ne plus souffler avec la même force, et qu'il surviendra un calme après tant de faveurs de la part de la capricieuse fortune.

Revenons donc sur cette hauteur d'où l'habitant de Baltimore contemple avec complaisance ses navires, son port, son commerce.

Au milieu d'une touffe de chênes et de sycomores, dans un lieu où viennent aboutir de toutes parts les *Avenues,* vastes chemins qui conduisent aux habitations de l'intérieur, la colonne de Washington se détache comme un blanc obélisque sur le feuillage d'alentour : elle a 163 pieds d'élévation, et repose sur un entablement carré, aussi terminé par une coupole et un pourtour assez semblables à la colonne de la place Vendôme. Au sommet flotte un pavillon américain qui doit être remplacé plus tard par une statue du héros ; Bonaparte debout sur les canons pris à l'ennemi, dominait Paris, et comme l'aigle qui contemple le soleil, son regard voyait briller la rotonde dorée des Invalides : Washington sur sa colonne de pierre, plus durable que le bronze, verra surgir du milieu des forêts stériles, de florissans villages, de vertes moissons, de nouveaux et innombrables citoyens des républiques unies dont il a fondé la liberté !

A gauche de ce monument est la cathédrale catholique, métropole de toutes les églises, de tous les évêchés de l'Amérique du nord : c'est là qu'officie solennellement l'archevêque de Baltimore. L'édifice est d'une construction lourde, comme les côtés du Panthéon, quoique l'intérieur assez bien décoré ait un aspect imposant, par son étendue, sa richesse et les larges dalles de marbre qui le parent et forment çà et là des mosaïques brillantes. Les autres temples de Baltimore sont fort peu remarquables.

La rade, déjà bien défendue par la Chesapeake, resserrée ensuite par la Patapsco, est encore protégée au pied de la ville par une presqu'île avancée, à l'extrémité de laquelle sont les *signal's poles* (bâtons de signaux). De cette pointe, que vient baigner en murmurant le cours de la rivière, on distingue une suite de caps derrière lesquels coulent d'autres fleuves moins importans ; *Curtis*, *Deep* et *Rock-Creeks* découpent au hasard cette terre ombragée d'arbres au vert feuillage jusqu'à *Rock-Point*, où passe à son tour la Chesapeake qui traverse l'horizon pour se rendre vers l'Océan, jette sa ligne lointaine d'un azur foncé, et balance les navires aux blanches ailes modifiés par l'effet du mirage. A gauche, à travers les mâts des bâtimens à l'ancre, on peut découvrir *Gosuck-Point*, son rivage aux ombrages touffus, les prairies qu'arrosent en passant les vagues de la Patapsco ; et plus loin, derrière une anse bizarrement divisée comme les bois d'un chevreuil, l'autre cap, vis-à-vis Rock-Point, sentinelle immobile, semble garder l'entrée du fleuve, et répète comme un mot d'ordre le roulement du canon d'arrivage.

C'était au pied de ces signal's poles que je dirigeais mes promenades favorites, le soir, quand le soleil voyait son disque échancré par les flots, et que dépouillé de son auréole éclatante, il plongeait, globe de feu étincelant et agrandi, dans cette vaste baie. Alors tous les bruits de la terre arrivaient plus distinctement à mon oreille, les sons lointains que laisse échapper la puissante mer volaient plus doux sur la brise rafraîchie. Le grand navire que j'avais vu lâcher sa derrière amarre, lever son ancre et laisser tomber une à une ses larges voiles, disparaissait dans la brume du soir ; le fanal de nuit se reflétait déjà sur le pont et dépassait les pointes. Le canon grondait long-temps après que la lumière avait brillé ; la première nuit d'Océan était commencée pour eux, ces premières ténèbres sur l'Océan qui semblent au milieu du silence des eaux le sommeil de tout un monde. Puis un léger cutter se glissait svelte et inaperçu le long du rivage : les pêcheurs ramaient à travers la rade, s'enfonçaient dans les ruisseaux qui s'y jettent, et à la clarté d'une branche de sapin, dont les gouttes, comme de grosses larmes, s'éteignaient dans les eaux, je les voyais retirer leurs filets tous chargés. Les pavillons de reconnaissance, signes mystérieux, voix aériennes qui parlent et se répondent au-dessus des flots malgré la tempête et le bruit des vents, les flammes aux mille couleurs se succédaient au-dessus de ma tête, dans la silencieuse solitude du soir ; un ami savait déjà que le point blanc imperceptible à l'horizon était le navire tant désiré qui ramenait son ami, et moi en revenant grave et pensif à travers les grandes rues de la ville, je me tournais souvent vers l'orient, impatient que j'étais de savoir si ces signaux n'avaient point dit quelque chose qui vînt de ma patrie; si ce vent qui agitait ma chevelure, qui rafraîchissait mes joues brûlantes, ne faisait point flotter dans l'air avec les plis des pavillons quelques phrases qui m'étaient destinées!

XII.

District de Colombie.

Douze lieues d'un admirable paysage séparent Baltimore de *Washington-City*. En sortant du faubourg on roule sur un chemin uni. La Patapsco, qui descend des montagnes et va se perdre dans la Chesapeake, est traversée sur un pont de bois; quelques habitations répandues aux environs de la ville sont entourées d'immenses plantations de tabac, et bientôt recommencent les forêts. Moins sauvages, moins sombres que les sapins du nord, les tulipiers, les cèdres de Virginie percent la profondeur des bois, et lèvent comme une belle tête panachée leurs rameaux d'un vert tendre, leurs cimes altières et pyramidales. Les écureuils d'un jaune clair remplacent les noirs écureuils du Canada; les cardinaux plus abondans répètent leur chant si gai dans les vastes prairies, confondant leur vol avec celui des papes aux ailes dorées, des pics noirs à tête rouge et des fauvettes bleues, éclatantes comme le velours. Les jasmins (*bignonia radicans*) sont les compagnons fidèles de tous les grands arbres, qu'ils poursuivent jusqu'à leur sommet et embrassent de leurs étreintes, laissant retomber sous les branches divergeantes et élevées leurs thyrses jaunes jaspés de pourpre : ainsi aux flancs d'une arche colossale circulent et grimpent de gracieux festons sculptés dans la pierre, pour se suspendre à la clef de la voûte et former le dernier anneau du pendentif.

Un travail tout-à-fait positif vient interrompre le pittoresque du voyage : une route en fer, commencée depuis quelques années par une société particulière, doit faciliter la communication des montagnes à la mer. Les émigrans, auxquels est confié cet immense ouvrage, établissent leurs demeures provisoires le long de la route; à mesure qu'ils avancent le village de bois est abandonné; les femmes et les enfans en construisent un nouveau qui bientôt éprouve le même sort, et il ne reste d'autre trace de ce passage éphémère que l'emplacement des cabanes sous lesquelles l'herbe a blanchi, et quelques troncs d'arbres noircis par la fumée. Ce chemin de fer (*rail road*) traverse les endroits bas sur des piles de pont comme un aqueduc, coupe les collines, s'enfonce dans les rochers ; et les chariots employés au travail roulent avec une facilité prodigieuse, sur des engrenages si coulans qu'un seul cheval traîne un poids trois ou quatre fois plus pesant qu'il ne serait capable de le faire sur la terre. Des relais sont établis de distance en distance pour tourner et éviter la rencontre de deux chariots.

Bladensburg est un village sur le bras oriental (*Eastern-Bras*) de la Potomac ou Pawtomac, vaste rivière qui prend sa source dans les Apalaches, et va par deux points divers se rejoindre au-dessous de Washington, puis se perdre dans la Chesapeake sous la forme d'un fleuve de premier ordre, plus large encore que l'Hudson. A quelques milles de Bladensburg, où remontent de légers bâtimens des ports du Maryland, commence le district de *Colombie*.

Cette petite province qui ne contient que deux comtés, *Washington* et *Alexandria Counties*, est coupée carrément dans l'état de Maryland et de Virginie ; son diamètre est de 10 milles. Au milieu s'élève la ville capitale de Washington, au centre, sous le rapport de la longueur, des vingt-six républiques unies. Il fallait, pour qu'aucune d'elles ne pût se vanter de renfermer dans son sein le Capitole et le Congrès, choisir au milieu une nouvelle espèce de dénomination qui ne froissât aucune jalousie entre les sœurs américaines, et fût comme les bocages de la mort chez les Indiens, les bois sacrés chez les anciens, un lieu spécial consacré aux grandes délibérations des projets les plus importans de la confédération. Le *district of Colombia* est donc une chose à part : au milieu des immenses états qui l'environnent, c'est un pays différemment compris, pour lequel les intérêts commerciaux semblent disparaître; comme un seul homme, un législateur, qui, loin du trouble des villes, médite dans la solitude, fonde des lois et peuple des provinces. La culture du district est peu animée; ses champs de tabac sont à l'œil d'un aspect froid, sévère, les fleurs de la plante se confondant de loin avec l'aride sécheresse de la terre; les courlis, les oiseaux des savanes, se répandent au milieu des plantations et courent à travers les herbes en répétant leur cri plaintif et sauvage : les nègres exposés à toute la chaleur du midi, apparaissent comme un point noir et sinistre, courbés vers le sol qu'ils labourent, véritables bêtes de somme sur le dos desquelles ruissèle la sueur. Qu'elle est triste la tâche du maître, couché à l'ombre d'un pin, l'œil fixé sur son troupeau qui tremble devant lui ! Quel peut être le sommeil de celui qui arrose ses champs des larmes de ses esclaves ? Détournons les regards de ce fléau de la servitude, tache ineffaçable au front des Etats-Unis, dont le mot magique est cependant *Liberté!*

Après avoir baigné les bords où s'élèvera, si Dieu le veut, une ville plus grande que Londres, Washington-City, la Potomac s'élargit et continue sa course à travers la Virginie. Alexandria est une charmante ville, et un port assez important sur la rive droite, à l'extrémité nord est du district de Colombie. Les environs appauvris par la culture du tabac, ne sont, depuis que l'homme les a dépouillés de leur primitif aspect, qu'une vaste plaine desséchée ; mais les ruisseaux qui vont se perdre dans le fleuve se parent encore des arbres indigènes : les cèdres élancés, les plaqueminiers aux fruits rouges, les érables jaspés particuliers à la Pensylvanie et aux provinces voisines, les ipoméas cramponnés à leurs tiges délicates, une verdure foncée et une ombre opaque sous l'impénétrable épaisseur du feuillage : voilà ce qui reste encore à admirer au voyageur qui sort d'Alexandria et se dirige vers *Mount-Vernon*.

Ce fut la dernière résidence de Washington. La demeure du Père de la Patrie, élevée sur une hauteur à 200 pieds au-dessus de la Potomac, dominait le fleuve large de plus de deux milles, et apparaissait de loin aux regards du marin, comme un phare tutélaire : aujourd'hui il se découvre en passant devant l'humble tombe du grand homme ; appuyé sur le gouvernail, il contemple les touffes d'arbres qui ombragent le tombeau, et repasse dans son esprit les temps moins heureux où les colonies opprimées végétaient ou s'enrichissaient pour d'autres mains ; et, s'il sourit à l'idée de sa grandeur présente, la reconnaissance lui rappelle que c'est à l'homme immortel dont il aperçoit les restes, qu'il doit la prospérité et la puissance de son pays. Moins heureux sont les pilotes qui chantent les désastres de leur patrie dans les golfes de la Méditerranée ; — après avoir rêvé des anciens jours de gloire, leur œil voit flotter aux coupoles des temples, aux frontons des palais, une couleur étrangère.

Mount-Vernon est le lieu de pèlerinage de tous les vrais Américains; l'étranger y vient aussi, car un grand homme appartient à l'univers entier. La tombe est un monument simple creusé dans le roc, et fermé par une porte dont la famille garde la clef. Six arbres verts rangés au-dessus du roc forment une suite d'élégantes pyramides que dépassent les têtes altières de quatre chênes immenses, contemporains de trois siècles, et qui debout à l'entrée du sépulcre, semblent garder la dépouille mortelle du premier président des Etats-Unis. Un autre souvenir se rattache encore à Mount-Vernon : Lafayette y a fait aussi son pèlerinage, et, digne interprète du pays qu'il a si glorieusement représenté sur cet autre hémisphère, il est venu répandre des larmes sur la tombe de celui auquel il fut uni par la plus noble et la plus généreuse amitié.

XIII.

Washington-City.

Chacun de nous a vu en Europe les villes actives et populeuses où les hommes s'entassent, où le commerce, comme le sang dans les veines, circule à travers les rues, et anime les peuples d'une même vie, s'agitant d'une extrémité à l'autre de ce vaste corps. Un soupir sur des ruines est une grande leçon. Celui qui s'assied sur les débris d'une ville puissante étendue à ses pieds, contemple les colonnes, les voûtes, les portiques encore enrichis d'ornemens en lambeaux, les statues brisées que l'herbe domine et ombrage, image des grands chênes qui rivalisèrent jadis avec les hautes tours ; celui qui voit la lune, flambeau de ceux qui ne sont plus, soleil des habitans de l'autre monde, jeter comme un blanc linceul les rayons limpides de son disque errant sur ces édifices grandioses, incommensurables, que le temps a poussés du pied et réduits en poussière ; celui-là s'est rappelé les anciens jours, a entassé des siècles dans sa pensée, ranimé les barons, les ducs, les chevaliers, dans leur armure d'acier, les varlets, les pages : de sublimes sensations ont passé dans son ame, il s'est nourri du souvenir des choses et des hommes que la terre a redemandés. Mais quand on voit les récentes fondations de Washington-City, tracées au hasard, indiquées par un poteau, semées au milieu d'une plaine étendue, immense statue qui n'a encore que le front, et dont les membres informes sont cachés sous le bloc de marbre, ce coup-d'œil sur ce qui n'est pas encore a quelque chose d'inconnu, et la pensée d'un peuple nouveau éveille aussi de nouvelles idées chez un Européen.

Il fut une époque sur notre continent, où la noblesse des villes se calculait comme celle des familles, d'après l'ancienneté ; ainsi personne n'était plus digne dé marcher la tête haute que celui qui ne comptait rien de glorieux parmi ses ancêtres depuis un ancien fait d'armes grossi par le brouillard des âges, talisman éternel sous l'influence et la protection duquel s'endormaient les heureux descendans dont l'écusson se trouvait assez éclatant pour qu'ils n'eussent qu'à le faire briller au soleil du pouvoir, sans y attacher un nouveau quartier. Les villes désertes et ruinées élevaient leurs châteaux délabrés comme un vieillard montre encore la vigueur éteinte de son bras décharné. Sans doute ces souvenirs sont beaux, mais ce n'est pas tout, il faut continuer si on le peut, et ajouter une suite d'anneaux à cette chaîne souvent et si vîte interrompue. Aux États-Unis, c'est à la nouveauté des villes qu'on attache le plus grand prix : les cent années de Baltimore, les trois lustres de Cincinnati, le quart de siècle de Buffalo et d'une multitude de villages importans, voilà les titres que les Américains offrent à notre admiration. Enfin, à ce qu'ont fait les choses d'elles-mêmes, à ce qu'ils doivent à la prospérité de leurs pays, résultat de leurs travaux bien conduits, d'une activité incroyable, ils ont voulu ajouter une dernière pierre, et couronner l'édifice par une capitale fondée d'un seul jet.

J'avais traversé d'abord un pays gracieux, riche par sa végétation, empreint du premier type de l'ancienne Virginie ; ensuite avaient reparu les champs de tabac, les habitations nouvelles : tout-à-coup, du haut d'une élévation au pied de laquelle s'étendait la Potomac, large et tranquille comme un beau lac, je découvris en face de moi les deux ailes et le corps du Capitole, une immense avenue de peupliers, le palais du président, çà et là une maison, de brillantes voitures : et un profond silence régnait autour de moi. Quel aspect étrange, quand on a vu nos capitales d'Europe ! Le député au congrès, qui s'approche de cette ville étonnante, qui voit le Capitole s'élever au milieu d'une campagne presque déserte; sans doute, en traitant les grands intérêts de la patrie, en discutant les lois des vingt-six républiques, d'un monde entier, sentira dans le recueillement de ce silence solennel toute l'importance de la tâche dont il est chargé. Là, peu d'ambition, peu d'envie de briller et d'occuper de hautes fonctions, d'abord parce qu'elles sont peu durables, et que le luxe, l'ostentation, la vanité enfin ne trouveraient pas assez de quoi se satisfaire sous le soleil brûlant de Washington, au milieu des villes lointaines des états du nord ou du midi. Puis, qui oserait, à moins d'en être digne, se parer d'un titre éclatant au milieu des sages habitans des grandes villes, où chaque citoyen, depuis le gouverneur jusqu'au portefaix, sait lire les journaux avec instinct, et se trouve assez indépendant pour juger un homme à sa manière?

Le Capitole est véritablement un beau monument; son extérieur est simple, mais grand : une entrée par un large perron, une colonnade, deux ailes, un fronton et une coupole, voilà l'esquisse en dehors; par derrière est un parc; en avant une cour circulaire sur une grande échelle, des grilles de fer, des boulingrins. Les voûtes inférieures qui servent de communication aux divers escaliers, sont basses, fraîches et sombres comme les arceaux des tombeaux de Saint-Denis. La salle du congrès est ronde, et aux quatre entrées on a placé un tableau représentant la prestation de serment de Washington, l'indépendance des treize province signée par les députés, et deux sujets analogues qui n'étaient pas encore terminés. Il est fâcheux que ces peintures ne soient pas à la hauteur du sujet : elles sont de l'italien Canova. Parmi les différentes pièces de ce bel édifice, celle que je visitai avec le plus d'ardeur, ce fut la bibliothèque, remarquable par de beaux ouvrages anglais, de précieuses gravures, mais surtout par le buste de Lafayette, hommage de notre grand David aux États-Unis et à l'homme célèbre. Je me sentis bien profondément ému à la vue de cette sublime tête que j'avais admirée déjà dans l'atelier du statuaire, alors que, de cette main inspirée qui anima tant de chefs-d'œuvres, il modelait largement les traits du vieillard. Tandis que la foule d'admirateurs se pressait autour du buste, suivait avec tendresse chacun de ces contours expressifs qui pensent et parlent, debout auprès du piédestal que j'entourais de mes deux mains, je frissonnais d'une nouvelle émotion ; c'était les larmes aux yeux que je lisais au-dessous de l'œuvre grandiose cette modeste inscription : P.-J. DAVID, *d'Angers*. Et je me mis à me rappeler ma patrie, qui est aussi la sienne, et sur laquelle il fait rejaillir par ces mots gravés dans le marbre un rayon de son auréole ; je m'éloignai enfin au hasard, incapable de rallier mes idées : je rêvais ma ville natale, mon père, dont tu te plus, dans ton amitié, à reproduire la tête chérie, et toi, le plus grand des statuaires et le plus noble des hommes !

Le palais du président, auquel on donne le nom modeste de *President's-House*, se trouve à un mille du Capitole : au pied même de ce dernier monument commence une rue d'une largeur démesurée, plantée de quatre allées de peupliers, qui va rejoindre l'autre édifice. La perspective de cette avenue est d'un admirable effet ; les arbres déjà grands se dessinent dans sa longueur avec une majesté d'aspect que je n'ai rencontrée nulle part. Quand on arrive à la porte du président, le Capitole, plus élevé que tous les objets environnans, semble un sanctuaire vers lequel se courbent toutes les cimes altières des géans, avec leur verte livrée de feuillage.

L'entrée du palais est libre : on circule, sans être entouré de cette valetaille de nos moindres hôtels européens, à travers toutes les pièces de la maison. Il arriva qu'un voyageur, pendant le *règne* de Jackson, mit la main sur le loquet de son cabinet, se disposant à entrer là comme ailleurs ; le secrétaire se leva poliment et lui dit : sans doute, Monsieur, vous désirez parler au président ; c'est là qu'il travaille. Quelle admirable simplicité !

Les maisons qui bornent la moitié au plus de la grande avenue, sont presque toutes occupées par les représentans des nations étrangères. A la droite se trouve un magnifique hôtel, vaste parallélogramme, orné à l'intérieur d'une triple galerie, et au fond de la cour s'élance un jet d'eau. Excepté le temps du congrès, il est presque désert ; mais à cette époque toutes ces immenses galeries sont remplies de monde ; et lorsqu'il s'agit de l'installation d'un président, l'affluence est telle, que les maisons particulières suffisent à peine à recevoir les voyageurs. Quand Jackson, qui ne jouit plus aujourd'hui de la même popularité, fit son entrée à Washington, la rue principale était trop étroite pour contenir le nombre incroyable de citoyens qui se ruaient au-devant du président pour avoir l'honneur de lui presser la main, *shake hand* : l'avenue n'était qu'un seul flot mugissant comme la tempête, un serpent colossal dont le Capitole avec ses degrés semblait le chef, et la coupole richement pavoisée formait la crête.

La Potomac est assez profonde pour recevoir des vaisseaux de guerre, sa largeur est imposante ; la rive éloignée se pare d'un manteau de verdure qui contraste agréablement avec la brûlante réverbération des eaux et l'aridité des défrichemens. Le *Navy-Yard* est un beau chantier couvert selon l'usage, d'où les bâtimens lancés sur cette baie dormante parcourent plus de 80 lieues avant d'atteindre la mer. De ce côté de la ville, les rues ne sont encore désignées que par la charrue : en voyant ces laboureurs énergiques la main sur le soc, aiguillonner leurs bœufs en décrivant un sillon régulier, je me rappelais les anciens Romains, au temps glorieux de leur république, fondant ainsi les villes et les empires. Une prairie s'étend le long de la Potomac ; des bouquets d'acacias, des catalpas et des saules, plantés ou épargnés par les colons, répandent un peu d'ombrage sur cette plaine vraiment brûlante ; le soir aucune brise ne rafraîchit la terre, les flots sont si unis que la moindre barque en ramant fait scintiller l'image du soleil de manière à éblouir ; les rues trop larges et sans abris ne sont qu'une poussière étouffante ou des masses compactes d'un sol entr'ouvert, implorant en vain la pluie ou la rosée ; le soir les maringouins sifflent en bourdonnant, tourbillonnent autour des yeux, piquent le nez, les oreilles, les mains, traversent les bas, les pantalons blancs, et torturent à l'envi l'étranger que la fatigue assoupissante du midi oblige à promener un instant sa rêverie. Le Capitole, éclatant de blancheur, apparaît sur la colline, dominant toute cette vaste esquisse, axe immense dont les rayons attendront encore bien des siècles avant de compléter la roue.

Toutes les rues doivent aboutir à cet édifice et se couper entr'elles à angle droit. C'est-là aussi que viennent se rejoindre les routes de terre de toutes les provinces des Etats-Unis. On conçoit facilement que le peu de maisons qui composent la ville appartiennent en grande partie aux administrations de l'intérieur et aux ambassadeurs étrangers : aussi sont-elles la plupart belles et richement décorées, les équipages sont brillans et tout aussi remarquables que celui du président, dont le budget ne monte pas au-dessus de 25,000 piastres, seulement pendant les quatre années qu'il occupe la place, car il ne lui reste aucune pension. Les journaux de l'état, d'un format extraordinaire, se publient à Washington, sous les auspices du gouvernement : la manière de les distribuer en ville à domicile est encore un improvement américain. Les enfans chargés de ce soin sont à cheval et portent leurs numéros dans une gibecière de cuir; une fois sortis du bureau, ils s'élancent au galop, parcourent ainsi la ville sans s'arrêter, les chevaux étant assez habitués à ce manège pour tourner eux-mêmes à chaque rue; le porteur arrache un journal, encore tout mouillé, de sa gibecière, en fait un chiffon, et le lance à travers les vitres ou le magasin de l'abonné.

C'est en définitive une singulière ville que Washington, immense, incommensurable, ornée de monumens, toute formée de représentans, de consuls, d'ambassadeurs, un port de mer, un point central de toutes les diligences, de toutes les postes, une vraie capitale; il n'y manque qu'une seule chose : des habitans.

XIV.

Annapolis.

Quand le soleil parut du côté de l'emplacement de Washington, nous descendions le revers de la colline, retournant vers Baltimore, au milieu des brillantes forêts du Maryland. La ville se découpa bientôt sous un ciel noir, d'énormes nuages chargés d'ouragans éclatèrent au-dessus des clochers qui semblaient pénétrer leurs flancs nébuleux; les éclairs sillonnaient ce point noir, les arbres ébranlés par l'ouragan craquaient violemment, agitant leurs branches allongées, d'où le vent arrachait les feuilles et les fleurs qu'emportait à son tour le torrent de pluie. Les chevaux, pendant ces grandes fureurs d'une nature imposante, trottent d'un pas plus régulier, le postillon ne fait plus claquer son fouet, et la voiture dont le bruit ne s'entend plus dans ce tumulte général, roule silencieuse : seul objet animé que regardent avec frayeur les habitans cachés sous leurs toits, les oiseaux qu'une feuille abrite, les quadrupèdes blottis sous un tronc d'arbre. L'obscurité se répand avec une vitesse excessive, et rétrécit à chaque seconde le cercle de l'horizon; nous ne pouvions donc découvrir en arrivant sur la grande place de Baltimore que l'entrée de l'hôtel vers lequel nous nous précipitâmes de grand cœur.

Le soir tout était fini, oublié comme une tempête sur la mer : la foudre n'avait renversé que six arbres, quatre chevaux, deux hommes et une maison! Le soleil sécha rapidement les dalles des trottoirs, les torrens disparurent dans les crevasses de la terre altérée, les fleurs se rouvrirent plus belles, le ciel se dégagea plus serein, et nous nous embarquâmes joyeux pour la Virginie.

Il faut naviguer dans la baie de Chesapeake pour se figurer une immense étendue. Ce n'est pas seulement un golfe qui s'enfonce dans une terre profonde, mais bien une baie véritable sous la forme d'un fleuve qui se creuse une route entre deux rivages. Sa largeur vis-à-vis Rock-Point, est de douze lieues, et de l'embouchure de la Patapsco à la mer on compte 180 milles. Pour ses bords, il est bien difficile d'en avoir une idée exacte, la distance est toujours trop grande pour les découvrir à l'œil nu, quoique les bateaux se tiennent ordinairement assez rapprochés de la côte méridionale, longeant le Maryland, puis la Virginie.

On distingue sur cette même rive les clochers blancs d'*Annapolis*, capitale du Maryland, d'après le systême américain qui l'a fait succéder en cette qualité a Baltimore, pour qu'elle eût à son tour une certaine importance. Annapolis est un agréable séjour pendant le printemps et l'automne; l'été y est brûlant et presque aussi malsain que les villes du bas de la Chesapeake; en hiver, le vent qui siffle sur les flots de la baie est violent et horriblement froid. Je n'y restai que peu de temps; les environs m'en parurent ombragés et gracieux vers l'intérieur, d'un aspect large, grandiose et océanique du côté de la mer. La rivière *Severn* coule au pied de la ville et forme un assez beau port : d'abord ce n'est qu'un ruisseau peu remarquable, qui devient tout-à-coup large et navigable aux grands bâtimens. Celui qui se trouverait forcé de séjourner long-temps à Annapolis, et n'y trouverait pas une vie agréable, celui-là peut suivre en descendant le rivage de la Chesapeake, ou traverser la Savern à *Greenbury-Point;* alors qu'il s'asseye au pied d'un cèdre, et sans doute se présenteront à sa vue de nombreux schooners remontant à Baltimore, des steamboats allant ou revenant vers la Virginie, des bateaux de pilotes qui ont mis en mer les bâtimens du haut de la baie, et cinglent avec une merveilleuse rapidité le nez dans le vent. Les goëlettes d'Annapolis font le même commerce que les petits ports de Virginie, le cabotage aux deux extrémités des Etats-Unis. Peut-être ne trouvera-t-on rien qui vaille la peine d'être mentionné dans Annapolis, ville comme il y en a plusieurs milliers sur la terre : pour moi, j'aimais ses clochers d'un beau blanc sur la verdure des tulipiers ou les vagues de l'Océan, son triple rivage, ses pointes d'où l'on peut rêver à loisir, et jusqu'à son nom qui me semble harmonieux, et que je me plaisais presque autant à répéter que celui de Baltimore.

Nous passâmes une nuit ravissante dans ces mêmes parages. C'était au milieu du mois d'août, nous étions par la latitude de Lisbonne ; les rives qui nous entouraient peuvent n'être pas aussi suaves que les collines privilégiées de cet admirable pays, mais il y avait un charme bien grand pour moi à distinguer sous les vapeurs du soir les dômes de la Virginie, çà et là un navire qui louvoyait, et au milieu des eaux un phare flottant, comme une étoile balancée au hasard par les lames de la mer. Il faisait une chaleur mourante, et à la manière orientale nous étendîmes des nattes sur le pont, et chacun se livra à ses pensées. Avec nous se trouvait un musicien irlandais qui venait s'incorporer dans le régiment alors en garnison à *Old-Comfort-Point* ; lui, errant à travers le monde avec son havresac et sa clarinette, il répéta long-temps les ballades irlandaises, et s'endormit. Un planteur virginien regardait souvent du côté de la terre pour apercevoir *Richmond*, impatient de juger après une longue absence de la richesse de ses nouvelles récoltes. Il traçait sur son album commercial de petites lignes coupées qui ressemblaient de loin à des vers, mais en m'approchant de lui je m'assurai que des zéros placés en bon ordre étaient les bouts-rimés auxquels il ajoutait des chiffres. Un ancien prêtre français émigré et imbu aux Etats-Unis de cette heureuse tolérance qui fait aimer la religion, allumait un cigarre et récitait son bréviaire. Pour les Anglais, là comme ailleurs, c'étaient eux qui tenaient la table et le carafon de Madère.

Au point du jour, nous doublâmes Old-Comfort-Point; c'est une langue de terre qui fait partie de la Virginie et se termine en amphithéâtre; un fort a été établi sur ce rocher demi-circulaire, et par sa position il protège à gauche la baie de Chesapeake, à droite les *Hampton-Roads*. Au pied de la redoute qui paraît blanche à l'œil, sont élevés, comme des cases à nègre, les habitations des soldats; un régiment tout entier (les Américains ne possèdent que **6,000** hommes de troupes réglées) est stationné à Old-Comfort-Point, et rien n'est plus original à regarder par une longue-vue que ces cabanes toutes basses et régulières, avec les soldats en faction, ou se promenant avec leurs femmes et leurs enfans autour des maisons, sur un sable jaune et uni : la mer vient battre cette dune dorée, et écume sur les rochers qui environnent les côtés du fort. A droite, pour celui qui vient de la mer, s'enfonce la vaste baie, qu'il est impossible de ne pas contempler avec admiration quand on l'a descendue depuis la Susquehanna, gonflée tour-à-tour de la Patapsco, des ondes de la Potomac et de la Savern, puis de la rivière James, qui forme à gauche une immense rade, la plus sûre de toute l'Amérique (les Hampton-Roads), et se perd dans une seconde baie blottie aux pieds des chantiers de Norfolk.

Entre Old-Comfort-Point et la côte échancrée qui fait face au *Cap-Henry*, on établit aujourd'hui une autre île, sur un môle produit de pierres qu'apportent sans cesse une centaine de petits bâtimens mouillés autour de cette nouvelle conquête faite sur les eaux. Les Hampton-Roads sont formés par l'embouchure de la *James-River*, et s'étendent à une grande profondeur dans les terres, découpant les rivages voisins en têtes de diamant, en demi-lunes et en flèches. Au fond de la baie, à gauche, est Norfolk.

La Virginie était encore pour moi un de ces noms qui bourdonnent à l'oreille et qu'on est heureux de prononcer sur les lieux : je me sentis content, de cette joie de voyage, pleine et entière satisfaction qui remplit l'ame, en débarquant au port de Norfolk, à l'ombre d'une frégate américaine. En deux heures j'avais vu toute la ville : elle consiste en une place carrée qui aboutit au quai, et d'où se détachent les rues peu nombreuses qu'entourent encore des marais; sur l'autre bord du bassin sont les chantiers de construction. Norfolk est le meilleur port des Etats-Unis : c'est-là que se rendent les vaisseaux de ligne même étrangers, qui ont besoin de repos après les stations malsaines des Antilles et de la mer du Sud.

Cependant la fièvre jaune étend assez souvent son souffle mortel jusqu'à cette ville, et les grandes relations avec les ports du midi en rendent le séjour dangereux en été. Je vis dans la rade un singulier navire brésilien, le *Ferrata*, dont les trois mâts portaient chacun une brigantine, sans autre grande voile qu'une voile de tréou et deux petits huniers courts et allongés comme un *top-schooner*. C'est la seule fois que j'aie rencontré un semblable gréement, que l'on dit cependant assez commun à Baltimore; ces trois-mâts-goëlettes ont la réputation d'être les meilleurs voiliers qui aient jamais navigué.

Huit mille habitans, dont 3,000 blancs et 5,000 noirs ou gens de couleurs, esclaves et libres, forment toute la population de Norfolk; une assez grande quantité de Français, réfugiés de Saint-Domingue, s'y sont rassemblés, de sorte que la langue française y est parlée au moins par la moitié de la ville. J'eus occasion d'accompagner dans leur promenade du soir autour des marais, deux ou trois de ces anciens colons, la pluspart méridionaux comme presque tous les Français qui voyagent, et ayant conservé dans toute sa pureté cet accent languedocien et bordelais, qu'un Gascon de dix ans ne perd jamais, même au milieu des bois de la Louisiane. Ils avaient ce que nous appelons en province une société où ils se réunissaient autour d'une table noblement couverte de bouteilles de bière, et là, le premier venu entamait le grand sujet de leur conversation depuis si long-temps: l'attaque des nègres contre le Cap, les sanglans combats de Caracole, de la paroisse de l'Acul, faits sublimes d'horreur, qu'il faut lire dans Bug-Jargal, car l'auteur de cet admirable ouvrage semble avoir habité toute sa vie Saint-Domingue, qu'il n'a jamais vu. Ces interminables narrateurs des désastres d'Haïti, estimables gens du reste, ont uni leurs enfans entr'eux, et les enseignes de la place ne sont qu'une suite de ces mêmes noms alliés ensemble, et présentant toutes les combinaisons qu'il est possible de faire subir à trois ou quatre mots.

Pour moi, je ne peux quitter Norfolk et ses habitans sans payer mon tribut de reconnaissance au consul, M. de Sèze, autrefois consul à Boston, dont le touchant accueil et la douce hospitalité sont restés profondément gravés dans mon souvenir.

XV.

La Goëlette.

——

On sait jusqu'à quel point les Anglais portèrent la haine, la jalousie et la fureur dans leurs guerres contre les Etats-Unis ; ils opérèrent un débarquement dans les Hampton-Roads, brûlèrent le village d'Hampton, et se firent une grande fête de réduire en cendres une dizaine de maisons sans importance. Les archives qui contenaient les titres de possession des nouveaux habitans, les récoltes, les bestiaux, tout y passa ; et enflés d'un si beau succès, ils marchèrent droit à Washington, et incendièrent le Capitole, qui s'est relevé plus brillant du sein des ruines. Mais Baltimore fut le théâtre de leur défaite, ils n'eurent plus qu'à se sauver précipitamment à bord de leurs vaisseaux, et delà ils se dirigèrent vers la nouvelle Orléans où ces vainqueurs de l'Europe, comme ils se nommaient, furent honteusement battus, taillés en pièces par deux mille hommes, dont la moitié n'étaient que des créoles peu aguerris, des Espagnols établis au Mexique et des tirailleurs Tenessiens (1). Il est vrai que parmi ces braves il se trouva des réfugiés du Champ-d'Asile, et il ne fallait que cinq à six de ces vieux grognards pour décider une victoire.

Norfolk n'eut guère à souffrir de la part de l'ennemi, et les flammes qui ravageaient Hampton, en se réflétant dans les eaux de la baie, firent croire un instant aux Virginiens qu'ils étaient attaqués par une horde de sauvages. Aujourd'hui tout semble prospérer dans cette belle province qu'il était si douloureux pour les avides insulaires d'abandonner après tant de vains efforts. Mais le sort en avait été jeté, il fallait qu'un jour de puissantes républiques donnassent à l'Europe le spectacle d'un nouvel ordre de choses, d'une liberté comprise par un peuple digne d'en jouir, par un peuple à la fois soldat, citoyen et législateur.... Et cependant c'est en vue des murailles du Capitole, au sein de la Virginie, que gémissent dans un esclavage odieux les deux tiers d'une population, victime dévouée à l'ambition de l'autre qui l'élève, la nourrit et l'engraisse pour l'exporter !

---

(1) Voir, dans le 2.e volume, quelques détails sur cet évènement.

C'est un coup-d'œil pénible pour un Européen que le premier regard jeté sur une ville d'esclaves : dans les rues il ne rencontre que noirs en guenilles, mulâtres fiers de cette teinte blanchâtre qui atteste en eux la paternité révoltante qui ne les sauve pas de la servitude ; des négrillons marqués du sceau de réprobation avant de naître, que la mère ne peut aimer sans la permission du maître, et qu'un acheteur avide se plaît à examiner jusque dans ses bras. Puis l'odieux résultat d'une semblable existence, c'est que, plongés dans une ignorance qui les ronge comme la rouille, repoussés, abrutis, ils ne sentent même pas leur horrible situation ; et contens de changer de joug, ils se disent en riant : aujourd'hui, à dix heures, je suis vendu à l'encan ! Alors, si on vient à passer devant le magasin de nègres, on voit au milieu du bazard l'article en vente debout, presque et même tout-à-fait nu, que des regards perçans détaillent et semblent disséquer à travers une paire de lunettes. Il allonge ses bras nerveux que sillonnent çà et là quelques traces de fouet, fait jouer les articulations de sa jambe osseuse, relève sa tête crépue, son souffle gonfle sa poitrine arrondie, et le marchand impassible de dire en s'asseyant : voyons la première enchère ; alors le crieur, nègre lui-même, commence ses fonctions au son de la cloche !

Au moment où nous partîmes de Norfolk, un bâtiment appareillait pour la Nouvelle-Orléans, et le détail de sa cargaison portait : dix mille jambons, soixante esclaves, vingt chevaux et deux ânes. Heureusement que notre goëlette frétée pour New-York ne renfermait rien de semblable, et les seuls hôtes d'une espèce inférieure que nous eussions à bord, se composaient d'un ours, de deux moqueurs et d'un opossum. La brise était favorable, la marée baissait, et à midi on leva l'ancre. Il eût été plus commode, plus confortable de retourner à New-York par la route de terre; mais à la vue de l'Océan, je sentis renaître en moi cette soif insatiable de flotter sur les vagues, et j'en revins encore à mes premiers amours. D'ailleurs la goëlette Amanda était un joli navire, ses mâts inclinés en arrière lui donnaient cette physionomie gracieuse et déterminée à laquelle un marin ne peut résister, ses ailes triangulaires au-dessus des brigantines échancrées se balançaient avec une grâce admirable, sa bonnette en losange suspendue d'un mât à l'autre se gonflait comme un ballon au moindre souffle du soir; elle avait cinq matelots, une cabine de quatre pieds carrés, une cargaison de viande salée, de bonne eau fraîche et des matelats de mousse : c'est plus qu'il n'en fallait à un voyageur, pourvu toutefois qu'il ne tienne ni à la bonne chère, ni au vin vieux; et qu'il préfère un capitaine brusque, grand fumeur, à un jeune et sémillant commandant de paquebot.

A peine l'ancre était-elle levée au chant joyeux des matelots, que nous avions dépassé la frégate mouillée en rade : la flamme du grand mât n'atteignait pas au-delà du bastingage du vaisseau; et sous l'ombre de ses voiles à demi tendues, de ses cordages épais, de ses sabords avec leurs pièces rangées en bon ordre, nous étions comme une tourelle flanquée aux murailles d'un château fort. En dehors des pointes, le vent nous prit en poupe, nos voiles orientées en oreilles de lièvre s'enflaient à l'envi, et nous filions avec une effrayante vitessse. Les rives de la Virginie, basses et couvertes d'un sable jaune, où croisent les cèdres et les sapins, les pêcheurs, les maisons, les villages, les mâts de la frégate, tout cela fuyait; nous doublâmes Old-Comfort-Point, l'île factice, à l'entrée de la Chesapeake; et le soir nous n'avions plus autour de nous que des flots légèrement balancés, des goélands, des paille-en-cul, des dauphins et des souffleurs; vers l'ouest, le disque du soleil qui nous contemplait, roses et nuancés de ses rayons, comme un flammant du Mississipi : tandis que les rochers blancs du Cap-Henri, à dix lieues de notre bord, se confondaient avec les lignes vaporeuses du brouillard. Peu à peu la brise tomba, et il survint une de ces nuits solennelles et silencieuses qui agrandissent l'Océan lui-même, noyent l'ame dans une mélancolie qui a plus de charme que toutes les joies de la terre : alors l'homme isolé, hors de la vue d'un rivage qui n'est pas le sien, s'abreuve de pensées dont le seul souvenir le fait rêver jusque dans sa vieillesse.

Pendant cinq jours nous suivîmes la côte d'assez près; nous aperçûmes même les deux hâvres de *Little* et *Great-Egg*; la mer était alors si calme et la terre si basse, que le mugissement de la marée montante nous arrivait en murmure confus, avant même que nous pussions distinguer le rivage. Le dimanche, le flux nous amena en-dedans des passes de New-York, et je me rappelai avec attendrissement le premier coup-d'œil que j'avais jeté en abordant sur cette terre étrangère. Comme tout cela était déjà loin ! les minutes, les heures, les jours, les mois s'étaient succédés aussi rapides que les flots qui nous poussaient à la Quarantaine. Un médecin vint à bord, et nous fit tirer la langue selon la louable coutume; ce fut en vain que nous cherchâmes à lui dérober un jeune marin de Hambourg, malade dans la cabine de l'avant; on lui ordonna de se rendre au lazaret : son teint pâle, livide, ses yeux ternes annonçaient qu'il venait de Tampico, et la fièvre mortelle circulait dans ses veines. Par surcroît de malheur, le canot, débarrassé des oiseaux qu'il contenait, avait été mis à la mer; mais l'eau entra de toutes parts, et le malade fut obligé de gagner à la nage une autre embarcation, qui le recueillit lui et les deux matelots. A midi nous fûmes au quai de *Front-Street*. Quelques jours après, je retournai au lazaret, impatient de voir cet Allemand au visage mélancolique : en frappant à la porte, je considérais la même péniche de la *santé* qui croisait à l'entrée des narrows. Un homme grave et imposant vint m'ouvrir, il feuilleta un grand livre : Espagnols, Français, Américains, Anglais, Suédois, il y en avait de toutes les espèces; quand il arriva à celui que je demandais, je l'entendis hacquetonner J. N. K......, de Hambourg, passager à bord de la goëlette Amanda. — Bien,...... c'est cela, peut-on le voir.....? — Mort! répondit le médecin.

FIN DU PREMIER VOLUME.

TABLE DU PREMIER VOLUME.

LES LACS.

	Pages.
I. La Traversée.	1
II. La Baie.	21
III. New-York.	27
IV. L'Hudson.	39
V. Albany, Schenectady.	47
VI. Le Canal.	55
VII. Les Chutes de Trenton.	63
VIII. Les Onéidas. Syracuse.	69
IX. Oswego.	75
X. Rochester.	81
XI. Buffalo.	89
XII. Les Chutes de Niagara.	97
XIII. Les Tuscaroras.	107
XIV. Le lac Ontario.	113
XV. York.	119
XVI. Le Saint-Laurent.	125
XVII. Le Haut-Canada.	133
XVIII. Les Rapides.	141
XIX. Saint-Régis.	149
XX. Montréal.	155
XXI. Les Trois-Rivières.	165
XXII. Québec.	173
XXIII. Les Chutes de Montmorency.	185
XXIV. L'Acadie.	191
XXV. Le lac Champlain.	201

	Pages.
XXVI. Le lac George.	211
XXVII. Saratoga.	219

LES VILLES.

I. Retour à New-York.	231
II. New-Haven.	237
III. Newport.	243
IV. Providence.	249
V. Boston.	257
VI. Environs de Boston.	269
VII. Le New-Jersey.	277
VIII. Philadelphie.	285
IX. Les Quakers.	295
X. Le Delaware.	303
XI. Baltimore.	309
XII. District de Colombie.	321
XIII. Washington-City.	327
XIV. Annapolis.	337
XV. La Goëlette.	345